U0419614

博雅

房地产法

（第五版）

Real Estate Law

主　编　房绍坤
副主编　王洪平　张洪波
撰稿人（以姓氏笔画为序）
于海防　王洪平　张洪波
张玉东　张旭昕　房绍坤

北京大学出版社
PEKING UNIVERSITY PRESS

图书在版编目(CIP)数据

房地产法/房绍坤主编. —5版. —北京:北京大学出版社,2015.7
(21世纪法学规划教材)
ISBN 978-7-301-26060-9

Ⅰ. ①房… Ⅱ. ①房… Ⅲ. ①房地产法—中国—高等学校—教材 Ⅳ. ①D922.181

中国版本图书馆CIP数据核字(2015)第158778号

书　　名	房地产法(第五版)
著作责任者	房绍坤　主编
责任编辑	王　晶
标准书号	ISBN 978-7-301-26060-9
出版发行	北京大学出版社
地　　址	北京市海淀区成府路205号　100871
网　　址	http://www.pup.cn
电子信箱	law@pup.pku.edu.cn
新浪微博	@北京大学出版社　@北大出版社法律图书
电　　话	邮购部62752015　发行部62750672　编辑部62752027
印 刷 者	北京飞达印刷有限责任公司
经 销 者	新华书店
	787毫米×1092毫米　6开本　14.5印张　400千字
	2007年8月第1版　2008年4月第2版
	2009年1月第3版　2011年3月第4版
	2015年7月第5版　2019年11月第6次印刷
定　　价	35.00元

丛书出版前言

秉承“学术的尊严，精神的魅力”的理念，北京大学出版社多年来在文史、社科、法律、经管等领域出版了不同层次、不同品种的大学教材，获得了广大读者好评。

但一些院校和读者面对多种教材时出现选择上的困惑，因此北京大学出版社对全社教材进行了整合优化。集全社之力，推出一套统一的精品教材。

《21 世纪法学规划教材》即是本套精品教材的法律部分。本系列教材在全社法律教材中选取了精品之作，均由我国法学领域颇具影响力和潜力的专家学者编写而成，力求结合教学实践，推动我国法律教育的发展。

《21 世纪法学规划教材》面向各高等院校法学专业学生，内容不仅包括了 16 门核心课教材，还包括多门传统专业课教材，以及新兴课程教材；在注重系统性和全面性的同时，强调与司法实践、研究生教育接轨，培养学生的法律思维和法学素质，帮助学生打下扎实的专业基础和掌握最新的学科前沿知识。

本系列教材在保持相对一致的风格和体例的基础上，以精品课程建设的标准严格要求各教材的编写；汲取同类教材特别是国外优秀教材的经验和精华，同时具有中国当下的问题意识；增加支持先进教学手段和多元化教学方法的内容，努力配备丰富、多元的教辅材料，如电子课件、配套案例等。

为了使本系列教材具有持续的生命力，我们将积极与作者沟通，结合立法和司法实践，对教材不断进行修订。

无论您是教师还是学生，在适用本系列教材的过程中，如果发现任何问题或有任何意见、建议，欢迎及时与我们联系（发送邮件至 bjdxcbs1979@163.com）。我们会将您的意见或建议及时反馈给作者，供作者在修订再版时进行参考，从而进一步完善教材内容。

最后，感谢所有参与编写和为我们出谋划策提供帮助的专家学者，以及广大使用本系列教材的师生，希望本系列教材能够为我国高等院校法学专业教育和我国的法治建设贡献绵薄之力。

北京大学出版社

2012 年 3 月

第五版前言

房地产法是社会主义市场经济法律体系的重要组成部分，对于促进房地产市场的健康发展，维护房地产市场秩序，保护房地产法律关系当事人的合法权益具有重要作用。为适应普通高等学校法学专业、工程管理专业及其他相关专业的房地产法教学需要，我们编写了这部教材，并被确定为教育部普通高等教育“十一五”“十二五”国家级规划教材。在写作过程中，我们根据从事房地产法教学与研究的经验，紧密结合房地产法实务和房地产法律、法规、规章，力求全面、系统地阐述房地产法的基本理论和基本制度，使之尽量符合本科教学的需要，并对其他读者学习房地产法提供有益帮助。

本次修订主要是根据新颁布及修订的相关法律法规、行政规章，如《不动产登记暂行条例》《国地土地上房屋征收评估办法》《建筑工程施工许可管理办法》《商品房屋租赁管理办法》《房屋建筑和市政基础设施施工验收规定》《闲置土地处置办法》《建筑业企业资质标准》《土地复垦条例》等，对相关内容作了修改、补充。同时，针对第四版中存在的不妥之处，对相关内容进行了更正。

本次修订工作由房绍坤担任主编，王洪平、张洪波担任副主编，各撰稿人的分工如下：房绍坤，第一、二章；张洪波，第三、四、十三章；于海防，第五、六章；王洪平，第七、八章；张旭昕，第九、十章；张玉东，第十一、十二章。每章之后的案例由房绍坤负责编辑。修订稿完成后，由房绍坤最后负责统稿、定稿。

本书在写作过程中，参考了其他学者的房地产法著作和相关案例集，在此，一并表示感谢。

由于我们水平有限，尽管本书经多次修订，书中错误仍无法完全避免，敬请读者批评指正。

主　编

2015 年 5 月

目 录

第一章

房地产法概述

第一节　房地产概述

一、房地产的概念和特点

房地产既是经济学上的概念,也是法学上的概念。我国现行法对涉及房地产关系的诸多问题作了规定,但并没有界定房地产的含义,法学理论上对房地产的理解也不一致。例如,有学者认为,房地产是房产和地产的总称(通称),与不动产具有相同的含义。[①] 有学者认为,房地产是指土地以及土地上的房屋等建筑物及构筑物。[②] 也有学者认为,房地产是土地财产、土地上的房屋财产及其衍生的房地产权益的总称。[③]

我们认为,正确认识房地产的含义,应当把握两个方面的关系:一方面,房地产与不动产的关系。不动产是指不能依通常方法移动或者移动后会损害其价值的物。《中华人民共和国担保法》(以下简称《担保法》)第92条规定:“本法所称不动产是指土地以及房屋、林木等地上定着物。”显然这里所指的不动产包括土地和地上定着物。此外,海域、矿产资源等也属于不动产的范围。[④] 从范围上看,房地产包括土地、土地上的房屋,而不包括林木、海域、矿产资源等。可见,房地产只能是不动产的一部分,因而不能将房地产等同于不动产。另一方面,房地产与房屋、土地的关系。房地产是就民事财产(权)而言的,侧重于它的社会属性;而房屋、土地是就自然物而言的,侧重于它的自然属性。因此,房地产与房屋、土地在范围上也是不同的。例如,建设用地使用权属于房地产的范畴,但不是土地,土地只是建设用地使用权的客体;而沙漠、冰峰、雪山、戈壁滩属于土地(领土)的范围,但并不属于地产。当然,由于房屋均属于民事财产的范畴,因而房产与房屋可以同等看待。综合上述两个方面,我们认为,房地产是指土地、土地权益以及地上建筑物、构筑物等房屋的合称。

房地产作为不动产的一种,在自然属性、经济属性和法律属性上具有如下特点:

---

① 参见符启林:《房地产法》(第四版),法律出版社2009年版,第1页;金俭:《房地产法研究》,科学出版社2004年版,第1页。

② 参见唐德华、高圣平主编:《房地产法及配套规定新释新解》(第三版)(上册),人民法院出版社2005年版,第26—27页。

③ 参见陈耀东主编:《房地产法》(第二版),复旦大学出版社2009年版,第5页。

④ 参见房绍坤:《用益物权基本问题研究》,北京大学出版社2006年版,第178页。

第一，房地产具有固定性。概括地说，房地产包括地产和房产两部分，而两者的基础都是土地。土地在地域上是不可移动的，其开发、使用和转让都是在固定的地域上进行和完成的。因此，土地及固定于其上的房屋不能像其他商品一样，通过产品移动去满足异地需要。虽然房地产可以进入市场进行流转，房地产的权利主体会不断发生变化，但房地产本身的空间位置却不会移动，这就决定了在房地产投资中，空间位置的选择十分重要。

第二，房地产具有非损耗性。房地产的非损耗性，是指房地产及其使用价值不会因其利用被消耗掉，而是能够长期存在。就地产而言，土地具有不可毁灭的永久性，一些自然灾害虽然可能会给土地造成一定的毁坏，但只能破坏它的特定用途，土地仍然可修复或改为其他用途。就房产而言，房屋虽然会自然灭失，但一经建造即可以使用几十年甚至百年以上。

第三，房地产具有保值和增值性。随着社会的发展、进步，人口的不断增加，人类生活水平的不断提高，人类对房地产的需求也日益迫切。土地是有限的、稀缺性的资源，建筑物本身虽会存在有形和无形的损耗，但土地的价格一般却会不断上涨，这就会导致整个房地产的价格在不断增加，因而房地产具有保值和增值的作用。特别是在经济持续高速发展时期，由于固定资产投资规模的大幅度增长以及通货膨胀率居高不下，这种作用也就愈加明显。

第四，房地产价值具有差异性。房地产价值的差异性，是指不同地区、不同区位的房地产在价值上存在着很大的差别。就地产而言，土地因其位置固定不变，故其价值受自然环境、社会条件的影响相当大，不同地理位置的土地在价值上会有很大差别。例如，在不同的城市，在同一城市的不同地段，区位好的土地与区位差的土地在价值上会明显不同。同时，不同用途的土地，其价值也会存在很大差别。例如，建设用地与农业用地、商业用地与公共用地、已开发利用的土地与未利用地等，在价值上都会存在很大不同。就房产而言，即使是外形、年代、风格、建筑标准完全相同的数幢建筑物，建筑在不同的位置，处在不同的环境，其价值也是不同的，甚至同一幢建筑物中不同的单元由于所处的楼层、朝向的不同，价值也不相同。

第五，房地产具有有限性。在房地产中，土地是自然生成物，不可能通过人的劳动而获得，具有不可再生性，属于不可再生资源。尽管在某些特定情形下，土地经过人的努力是可能扩大的，如人们可以填海造田而形成新的土地，可以对未利用地进行开发利用等。同时，土地也会因自然的力量而增加，如河流入海口每年会因泥沙的淤积而形成新的土地。但就总体而言，土地依然是有限的，人们不可能从根本上改变土地给付有限性这一限制人类发展的属性。正是由于土地的有限性，从而决定了房地产供给的有限性，即房地产的供给无法完全满足人类对房地产的需求，房地产的供给与需求的矛盾将日益突出。特别是在现代化的大城市，房地产供不应求的状况更为严重。

二、房地产的种类

（一）公有房地产与私有房地产

根据房地产的归属的所有权性质，房地产可以分为公有房地产与私有房地产。

公有房地产是指国家及公有制单位所拥有的房地产。例如，国家和集体所有的土地及房屋、国家机关及事业单位拥有的建设用地使用权及房屋等。

私有房地产是指私人所拥有的房地产。例如，自然人所拥有的房屋、建设用地使用权、宅基地使用权、土地承包经营权等。

区分公有房地产与私有房地产的主要意义在于,法律对这两类房地产流转的调整原则有所不同。原则上说,法律对私有房地产的流转一般没有严格限制。例如,自然人所拥有的房屋、建设用地使用权、土地承包经营权等都可以进行流转,宅基地使用权也可以随房屋而流转;而对公有房地产的流转则设有诸多限制。例如,国有土地和集体土地的所有权不得流转、国家机关的建设用地使用权一般不得流转等。

(二)经营性房地产与非经营性房地产

根据房地产的用途,房地产可以分为经营性房地产与非经营性房地产。

经营性房地产是指以从事经营活动为目的的房地产。例如,以工业、商业、旅游、商品住宅等目的所设立的建设用地使用权,以招标、拍卖、公开协商等方式所设定的荒地承包经营权,企业用于生产的厂房等。

非经营性房地产是指并非以从事经营活动为目的的房地产。例如,国家机关、公益事业单位所拥有的建设用地使用权及房屋,乡(镇)村公共设施建设用地使用权,自然人所拥有的建设用地使用权及房屋、宅基地使用权及房屋等。

区分经营性房地产与非经营性房地产的主要意义在于,经营性房地产一般采取有偿方式取得,而非经营性房地产一般采取无偿方式取得。当然,无论是何种房地产,在流转时都可以采取有偿的方式。

(三)城市房地产与农村房地产

根据房地产所处的位置,房地产可以分为城市房地产与农村房地产。

城市房地产是指城镇国有土地范围内所存在的房地产。例如,城市国有土地、以国有土地为客体的建设用地使用权、城镇国有土地上的各类房屋等。

农村房地产是指农村土地范围内所存在的房地产。例如,农村集体土地、国家所有由农民集体使用的土地、土地承包经营权、宅基地使用权、集体土地上的各类房屋等。

区分城市房地产与农村房地产的主要意义在于,这两类房地产所适用的法律规范有所不同。对于城市房地产,应适用《中华人民共和国城市房地产管理法》(以下简称《城市房地产管理法》)的规定;而农村房地产只能适用《中华人民共和国土地管理法》(以下简称《土地管理法》)的规定。

(四)自由流通房地产、限制流通房地产与禁止流通房地产

根据房地产流转的受限制程度,房地产可以分为自由流通房地产、限制流通房地产与禁止流通房地产。

自由流通房地产是指权利人有权依法自由处分(如出卖、互换、赠与、出租、抵押等)的房地产。例如,出让建设用地使用权、城镇居民的房屋等。

限制流通房地产是指法律对权利人的自由处分权作出一定限制(如流转方式、范围等方面的限制)的房地产。例如,通过划拨方式设立的建设用地使用权等。

禁止流通房地产是指法律禁止流转的房地产,换言之,是指权利人不享有转让处分权的房地产。例如,国有土地与集体土地的所有权。

区分自由流通房地产、限制流通房地产与禁止流通房地产的主要意义在于,这三类房地产的流通权能有所不同。自由流通房地产的权利人享有完全的流通权能,禁止流通房地产的权利人完全不享有流通权能,而限制流通房地产的权利人仅享有有限的流通权能。

（五）登记房地产与非登记房地产

根据房地产是否须经登记，房地产可以分为登记房地产与非登记房地产。

登记房地产是指依法须经登记，其权利才能发生效力的房地产。例如，建设用地使用权、房屋所有权等。

非登记房地产是指无须登记，其权利即可发生效力的房地产。例如，土地承包经营权、宅基地使用权等。但应指出的是，非登记房地产并不等于说就没有登记，只是在登记的效力上与登记房地产有所不同而已。

区分登记房地产与非登记房地产的主要意义在于，房地产权利成立的要件不同。登记房地产，其权利非经登记不能成立；而非登记房地产，其权利未经登记不影响房地产权利的成立。

三、房产和地产的关系

房地产是由房产与地产结合而成的。所谓房产，是指在法律上有明确所有权权属关系的房屋财产，即通常意义上的房屋。关于房屋，有广义和狭义两种理解。狭义的房屋是指能够供人居住、生活或者进行其他活动的建筑物；广义的房屋除包括狭义的房屋外，还包括构筑物如桥梁、道路、隧道、球场等。《城市房地产管理法》第2条规定："本法所称房屋，是指土地上的房屋等建筑物及构筑物。"可见，《城市房地产管理法》上所称的房屋是广义的房屋。所谓地产，是指土地及其相关权益。

在法律上，房产和地产是两种密切相关的财产。一般地说，房产和地产是结合在一起的。房产不能脱离地产而单独存在，但地产可以脱离房产而单独存在，如土地承包经营权属于地产的范围而不涉及房产。从房地产的物理属性上看，房产和地产是密不可分的，房屋建造在土地之上，依赖于土地的支撑才能存在；从房地产的作用上看，地产是房产的依托和基础，房产是地产的目标和用途；从房地产的形成过程看，土地开发与房屋建设总是一个并行或相继发生的完整过程，没有土地开发，房屋建筑就无法进行，而只有土地开发没有后续的房屋建设，土地开发就失去意义；从房地产的价值形态上看，房产价格通常包含土地价格，在一些西方国家，地产的价格通常包含着房屋的价格。[①]

虽然房产与地产关系密切，存在着物理上的不可分割的关系，但由于各国的立法传统以及经济背景各不相同，各国在处理二者的关系上基本上采取了结合主义与分别主义两种立法模式。结合主义是将地产与房产结合作为一个不动产，房屋只是土地的附着物，不是独立的不动产。这是产生于罗马法的一种立法模式，德国民法基本上承继了这一原则。《德国民法典》第94条第1项规定："定着于土地和地面的物，特别是建筑物，以及与地面连在一起的土地出产物，属于土地的重要成分。"分别主义是将地产与房产分别作为两个独立的不动产看待，地产与房产可以分离。日本民法在地产与房产的关系上，采取了分别主义。

在我国，法律对房产与地产的关系一直实行分别主义。这种分别主义体现为如下两个方面：一方面，房屋所有权与土地所有权可以分离。在我国，土地归国家或集体所有，而房屋可以由任何民事主体拥有所有权，房屋所有权人不能享有土地所有权。另一方面，房屋所有权与建设用地使用权、宅基地使用权可以分离。在我国，由于土地所有权不能流转，因此，房

---

① 参见赵红梅：《房地产法论》，中国政法大学出版社1995年版，第6页。

产与地产的关系主要反映在房屋所有权与建设用地使用权、宅基地使用权的关系上。对此，我国法亦采取了分别主义。例如，《中华人民共和国物权法》（以下简称《物权法》）第142条规定："建设用地使用权人建造的建筑物、构筑物及其附属设施的所有权属于建设用地使用权人，但有相反证据证明的除外。"第200条中规定："建设用地使用权抵押后，该土地上新增的建筑物不属于抵押财产。"这些规定都表明，在房产与地产的关系上，我国法采取了分别主义。

尽管我国法在房产与地产的关系上采取了分别主义，房产与地产可以发生分离，但毕竟两者在物理上具有不可分性。因此，在处分问题上，应实行一体处分原则，以保存房地产的价值。一体处分原则主要表现为两个方面：一是建设用地使用权处分时，附着于该土地上的房屋一并处分。对此，《中华人民共和国城镇国有土地使用权出让和转让暂行条例》（以下简称《城镇国有土地使用权出让和转让暂行条例》）第23条规定："土地使用权转让时，其地上建筑物、其他附着物所有权随之转让。"《物权法》第146条规定："建设用地使用权转让、互换、出资或者赠与的，附着于该土地上的建筑物、构筑物及其附属设施一并处分。"这就是通常所说的"房随地走"原则。二是房屋处分时，其占用范围内的建设用地使用权一并处分。《城镇国有土地使用权出让和转让暂行条例》第24条规定："地上建筑物、其他附着物的所有人或者共有人，享有该建筑物、附着物使用范围内的土地使用权。土地使用者转让地上建筑物、其他附着物所有权时，其使用范围内的土地使用权随之转让，但地上建筑物、其他附着物作为动产转让的除外。"《城市房地产管理法》第32条规定："房地产转让、抵押时，房屋的所有权和该房屋占用范围内的土地使用权同时转让、抵押。"《物权法》第147条规定："建筑物、构筑物及其附属设施转让、互换、出资或者赠与的，该建筑物、构筑物及其附属设施占用范围内的建设用地使用权一并处分。"这就是通常所称的"地随房走"原则。

第二节 房地产法的概念和调整范围

一、房地产法的概念和特点

房地产法是指调整房地产关系的法律规范的总称。房地产法有形式意义上的房地产法与实质意义上的房地产法、广义的房地产法与狭义的房地产法之分。

形式意义上的房地产法是指以"房地产法"命名的法律，如我国《城市房地产管理法》；实质意义上的房地产法是指所有调整房地产关系的法律规范，包括宪法、法律、行政法规、地方法规、部门规章以及国家政策、司法解释中有关调整房地产关系的法律规范。在房地产法研究上，一般是以实质意义上的房地产法为对象，而不限于形式意义上的房地产法。

广义的房地产法是指调整所有房地产关系的法律规范，既包括城市房地产关系，也包括农村房地产关系；狭义的房地产法是指调整城市房地产关系的法律规范，不包括调整农村房地产关系的法律规范。我国的《城市房地产管理法》是狭义的房地产法。我国学者多以狭义的房地产法为研究对象，但我们认为，农村房地产关系也是房地产法的重要内容之一，因此，研究房地产法，应以广义的房地产法为对象，既要研究城市房地产关系，也要研究农村房地产关系。

从实质意义和广义的房地产法来看，房地产法具有如下特点：

（一）参与主体具有多元性

房地产法的参与主体也就是房地产法律关系主体，即房地产法律关系的参加者。从法理角度而言，法律关系的主体包括国家、法人、非法人组织、自然人。这些主体虽然都可以成为房地产法律关系的主体，但其在房地产法律关系中所起的作用是不同的，从而显示出房地产法参与主体的多元性。概括地说，房地产法律关系的主体包括：(1) 房地产管理主体，包括国土资源管理部门、房产管理部门、规划管理部门、建设管理部门等。(2) 房地产所有权和使用权主体，包括国家土地所有权人、集体土地所有权人、房屋所有权人、建设用地使用权人、土地承包经营权人等。(3) 房地产开发主体，包括房地产开发企业、建筑施工企业等。(4) 房地产交易主体，包括房地产出卖方、买受方等。(5) 房地产服务主体，包括房地产经纪人、房地产金融和保险机构、房地产估价机构、物业服务公司等。

（二）规范内容具有综合性

房地产法规范内容的综合性主要体现在如下两个方面：一方面，房地产法律规范的属性具有综合性。调整房地产关系的法律规范涉及众多的法律部门，如民法、行政法、经济法等，因此，房地产法律规范既包括单纯的民事法律规范（如物权法、合同法）、行政法律规范（如城乡规划法）、经济法律规范（如房地产税法），还包括综合性的法律规范，而且这种法律规范在房地产法中占有核心的地位，如城市房地产管理法、土地管理法等。另一方面，房地产法律关系的性质具有综合性。从整体上说，房地产法律关系并不是单纯的民事法律关系，也不是单纯的行政法律关系或经济法律关系，而是具有综合性质的法律关系。当然，就某一具体的房地产法律关系而言，其应属于具有特定性质的法律关系。例如，房地产买卖关系就属于民事法律关系，房地产开发用地管理关系就属于行政法律关系，房地产税收关系就属于经济法律关系。

正是由于房地产法的规范内容具有综合性，因此，房地产法具有特殊的性质和地位。从房地产法的性质上说，房地产法既不属于私法，也不属于公法，而是兼有私法与公法双重属性，属于跨民法、经济法、行政法等诸多学科的法律规范，属于综合性的法律规范。[①] 因此，我们应当从民法、经济法、行政法等多学科的角度理解和掌握房地产法。从房地产法的地位上说，房地产法不属于某一个法律部门，而是跨不同法律部门的法律学科。[②] 因此，我们应当从相关法律部门的调整对象上认识房地产法，运用相关法律部门的调整方法来处理房地产关系。

（三）调整范围具有广泛性

房地产法以房地产关系为规范对象，而房地产关系涉及的范围相当广泛，因而房地产法的调整范围亦具有广泛性。房地产法的调整范围主要包括：房地产所有关系、房地产使用关系、房地产开发关系、房地产转让关系、房地产租赁关系、房地产抵押关系、房地产中介服务关系、房地产金融关系、房地产税收关系、房地产物业管理关系、房地产规划管理关系、房地产市场管理关系、涉外房地产关系等。随着我国房地产业及房地产市场的发展，房地产法的

---

① 关于房地产法的性质，理论上存在着不同的认识，主要有民法说、经济法说、行政法说、综合法律规范说等不同的主张。参见陈耀东主编：《房地产法》（第二版），复旦大学出版社 2009 年版，第 18—23 页。

② 关于房地产法的地位，理论上存在着独立法律部门说和非法律部门说两种不同的主张。参见赵红梅：《房地产法论》，中国政法大学出版社 1995 年版，第 34 页。

调整范围还将不断扩大。在这些房地产关系中，每一种房地产关系都包括了众多具体的房地产关系。例如，房地产所有关系包括土地所有权关系、房屋所有权关系、房地产共有关系、房地产相邻关系等；房地产开发关系包括房地产开发用地关系、房地产开发企业管理关系、施工项目管理关系等；房地产转让关系包括房地产买卖关系、房地产互换关系、房地产赠与关系等。

（四）调整手段具有国家干预性

房地产是人类生存和发展必不可少的物质资料，是人们从事各种活动的物质基础条件，它关系到经济的发展和社会的稳定。基于房地产的特殊性及其在社会经济生活中的重要作用，国家对房地产关系进行严格监督，从而体现了房地产法在调整手段上的国家干预性。为此，国家设置了专门的房地产管理部门，行使对房地产关系监督管理的职能。国家对房地产关系的监督管理体现在房地产关系的各个方面、各个领域。例如，房地产税收关系、房地产规划管理关系、房地产市场管理关系等本身就体现了一种管理与被管理的关系，国家干预性体现的最为直接和明显。而对于房地产转让关系、房地产租赁关系、房地产抵押关系等，国家虽然不进行直接干预，但国家通过实行登记制度，亦实现了对这类房地产关系的监督管理。国家对房地产关系进行监督管理的意义在于，一方面有利于调控房地产市场，促进房地产市场健康有序发展；另一方面有利于维护房地产权利人的利益，满足人们的基本生活需求。

二、房地产法的调整范围

房地产法的调整范围[①]，也就是房地产法的规范事项。房地产法是调整房地产关系的法律规范的总称。因此，房地产法的调整范围就是房地产关系。所谓房地产关系，是指在房地产所有、开发、使用、管理等过程中所形成的房地产权属、开发、经营、使用、交易、服务、管理等与房地产相关的各种社会关系。

房地产关系的种类繁多，性质各异。对此，有学者将房地产关系划分为房地产民事关系、房地产经济行政关系、房地产社会保障关系。[②] 也有学者将房地产关系划分为房地产民事关系、房地产行政关系、房地产经济关系、房地产社会保障关系。[③] 我们认为，根据房地产关系的主体地位不同，基本上可以将房地产关系分为平等主体之间的房地产关系和非平等主体之间的房地产关系。当然，由于房地产关系的复杂性，社会生活中也存在着上述两种房地产关系相交叉的一些房地产关系，如房地产权属登记关系、房屋征收与补偿关系等。

（一）平等主体之间的房地产关系

平等主体之间的房地产关系体现为民事性质的房地产关系，受民法规则的调整。这类房地产关系具有如下特点：第一，主体平等。所谓平等，是指当事人之间的地位平等，相互间没有隶属关系、管理与被管理的关系、权力服从关系。房地产关系的主体相互间没有经济利

---

① 本书没有如同其他房地产法著作那样使用“调整对象”的用语，而是使用“调整范围”一词。这主要是因为：按照法学一般理论，只有独立的法律部门，才能有独立的调整对象。而通说认为，房地产法并不是一个独立的法律部门，故不存在调整对象问题，但却存在着调整范围或规范事项。

② 参见李延荣、周珂：《房地产法》（第四版），中国人民大学出版社 2013 年版，第 30 页；陈耀东主编：《房地产法》（第二版），复旦大学出版社 2009 年版，第 12—14 页。

③ 参见於向平、邱艳：《房地产法律制度研究》，北京大学出版社 2004 年版，第 6—8 页。

益上的隶属性,各自都是独立的,对其房地产有自主决定的权利。第二,主要存在于自然人、法人、非法人组织之间,国家只是在特殊情况下,才能作为平等主体参与房地产关系。第三,一般是由当事人自己的意志决定的。房地产关系对当事人有着直接的经济利益,一般是由当事人根据自己的利益需要自主确定的,不受他人意志的支配。

平等主体之间的房地产关系主要包括:房地产权属关系、房地产相邻关系、房地产转让关系、房地产租赁关系、房地产抵押关系、房地产投资入股关系、房地产中介服务关系、房地产物业管理关系等。房地产法调整的上述房地产关系形成了两种基本的房地产民事法律关系,即房地产物权关系和房地产债权关系。

(二) 非平等主体之间的房地产关系

非平等主体之间的房地产关系体现为行政性质的房地产关系,受行政法或经济法规则的调整。这类房地产关系具有如下特点:第一,主体不平等,即房地产关系的主体之间存在着管理与被管理的关系、权力服从关系。第二,国家是主要的房地产关系主体。在非平等主体之间的房地产关系中,国家是监督者,行使着对房地产关系的监督管理职能,因此,房地产关系的主体一方是国家,另一方则是自然人、法人或其他非法人组织。第三,国家意志起决定性作用。在非平等主体之间的房地产关系中,这类房地产关系能否发生、如何发生以及发生何种法律后果,往往是由国家所决定的,因此,国家意志起着决定性的作用。例如,建设用地使用权划拨关系就是非平等主体之间的房地产关系。在这种关系中,是否划拨建设用地使用权完全是由国家所决定的,使用权人不能与国家进行协商。

非平等主体之间的房地产关系主要包括:房地产建设项目管理关系、房地产建设用地规划管理关系、房地产开发建设审批关系、土地征收关系、房地产市场主体管理关系、房地产市场秩序管理关系、房地产税费关系、房地产质量与价格管理关系等。房地产法调整的上述房地产关系,即形成了房地产行政法律关系。

第三节 房地产法的基本原则

房地产法的基本原则是房地产法的本质和特征的集中反映,是房地产立法、房地产司法、房地产行政以及房地产活动的基本准则和基本指导思想。房地产法的基本原则是由房地产法所调整的社会关系的基本性质所决定的,体现着国家的基本房地产政策。因此,房地产法的基本原则在房地产法中具有重要的意义。

关于房地产法的基本原则,我国相关房地产法律、法规中虽然没有具体、明确的规定,但我们可以从中归纳总结出房地产法的基本原则。我们认为,房地产法的基本原则主要包括如下几项:

一、土地公有原则

土地公有是我国公有制经济的重要组成部分。土地所有权只能归国家和集体所有,对此,我国宪法和法律都有明文规定。例如,《中华人民共和国宪法》(以下简称《宪法》)第 10 条第 1 款和第 2 款规定:“城市的土地属于国家所有。农村和城市郊区的土地,除由法律规定属于国家所有的以外,属于集体所有;宅基地和自留地、自留山,也属于集体所有。”《土地管理法》第 8 条规定:“城市市区的土地属于国家所有。农村和城市郊区的土地,除由法律规定属于国家所有的以外,属于农民集体所有;宅基地和自留地、自留山,属于农民集体所有。”《物权法》第47条规定:“城市的土地,属于国家所有。法律规定属于国家所有的农村和城市郊区的土地,属于国家所有。”可见,在我国,土地公有原则不仅是宪法的原则,也是房地产法所应坚持的首要原则。

二、土地所有权与土地使用权相分离原则

在我国,土地虽然归国家与集体所有,但在土地利用上,则实行土地所有权与土地使用权相分离的原则,即在坚持土地公有不变的前提下,其他组织和个人需要使用土地的,应当设立相应的土地使用权,实行土地所有权与土地使用权相分离原则。从我国目前的法律规定来看,土地使用权的种类主要包括:建设用地使用权、土地承包经营权和宅基地使用权。这三种土地使用权在《物权法》中都有规定,属于用益物权的范畴。建设用地使用权主要是设立于国有土地上的用益物权(我国也存在着设立于集体土地上的建设用地使用权),土地承包经营权是设立于集体所有土地或者国家所有由集体使用的土地上的用益物权,宅基地使用权是设立于集体土地上的用益物权。这三类用益物权,都是土地所有权与土地使用权相分离的结果。

三、市场调节与宏观调控相结合原则

房地产市场是市场经济的重要组成部分,培育健康的房地产市场是我国立法的首要任务。为培育房地产市场,我国政府采取了诸多措施。例如,通过建立国有土地有偿使用制度和建设用地使用权出让、转让制度,初步建立起了土地供应市场。我国的土地供应市场主要限于国有土地,目前正在进行农村土地制度改革,在农村集体所有土地上建立新型的土地供应市场:中共中央、国务院《关于全面深化农村改革加快推进农业现代化的若干意见》(2014年1号文件)指出,要引导和规范农村集体经营性建设用地入市,在符合规划和用途管制的前提下,允许农村集体经营性建设用地出让、租赁、入股,实行与国有土地同等入市、同权同价,加快建立农村集体经营性建设用地产权流转和增值收益分配制度。2015年1月,中共中央办公厅和国务院办公厅联合印发了《关于农村土地征收、集体经营性建设用地入市、宅基地制度改革试点工作的意见》,这标志着我国农村土地制度改革即将进入试点阶段。通过房屋制度改革,结束了住房的福利分配,以商品房为主要交易对象的房产市场已经逐步建立;通过引入竞争机制,培育、健全了房地产开发市场,如招投标等形式在签订项目开发合同中的采用;通过发展房地产抵押、租赁市场,丰富了房地产市场的流通方式等。

市场经济离不开宏观调控,对国计民生影响重大的房地产市场更需要政府的宏观调控,这是市场经济国家普遍采取的措施。我国对房地产的管理和宏观调控措施主要有:房地产开发的用地管理(国家实行土地用途管制制度,控制用地总量,严格限制农用地转为建设用地)、房地产交易价格的管理(国家实行房地产价格指导制度、房地产价格评估制度和房地产成交价格申报制度)、房地产的项目管理以及房地产的税费管理等。此外,《城市房地产管理法》第4条还规定:“国家根据社会、经济发展水平,扶持发展居民住宅建设,逐步改善居民的居住条件。”

四、合理利用土地与严格保护耕地原则

合理利用土地与保护耕地是房地产法的基本原则,也是我国的一项基本国策。《宪法》第10条第5款中规定:“一切使用土地的组织和个人必须合理地利用土地。”《土地管理法》第3条规定:“十分珍惜、合理利用土地和切实保护耕地是我国的基本国策。”为合理利用土地,《土地管理法》规定了许多具体措施。例如,各级人民政府应当采取措施,全面规划,严格管理,保护、开发土地资源,制止非法占用土地的行为;对保护和开发土地资源、合理利用土地以及进行有关的科学研究等方面成绩显著的单位和个人,由人民政府给予奖励;对土地用途实施管制;建立土地利用总体规划制度、土地调查制度、土地统计制度等。

耕地是保障人类生存之本,《土地管理法》第4条明确规定:“严格限制农用地转为建设用地,控制建设用地总量,对耕地实行特殊保护。”我国采取了一系列保护耕地的措施。例如,严格控制将耕地转为建设用地,对于必须转用的,规定了严格审批程序;国家实行占用耕地补偿制度,非农业占用耕地的,按照“占多少,垦多少”的原则,由用地单位负责开垦与所占用耕地的数量和质量相当的耕地,无条件开垦或开垦不符合要求的,要缴纳耕地开垦费;国家实行基本农田保护制度,在全国各地划定基本农田保护区,实行特别保护;国家鼓励单位和个人按照土地利用总体规划,在保护和改善生态环境、防止水土流失和土地荒漠化的前提下,开发未利用土地,适宜开发为农用地的,应优先开发成农用地等。

五、保障房地产权利人合法权益原则

房地产权利人是依法对房地产享有某种利益的人,包括土地所有权人、房屋所有权人、土地使用权人、房地产抵押权人、房地产租赁权人等。他们所享有的权益受法律保护,《城市房地产管理法》第5条中明确规定:“房地产权利人的合法权益受法律保护,任何单位和个人不得侵犯。”

在我国,强调保障房地产权利人的合法权益具有特殊意义。首先,保障房地产权利人的合法权益,是实现房地产交易安全和人们正常生产、生活秩序的前提和基础。其次,我国房地产法律、法规多是管理型法律,内容上偏重于行政管理,虽然也包括私权内容,但私权保护内容相对较少,这对房地产权利人的权益保护是十分不利的。在这样的法律环境下,强调保护房地产权利人的利益具有特殊意义。再次,在计划经济时期,私权的保障被忽视,房地产权利有时根本得不到保护,这在“文化大革命”时期十分突出,这些历史上的做法对今天也会产生一些负面影响,因而在房地产立法、司法、行政等各个环节上有必要强调保障房地产权利人的合法权益。

第四节　房地产法的渊源

房地产法的渊源,是指房地产法律规范的表现形式。由于房地产法律调整范围较为复杂,房地产法律的渊源也众多,主要包括:

一、宪法

宪法是国家根本大法,具有最高的法律效力。我国《宪法》对房地产制度作了如下原则

性规定:(1) 城市的土地属于国家所有;农村和城市郊区的土地,除由法律规定属于国家所有的以外,属于集体所有;宅基地和自留地、自留山,也属于集体所有。(2) 国家为了公共利益的需要,可以依照法律规定对土地实行征收或者征用并给予补偿。(3) 任何组织或者个人不得侵占、买卖或者以其他形式非法转让土地。(4) 土地的使用权可以依照法律的规定转让。(5) 一切使用土地的组织和个人必须合理地利用土地。(6) 公民的合法的私有财产不受侵犯。国家为了公共利益的需要,可以依照法律规定对公民的私有财产实行征收或者征用并给予补偿。

二、法律

这里的法律是狭义上的法律,是指由全国人民代表大会及其常务委员会制定的规范性文件。我国有关房地产最主要的基础性法律包括《土地管理法》《城市房地产管理法》《中华人民共和国农村土地承包法》(以下简称《农村土地承包法》)、《物权法》。其他较为重要的法律有:《中华人民共和国城乡规划法》(以下简称《城乡规划法》)、《中华人民共和国建筑法》(以下简称《建筑法》)、《中华人民共和国农业法》《中华人民共和国水土保持法》《中华人民共和国森林法》《中华人民共和国草原法》等。此外,还有一些与房地产有关的法律规范,散见于《中华人民共和国民法通则》(以下简称《民法通则》)、《担保法》《中华人民共和国合同法》(以下简称《合同法》)等法律之中。

三、行政法规

行政法规是由国务院制定的有关行政管理和管理行政事项的规范性文件的总称。有关房地产的行政法规主要有:《中华人民共和国土地管理法实施条例》(以下简称《土地管理法实施条例》)、《城镇国有土地使用权出让和转让暂行条例》《城市房地产开发经营管理条例》《住房公积金管理条例》《国有土地上房屋征收与补偿条例》《不动产登记暂行条例》等。

四、地方性法规

地方性法规是指地方国家权力机关为保证宪法、法律和行政法规的遵守和执行,结合本行政区内的具体情况和实际需要,依照法律规定的权限通过和发布的规范性法律文件。有关房地产的地方性法规很多,它们也是房地产法的渊源。

五、行政规章

行政规章是有关行政机关依法制定的关于行政管理的规范性文件的总称,分为部门规章和地方政府规章。部门规章是国务院所属部委根据宪法、法律和国务院行政法规,在本部门的权限内,发布的各种行政性的规范性文件。有关房地产的行政规章相当多,如《建设项目用地预审管理办法》《规范国有土地租赁若干意见》《闲置土地处置办法》《协议出让国有土地使用权规定》《关于变更土地登记的若干规定》《划拨土地使用权管理暂行办法》《城市房地产抵押管理办法》《城市房地产转让管理规定》《商品房屋租赁管理办法》《商品房销售管理办法》《城市商品房预售管理办法》《物业服务收费管理办法》《住宅专项维修资金管理办法》等。

地方政府规章是有权制定地方性法规的地方人民政府根据法律、行政法规、地方性法规制定的规范性文件。地方政府规章与部门规章一样,也是房地产法的渊源。

六、国家政策

政策是国家或者政党为实现一定历史时期的任务和执行其路线而制定的活动准则和行为规范。政策包括国家政策和政党政策,但只有国家政策才可以作为法律的渊源。《民法通则》第6条规定:“民事活动必须遵守法律,法律没有规定的,应当遵守国家政策。”我国有关土地和房屋的许多规则就是最先通过政策形式确定的,如土地承包经营权。在法律没有规定时,政策也是房地产法的法律渊源之一。

七、司法解释

司法解释是由国家最高司法机关在适用法律过程中对具体应用法律问题所作的解释。其中,最高人民法院的司法解释对于房地产纠纷案件的解决发挥着重要的作用。最高人民法院关于房地产法的司法解释主要有两类:一类是专门性的司法解释,如《关于审理房地产管理法施行前房地产开发经营案件若干问题的解答》《关于审理商品房买卖合同纠纷案件适用法律若干问题的解释》《关于审理涉及国有土地使用权合同纠纷案件适用法律问题的解释》等。另一类是综合性的司法解释,如《关于贯彻执行〈中华人民共和国民法通则〉若干问题的意见(试行)》《关于适用〈中华人民共和国合同法〉若干问题的解释(一)》《关于适用〈中华人民共和国担保法〉若干问题的解释》等。

八、习惯

习惯是一定范围内,一定地域的人们长期形成的为多数人认可并遵守的行为规范。我国房地产法律中没有明确规定习惯是否可以作为法源。一般说来,习惯在特定的地域,对于特定的人群通常具有法的确信,在相关事项没有法律、法规规定,也没有国家政策可资遵守的情形下,可以依照习惯来处理。此时,习惯也就成为房地产法的渊源。例如,《物权法》第85条规定:“法律、法规对处理相邻关系有规定的,依照其规定;法律、法规没有规定的,可以按照当地习惯。”

第五节　新中国房地产法的发展

综观新中国成立后的房地产法的发展历程,我们可以将房地产法的发展概括为如下四个发展阶段:

一、房地产法的停滞时期(1949年至1978年)

新中国成立后,国家除了没收地主、官僚资本家、汉奸等房地产外,对于个人的私有房地产采取了保护政策。在这一阶段,国家颁布的政策法律主要有:1949年《公房公产统一管理的决定》、1950年《中华人民共和国土地改革法》、1950年《城市郊区土地改革条例》、1951年《关于没收战犯、汉奸、官僚资本家及反革命分子财产的指示》、1956年《高级农业生产合作社示范章程》、1956年《关于目前城市私有房产基本情况及进行社会主义改造问题的报告》、1963年《关于对华侨出租房屋社会主义改造问题的报告》、1964年《关于私有出租房屋社会主义改造问题的报告》、1964年《关于对港澳同胞出租房屋进行社会主义改造问题的报告》《关于如何填发土地房产所有证的指示》《关于没收反革命罪犯财产的规定》等。此外还有一些地方性法规,如《上海市军事管制委员会房地产管理暂行条例》《东北城市房产管理暂行条例》等。

在这一时期,房地产法体现出了如下特点:(1)土地方面的法律制度相对较为完善。1950年公布的《中华人民共和国土地改革法》是新中国第一部土地大法,规定了相对完善的土地制度,其中不但规定了土地的没收、征用和分配法令政策,而且还规定了土改的执行机关、执行方法、对特殊土地问题的处理和对土改后土地及财产的保护等。此外,还陆续制定了一些土地方面的法律和政策。在新中国成立初期的一段时间内,土地允许私有,因而可以买卖、出典、赠与或交换。(2)随着社会主义改造的基本完成,建立起了国家土地所有制与农民集体土地所有制相结合的土地二元格局。1956年《高级农业生产合作社示范章程》规定:"农业生产合作社按照社会主义原则,把社员私有的主要生产资料转为各合作社集体所有。"这一章程的公布和实行,将土地改革后分给农民的土地收归合作社集体,而集体所有权在建立之初就服从于国家所有权。早在1954年《宪法》中就规定:"国家为了公共利益需要,可以依照法律规定的条件,对城市土地和其他生产资料实行征购、征用或者收归国有。"(3)在城市房地产方面,法制建设相对薄弱,不仅没有一部完整的房地产法,而且相关规定也很不系统。调整房产关系主要以政策和命令为主,政策和法规由最初承认私有房屋所有权,逐渐转为对城市私有房屋的社会主义改造。1956年《关于目前城市私有房产基本情况及进行社会主义改造的意见》、1964年《关于私有出租房屋社会主义改造问题的报告》等法律、政策提出,对出租房屋进行社会主义改造,通过在一定时期内给以固定租金的办法,赎买房主产权,使城市房屋的公有制成为主体。但自用和出租面积较小的私房业主还保留房屋私有权。在十年动乱时期,我国的房地产法制受到很大冲击,零星颁布的调整私人房产关系的法律、政策也基本没有发挥作用,私人房产大量被挤占、没收,得不到法律保护。

二、房地产法的起步时期(1978年至1988年)

新中国的房地产法制建设,直到十一届三中全会后才逐渐走向正规。为配合经济建设的需要,房地产立法逐渐起步,1982年国务院颁布了《国家建设征用土地条例》和《村镇建房用地管理条例》,1983年5月国务院批准了城乡建设环境保护部的《城镇个人建造住宅管理办法》,赋予城镇个人建造住宅的权利。1983年12月国务院颁布了《城市私有房屋管理条例》,该条例成为我国第一部保护城市私有房屋所有权、规范私有房屋交易的法规,该条例规定了私有房屋的拆迁补偿和房屋买卖、租赁、代管等问题。同时,国务院还颁布了《城市规划条例》,规范了城市建设规划及一些土地管理事项。1986年6月,全国人大常委会颁布了《土地管理法》,再次确认了土地国家和集体所有以及农村土地征收,对国家建设用地和乡村建设用地以及相关的法律责任进行了规范。

在这一时期,房地产法体现出了如下特点:(1)住宅建设在投资方面有所改变;(2)房地产综合开发开始起步;(3)房地产行政管理得到加强;(4)开始落实私房和华侨、港澳同胞房产政策;(5)住房制度改革开始试点。总体来说,这一时期的房地产法主要以既有的土地利用现状为内容,可流转的房地产制度还没有建立。

三、房地产法的发展时期(1988 年至 1994 年)

以 1988 年《宪法》和《土地管理法》修订为标志,以建立土地有偿使用制度、建立土地使用权出让和转让市场为主要内容,我国土地立法进入了一个新的发展阶段。1988 年第七届全国人民代表大会第一次会议对《宪法》进行修正,增加规定了"土地使用权可以依法转让"的内容。根据修正后的《宪法》,《土地管理法》也进行了修订,增加规定:"国有土地和集体所有的土地的使用权可以依法转让。""国家依法实行国有土地有偿使用制度。"土地使用权成为可转让、抵押和出租的一种财产权利,这为房地产市场的形成奠定了基础,使以土地使用权为基础的房地产市场最终得以形成。此后,围绕土地使用权出让,相继制定了一系列的法律法规,其中影响较大的是 1990 年国务院的《城镇国有土地使用权出让和转让暂行条例》,规定了土地使用权出让、转让、出租、抵押等具体规则,使《宪法》和《土地管理法》建立的土地使用权出让和转让制度得以具体实施,土地市场初步建立。

于此时期,房产法制建设也得到全面的发展。国务院及各部委和地方政府为推进住房制度改革,相继制定了一些法规、规章,如 1988 年《国务院关于印发在全国城镇分期分批推行住房制度改革实施方案的通知》、1988 年《国务院办公厅关于转发国务院住房制度改革领导小组鼓励职工购买公有旧住房意见的通知》、1994 年《国务院关于深化城镇住房制度改革的决定》等。房地产市场法制建设也有所发展,颁发了大量的规范性文件,如 1988 年《关于建立和健全房地产交易所的通知》、1988 年《关于加强房地产交易市场管理的通知》、1989 年《城镇土地开发和商品房贷款办法》、1992 年《城市房地产市场估价管理暂行办法》、1992 年《关于住房资金的筹集、使用和管理的暂行规定》等。房地产综合开发立法也逐渐走向正轨,制定了相关规范文件,如 1989 年《城市综合开发公司资质等级标准》、1989 年《全国房地产开发企业升级实施办法(试行)》等。但相比土地立法,房产法律还很不完善。

四、房地产法逐步完善时期(1994 年至今)

1994 年 7 月经第八届全国人民代表大会第八次会议审议通过了《城市房地产管理法》,该法于 1995 年 1 月 1 日起实施,这是我国房地产法制建设中的一个重要里程碑,是我国房产市场建立的标志。该法就房地产开发用地、房地产开发、房地产交易、房地产权属登记管理作了较为完善的规定,初步建立了以房地产转让、抵押、出租等为主要方式的房地产交易市场。这部法律对于加强城市房地产管理,维护房地产市场秩序,保障房地产权利人的合法权益,促进房地产业的健康发展,具有重要意义。为配合《物权法》的实施,全国人大常委会于 2007 年 8 月对《城市房地产管理法》作了修改,增加了房屋征收的内容。围绕《城市房地产管理法》,国家相继出台了一系列有关房地产的法律、法规,如 1994 年《城市商品房预售管理办法》(2004 年修订)、1995 年《城市房地产转让管理规定》(2001 年修订)、2001 年《商品房销售管理办法》、2010 年《商品房屋租赁管理办法》等。2007 年 10 月全国人大常委会通过了《城乡规划法》,取代了原来的《城市规划法》。2007 年 11 月国土资源部公布了《土地登记办法》,2008 年 2 月原建设部发布了《房屋登记办法》。在土地立法方面,《土地管理法》也于 1998 年和 2004 年两次进行了修订,土地立法更加完善。

特别需要指出的是,第十届全国人民代表大会第五次会议通过的《物权法》标志着我国房地产法制建设发展到了一个新的发展水平。《物权法》从民法的角度对房地产关系作了若干重要规定,使我国的房地产法体系更加完善。从《物权法》的规定来看,几乎所有的规范都与房地产法有关,其中重要的房地产法规范有:不动产登记制度、物权保护制度、国家土地所有权和集体土地所有权制度、业主的建筑物区分所有权制度、不动产相邻关系制度、土地承包经营权制度、建设用地使用权制度、宅基地使用权制度、不动产抵押制度等。

为落实《物权法》关于统一不动产登记的规定,国务院配套颁布了《不动产登记暂行条例》(2015 年 3 月 1 日起施行),就不动产登记的具体事项作了规定。根据该条例第 34 条规定,授权国务院国土资源主管部门会同有关部门制定条例的实施细则,该实施细则目前正在制定中,尚未正式颁布。

可以说,我国已经形成了以《土地管理法》《城市房地产管理法》《物权法》为核心的房地产法体系,房地产法制建设已经趋于完善。

本章讨论案例

李先生看好了位于 H 市凤城小区的一幢别墅,几经谈判,李先生与销售该房的 H 市房地产交易中心签订了一份《认购书》。双方约定:李先生确定认购凤城小区 B5 幢别墅,房屋产权系张某所有,总价为 40 万元;双方还确认了该房产的产权证号及房产面积。签约当天,李先生向交易中心支付了 2 万元定金,并保证在签订认购书后 15 天内与交易中心签订房屋买卖合同。

交付定金之后,李先生到房产和国土资源管理部门查证,发现那套别墅的房产证所有人确实是张某,但土地证上记载的权利人却是 H 市某公司。经进一步了解,原来 H 市这家公司将那块土地转让给另一家公司后,另一家公司没有办理建设用地使用权过户手续,便在土地上建造了那套别墅并销售给了张某,张某虽办了房产证,但未经国土资源管理部门办理土地使用权证。

由于交易中心出售的别墅没有土地使用证,房产权利存在瑕疵,所以,到了约定签订买卖合同的那天,李先生拒绝签订正式的房屋买卖合同,并要求交易中心双倍返还他已付的定金。而交易中心则称,该公司所代销的房屋仅限于房产,不包括地产,公司不能接受李先生的要求。双方协商不成,李先生诉至法院。

问:本案中的房产与地产能否分离转让?

第二章

房地产所有权法律制度

第一节　房地产权利概述

一、房地产权利的概念和特点

在房地产法上,房地产权利是以房地产利益为内容,直接体现一定财产利益的民事权利。

房地产权利具有如下特点:

第一,房地产权利属于财产权。民事权利有人身权与财产权之分。人身权是指与民事主体的人格、身份不可分离,并不直接具有财产利益的权利,一般不具有可让与性。财产权是指以财产利益为内容的、直接体现物质利益的权利。财产权以财产利益为内容,一般具有可让与性。房地产权利是以获取房地产利益为内容的权利,不具有人身属性,因而房地产权利属于财产权的范畴。

第二,房地产权利是众多权利的集合。房地产权利并不是单一的一项权利,而是由众多具体权利集合而成的。从权利的性质上说,房地产权利包括房地产物权、房地产债权、房地产继承权等。就上述各类房地产权利而言,其又包含了众多的多层次权利。例如,房地产物权包括房地产所有权、房地产用益物权、房地产担保物权。房地产所有权又包括土地所有权(国有土地所有权、集体土地所有权)、房屋所有权,房地产用益物权又包括土地承包经营权、建设用地使用权、宅基地使用权、地役权等。

第三,房地产权利的客体包括物和行为。房地产权利是由众多具体的、单一的房地产权利所构成的,这些具体房地产权利的客体虽并不完全相同,但基本上包括物和行为两大类。房地产物权、房地产继承权的客体是物,即房屋和土地及相关权益;而房地产债权的客体为行为,即在房地产债权关系中,债务人为满足债权人的利益需求而实施的特定行为。

二、房地产权利的分类

根据不同的标准,房地产权利可以分为不同的种类,主要有:

(一) 土地权利与房屋权利

土地权利是指以土地利益为内容的权利。土地权利包括土地所有权、土地使用权、土地租赁权等,其核心是土地所有权。关于土地所有权,我国实行“一元二分”的公有制土地制度。所谓“一元”,即单一的土地公有制;所谓“二分”,即公有土地分别归属于国家和集体两个所有权主体。

房屋权利是指以房屋利益为内容的权利。房屋权利包括房屋所有权、房屋租赁权等,其核心是房屋所有权。依照我国现行法的规定,房屋所有权可以归国家所有,也可以归其他民事主体所有,法律上一般不限制房屋所有权的主体。

(二)城市房地产权利与农村房地产权利

城市房地产权利是指以城市房地产利益为内容的权利。在房地产法上,城市房地产权利占有主导地位,房地产法上的许多规则都是针对城市房地产权利而设计的。

农村房地产权利是以农村房地产利益为内容的权利。在房地产法上,法律对农村房地产权利实行特殊的法律制度,如耕地保护制度、土地承包经营制度、宅基地使用制度等。因此,本书对农村房地产权利加以专门阐述。

(三)房地产物权、房地产债权与房地产继承权

物权是指权利人依法对特定的物享有直接支配和排他的权利,包括所有权、用益物权和担保物权(《物权法》第2条)。因此,房地产物权就是权利人依法对特定的土地、房屋享有直接支配和排他的权利。房地产物权包括房地产所有权、房地产用益物权、房地产担保物权。在房地产法上,房地产物权占有十分重要的地位,是房地产法的基础。

债权是指债权人得请求特定人为特定行为的权利。房地产债权就是房地产权利人请求特定债务人为特定行为的权利。房地产债权包括房地产租赁权、房地产借用权,其中主要是房地产租赁权。《城市房地产管理法》等法律法规对房地产租赁权设有专门规定,而对房地产借用权则没有加以规定。房地产债权主要体现为合同债权,因此,在房地产法上,房地产合同(如房地产转让合同、房地产租赁合同、物业服务合同、房地产中介服务合同等)的订立、变更和解除、违约责任等应当遵循合同法的一般规则。

继承权是指自然人依法享有的取得或承受被继承人遗产的权利。房地产继承权就是继承人有权继承被继承人的房地产的权利。在我国继承法上,房屋、建设用地使用权等房地产权利可以成为继承权的客体,在继承人死亡后,由继承人继承。

第二节　土地所有权

一、土地所有权概述

土地是人类生存之本,是人类社会最为重要的物质财富,因此,土地所有权是最为重要的房地产权利。

(一)土地所有权的概念和特点

土地所有权属于不动产所有权,是所有权的一种具体类型。依照《物权法》第39条的规定,所有权是指所有权人对自己的不动产或动产依法享有占有、使用、收益和处分的权利。因此,土地所有权是指所有权人对自己的土地依法享有占有、使用、收益和处分的权利。土地所有权具有如下特点:

1. 土地所有权的客体具有特定性

所有权作为物权的一种,其客体为特定的物。土地所有权作为一种物权,其客体是土地。因土地是不动产,因此,土地所有权属于不动产物权。在我国,土地所有权的客体包括

国有土地和集体土地。

2. 土地所有权的主体具有限定性

依照我国现行法的规定,土地所有权属于公有所有权,所有权的主体只能是国家或农民集体,其他任何人或任何组织都不能成为土地所有权的主体。

3. 土地所有权的交易具有禁止性

土地是最为重要的自然资源,我国法律严格禁止土地所有权的交易,不允许以任何形式进行土地所有权的交易,如买卖、抵押、投资等,都属于非法行为,均属无效。当然,我国法禁止土地所有权的交易,但并不完全禁止在特定情况下土地所有权发生变更。例如,因土地征收、交换或调整会导致土地所有权的变更。征收是指集体土地所有权变更为国家土地所有权,而交换和调整是指集体土地所有权在不同的集体组织之间发生变更。

4. 土地所有权的权能具有分离性

土地归国家或集体所有,但国家或集体一般并不直接行使土地所有权,而是将土地所有权的权能予以分离。就国家土地所有权而言,实行建设用地使用权制度;就集体土地所有权而言,主要实行土地承包经营权制度和宅基地使用权制度等。

(二) 土地所有权的内容

依照《民法通则》第 71 条和《物权法》第 39 条的规定,所有权包括占有、使用、收益和处分四项权能。据此,土地所有权也包括如下四项权能:

1. 占有权能

占有是指对物为事实上的管领的事实。占有权能是土地所有权的基本权能,是土地所有权人行使对土地支配权的基础和前提。在一般所有权中,占有权能通常属于所有权人,即由所有权人在事实上控制属于自己的财产。但是,在土地所有权中,占有权能通常是由非所有权人行使,土地所有权人一般不直接行使占有权能。

2. 使用权能

使用是指按照财产的性能和用途,对其所有物加以利用,以满足生产和生活的需要。在土地所有权中,使用权能主要体现为对土地的具体利用,以实现土地的使用价值。在我国,土地所有权的使用权能通常是由土地所有权人通过土地使用权(如建设用地使用权、土地承包经营权、宅基地使用权等)的形式授予其他主体行使。

3. 收益权能

收益是指收取所有物所产生的经济利益,其实质是获取物的价值。在土地所有权中,不仅土地所有权人享有收益权能,土地使用权人也享有收益权能。土地所有权人行使收益权能主要体现为收取相关土地使用费用,如建设用地使用权出让金、土地承包费等;土地使用权人行使收益权能主要体现为利用土地获得一定的经济利益,如利用国有土地从事一定的经营活动、利用集体土地从事耕作等。

4. 处分权能

处分是指依法对物进行处置,从而决定其命运。处分权能是所有权的核心权能,包括事实上的处分和法律上的处分。事实上的处分是指对物进行消费,即通过事实行为使物的物理形态发生变化;法律上的处分是指对物的所有权的处置,即通过法律行为使物的所有权发生变动。法律上的处分有广义与狭义之分。狭义的处分仅指使物的所有权发生变化,即所有权人将物的所有权转让于他人;而广义的处分除狭义的处分外,还包括对物的所有权所设定的负担。

就土地所有权而言，基于土地的自然属性及国家保护土地的特殊政策，土地所有权人无权通过事实行为处分土地，即土地所有权人不享有事实上的处分权能。同时，基于我国土地所有权交易的禁止性，土地所有权人也不能通过法律行为使土地所有权发生变化。土地所有权人只享有在土地所有权上设定负担的处分权能，如设定建设用地使用权、土地承包经营权、宅基地使用权等。可见，在我国，土地所有权人行使处分权能受到严格的限制，这也体现了我国土地所有权的特殊性。

(三) 土地所有权的效力范围

土地所有权的客体为土地。关于土地所有权的效力范围，可以从"横"和"纵"两个方面理解。在横的方面，尽管土地广袤无垠，但人们可以通过明确四至的方法，划分疆界，即地界。凡地界以内的土地，在法律上即成为独立之物，可以作为所有权的客体。因此，土地所有权在横的方面即以地界为其效力所及的范围。在纵的方面，土地可以分为三层，即地表、地上空间、地下地身。各国民法均规定，土地所有权的效力及于地表、地上空间和地下地身。但这种效力范围并不是漫无限制的，各国民法也都对此加以一定的限制。这主要表现在：(1) 法律的限制。法律对土地所有权的限制很多，除相邻关系的限制外，还有国防、电信、交通、自然资源、环境保护、名胜古迹等方面的限制。(2) 内在的限制。关于土地所有权的效力范围，各国民法多以"行使所有权有利益"的范围加以限制。即土地所有权的效力范围，仅限于其行使受到法律保护的利益范围之内。超出此范围，为土地所有权的效力所不及。如何判断"行使所有权有利益"的范围，通说认为应依损害的状态、土地的位置，参考一般社会观念等具体情形认定。例如，飞机在土地上空飞行，对土地所有权人而言，即属于"行使所有权有利益"的范围之外。

二、国家土地所有权

(一) 国家土地所有权的概念和特点

国家土地所有权是指国家对自己所有的土地依法享有占有、使用、收益和处分的权利。国家土地所有权是我国最为重要的土地所有权形式，在我国社会经济生活中占有重要的地位。国家土地所有权具有如下特点：

1. 国家土地所有权的主体具有唯一性

《民法通则》第 73 条第 1 款规定："国家财产属于全民所有。"《物权法》第 45 条第 1 款规定："法律规定属于国家所有的财产，属于国家所有即全民所有。"国有土地是国家财产的重要组成部分，因此，国家是国家土地所有权的唯一主体，任何人或任何组织都不能成为国家土地所有权的主体。

2. 国家土地所有权的客体具有限定性

国家所有权客体的范围相当广泛，既包括国家专有财产，也包括其他非国家专有财产。前者如矿藏、水流、海域等，后者如土地、森林、山岭、草原、荒地、滩涂等。就国家土地所有权而言，其客体仅限于土地，且仅包括城市的土地以及法律规定为国家所有的农村和城市郊区的土地。除此之外的其他土地，并不属于国家土地所有权的客体范围。有一种观点认为，土地上承载的水、森林、草原、其他植被以及地下埋藏物、地下或地表的矿产等可利用资源也属于国家土地所有权的客体范围。[1] 对此,我们持不同的看法。一方面,从现代土地法的发展来看,"大土地观"已经逐渐解体,取而代之的是土地之外的自然资源如水资源、森林资源、矿产资源等从土地中独立出来,成为独立的不动产,不再属于土地的组成部分。另一方面,从我国现行法的规定来看,法律上将土地与森林、山岭、草原、荒地、滩涂等视为不同的物,可以分别成立所有权。

3. 国家土地所有权的取得方式具有特定性

在民法上,所有权的取得方式有很多种,既有原始取得方式,也有继受取得方式。前者如生产、没收、善意取得、添附、先占等,后者如买卖、互易、赠与等。但从国家土地所有权的取得上看,其方式具有特殊性,只有通过特定的方式才能取得国家所有权。从我国国家土地所有权的取得来看,主要有四种方式:一是没收和接管。这是指新中国成立初期,国家对帝国主义、官僚资本主义、国民党反动政府和反革命分子等占有的城市土地,通过没收与接管的方式,无偿地将该土地变为国有土地。二是赎买。这是指 20 世纪 50 年代中后期对城市资本主义工商业、私营房地产公司和私有房地产主所拥有的城市土地进行社会主义改造,用赎买的方式将其转变为国有土地。三是征收。这是指对非国有土地通过给予补偿而将其变为国有土地。四是收归国有。这是指 1982 年《宪法》规定全部城市土地属于国家所有。[2]

4. 国家土地所有权实行有偿使用制度

如前所述,我国房地产法实行土地所有权与土地使用权相分离的原则,任何单位和个人使用国有土地,都须取得建设用地使用权。《土地管理法》第 2 条第 5 款规定:"国家依法实行国有土地有偿使用制度。但是,国家在法律规定的范围内划拨国有土地使用权的除外。"依照我国现行法的规定,除法律另有规定外,任何人和组织使用国有土地,都应当按照规定向国家支付建设用地使用权出让金。当然,国家在法律规定的范围内划拨建设用地使用权的,使用权人无须支付出让金。

(二) 国家土地所有权的客体范围

依照我国现行法的规定,国家土地所有权的客体包括城市的土地以及法律规定属于国家所有的农村和城市郊区的土地。[3] 依照国土资源部 1995 年《确定土地所有权和使用权的若干规定》,国有土地按照下列标准确定[4]:

1. 城市市区范围内的土地属于国家所有。

2. 依据 1950 年《中华人民共和国土地改革法》及有关规定,凡当时没有将土地所有权分配给农民的土地属于国家所有;实施 1962 年 9 月《农村人民公社工作条例修正草案》未划入农民集体范围内的土地属于国家所有。

3. 国家建设征用[5]的土地,属于国家所有。

4. 开发利用国有土地,开发利用者依法享有土地使用权,土地所有权仍属国家。

5. 国有铁路线路、车站、货场用地以及依法留用的其他铁路用地属于国家所有。土改时已分配给农民所有的原铁路用地和新建铁路两侧未经征用的农民集体所有土地属于农民

① 参见王卫国:《中国土地权利研究》,中国政法大学出版社 1997 年版,第 78 页。

② 参见李延荣、周珂:《房地产法》(第四版),中国人民大学出版社 2013 年版,第 52 页。

③ 参见《宪法》第 10 条、《土地管理法》第 8 条、《物权法》第 47 条。

④ 参见《确定土地所有权和使用权的若干规定》第 3—18 条。

⑤ 《确定土地所有权和使用权的若干规定》中使用的"征用"与"征收"同义。

集体所有。

6. 县级以上公路线路用地属于国家所有。但公路两侧保护用地和公路其他用地,凡未经征用的农民集体所有的土地仍属于农民集体所有。

7. 国有电力、通讯设施用地属于国家所有。但国有电力通讯杆塔占用农民集体所有的土地,未办理征用手续的,土地仍属于农民集体所有。

8. 军队接收的敌伪地产及解放后经人民政府批准征用、划拨的军事用地属于国家所有。

9. 河道堤防内的土地和堤防外的护堤地,无堤防河道历史最高洪水位或者设计洪水位以下的土地,除土改时已将所有权分配给农民,国家未征用,且迄今仍归农民集体使用的外,属于国家所有。

10. 县级以上水利部门直接管理的水库、渠道等水利工程用地属于国家所有。但水利工程管理和保护范围内未经征用的农民集体土地仍属于农民集体所有。

11. 国家建设对农民集体全部进行移民安置并调剂土地后,迁移农民集体原有土地转为国家所有。但移民后原集体仍继续使用的集体所有土地,国家未进行征用的,其所有权不变。

12. 因国家建设征用土地,农民集体建制被撤销或其人口全部转为非农业人口,其未经征用的土地,归国家所有。继续使用原有土地的原农民集体及其成员享有国有土地使用权。

13. 全民所有制单位和城镇集体所有制单位兼并农民集体企业的,办理有关手续后,被兼并的原农民集体企业使用的集体所有土地转为国家所有。乡(镇)企业依照国家建设征用土地的审批程序和补偿标准使用的非本乡(镇)村农民集体所有的土地,转为国家所有。

14.《农村人民公社工作条例修正草案》公布以前,全民所有制单位、城市集体所有制单位和集体所有制的华侨农场使用的原农民集体所有的土地(含合作化之前的个人土地),迄今没有退给农民集体的,属于国家所有。

《农村人民公社工作条例修正草案》公布时起至1982年5月《国家建设征用土地条例》公布时止,全民所有制单位、城市集体所有制单位使用的原农民集体所有的土地,有下列情形之一的,属于国家所有:(1) 签订过土地转移等有关协议的;(2) 经县级以上人民政府批准使用的;(3) 进行过一定补偿或安置劳动力的;(4) 接受农民集体馈赠的;(5) 已购买原集体所有的建筑物的;(6) 农民集体所有制企事业单位转为全民所有制或者城市集体所有制单位的。

《国家建设征用土地条例》公布时起至1987年《土地管理法》开始施行时止,全民所有制单位、城市集体所有制单位违反规定使用的农民集体土地,依照有关规定进行了清查处理后仍由全民所有制单位、城市集体所有制单位使用的,确定为国家所有。

15. 1986年3月中共中央、国务院《关于加强土地管理、制止乱占耕地的通知》发布之前,全民所有制单位、城市集体所有制单位租用农民集体所有的土地,按照有关规定处理后,能够恢复耕种的,退还农民集体耕种,所有权仍属于农民集体;已建成永久性建筑物的,由用地单位按租用时的规定,补办手续,土地归国家所有。

16. 土地所有权有争议,不能依法证明争议土地属于农民集体所有的,属于国家所有。

(三) 国家土地所有权的行使

国家土地所有权的主体是国家,但国家一般并不直接行使国家土地所有权,而是通过特定方式行使国家土地所有权。《土地管理法》第2条第2款规定:"全民所有,即国家所有土地的所有权由国务院代表国家行使。"《物权法》第 45 条第 2 款规定:"国有财产由国务院代表国家行使所有权;法律另有规定的,依照其规定。"可见,国家土地所有权并不是由国家直接行使,而由是国务院代表国家行使。应当指出,尽管国务院代表国家行使国家土地所有权,但国务院也并不是直接代表国家行使国家土地所有权,而是授权各地方人民政府具体行使国家土地所有权。例如,在建设用地使用权划拨、出让中,各地方人民政府(国土资源管理部门)就代表着国务院(国家)行使国家土地所有权。

三、集体土地所有权

(一) 集体土地所有权的概念和特点

《物权法》第 59 条第 1 款规定:"农民集体所有的不动产或者动产,属于本集体成员集体所有。"可见,集体土地所有权是指农民集体对自己所有的土地依法享有占有、使用、收益和处分的权利。集体土地所有权是我国土地公有所有权的另一种形式,在农村经济中发挥着重要的作用。集体土地所有权具有如下特点:

1. 集体土地所有权的主体是农民集体

依照《民法通则》《土地管理法》《物权法》等法律的规定,集体土地所有权归集体组织成员集体所有。可见,集体土地所有权的主体是农民集体,具体包括三种:(1) 村农民集体(村民小组);(2) 村内农民集体;(3) 乡(镇)农民集体。可见,与国家土地所有权的主体具有唯一性相比,集体土地所有权的主体具有多元性。

2. 集体土地所有权的客体是除国有土地之外的其他土地

国家土地所有权与集体土地所有权同属土地所有权,其客体均为土地,但集体土地所有权的客体为国有土地以外的其他土地,包括农用地、建设用地等。其中,农用地包括耕地和其他用于种植业、林业、畜牧业和渔业生产的土地,建设用地包括乡(镇)企业用地、乡村公益事业用地、乡村公共设施用地、农民使用的宅基地等。

3. 集体土地所有权是基于特定历史原因产生的

集体土地所有权是在 20 世纪 50 年代中期,我国开展社会主义改造运动中产生的。在新中国成立初期,我国实行了农民土地所有制,农民享有土地所有权。1956 年 6 月的《高级农业生产合作社示范章程》将农民私有的主要生产资料转为合作社集体所有,农民的土地因入社而转为合作社集体所有。该章程第 13 条规定:"入社的农民必须把私有的土地和耕畜、大型农具等主要生产资料转为合作社集体所有。"可见,我国的集体土地所有权是在农民土地所有权的基础上,通过入社的方式创立起来的,具有特定的历史原因。

4. 集体土地所有权实行特殊的土地利用制度

依照《民法通则》的规定,公民、集体依法对集体所有土地的承包经营权,受法律保护。《物权法》第 124 条第 2 款规定:"农民集体所有和国家所有由农民集体使用的耕地、林地、草地以及其他用于农业的土地,依法实行土地承包经营制度。"可见,集体土地所有权主要是通过土地承包经营制度来实现的。当然,集体土地所有权也存在着其他实现方式,如乡(镇)企业用地、乡村公益事业用地、乡村公共设施用地等集体土地建设用地使用权、宅基地使用权等。

(二) 集体土地所有权的客体范围

集体土地所有权的客体范围为国有土地之外的其他土地,即法律规定属于集体所有的

土地。依照《确定土地所有权和使用权的若干规定》,集体所有的土地按照下列标准确定[①]:

1. 土地改革时分给农民并颁发了土地所有证的土地,属于农民集体所有;实施《农村人民公社工作条例修正草案》时确定为集体所有的土地,属农民集体所有,但依照规定属于国家所有的除外。

2. 村农民集体所有的土地,按目前该村农民集体实际使用的本集体土地所有权界线确定所有权。

依照《农村人民公社工作条例修正草案》确定的农民集体土地所有权,由于下列原因发生变更的,按变更后的现状确定集体土地所有权:(1) 由于村、队、社、场合并或分割等管理体制的变化引起土地所有权变更的;(2) 由于土地开发、国家征地、集体兴办企事业或者自然灾害等原因进行过土地调整的;(3) 由于农田基本建设和行政区划变动等原因重新划定土地所有权界线的。行政区划变动未涉及土地权属变更的,原土地权属不变。

3. 农民集体连续使用其他农民集体所有的土地已满 20 年的,应视为现使用者所有;连续使用不满 20 年,或者虽满 20 年但在 20 年期满之前所有者曾向现使用者或有关部门提出归还的,由县级以上人民政府根据具体情况确定土地所有权。

4. 乡(镇)或村在集体所有的土地上修建并管理的道路、水利设施用地,分别属于乡(镇)或村农民集体所有。

5. 乡(镇)或村办企事业单位使用的集体土地,《农村人民公社工作条例修正草案》公布以前使用的,分别属于该乡(镇)或村农民集体所有;《农村人民公社工作条例修正草案》公布时起至 1982 年国务院《村镇建房用地管理条例》发布时止使用的,有下列情况之一的,分别属于该乡(镇)或村农民集体所有:(1) 签订过用地协议的(不含租借);(2) 经县、乡(公社)、村(大队)批准或同意,并进行了适当的土地调整或者经过一定补偿的;(3) 通过购买房屋取得的;(4) 原集体企事业单位体制经批准变更的。

1982 年国务院《村镇建房用地管理条例》发布时起至 1987 年《土地管理法》开始施行时止,乡(镇)、村办企事业单位违反规定使用的集体土地按照有关规定清查处理后,乡(镇)、村集体单位继续使用的,可确定为该乡(镇)或村集体所有。

乡(镇)、村办企事业单位采用上述以外的方式占用的集体土地,或虽采用上述方式,但目前土地利用不合理的,如荒废、闲置等,应将其全部或部分土地退还原村或乡农民集体,或按有关规定进行处理。1987 年《土地管理法》施行后违法占用的土地,须依法处理后再确定所有权。

6. 乡(镇)企业使用本乡(镇)、村集体所有的土地,依照有关规定进行补偿和安置的,土地所有权转为乡(镇)农民集体所有。经依法批准的乡(镇)、村公共设施、公益事业使用的农民集体土地,分别属于乡(镇)、村农民集体所有。

7. 农民集体经依法批准以土地使用权作为联营条件与其他单位或个人举办联营企业的,或者农民集体经依法批准以集体所有的土地的使用权作价入股,举办外商投资企业和内联乡镇企业的,集体土地所有权不变。

(三) 集体土地所有权的行使

依照《土地管理法》第 10 条、《物权法》第 60 条的规定,集体土地所有权按照下列规定

---

① 参见《确定土地所有权和使用权的若干规定》第 19—25 条。

行使:(1) 属于村农民集体所有的,由村集体经济组织或者村民委员会代表集体行使所有权;(2) 分别属于村内两个以上农民集体所有的,由村内各该集体经济组织或者村民小组代表集体行使所有权;(3) 属于乡镇农民集体所有的,由乡镇集体经济组织代表集体行使所有权。如果集体经济组织、村民委员会或者其负责人作出的决定侵害了集体成员的合法权益,受侵害的集体成员可以请求人民法院予以撤销。①

依照《物权法》第59条的规定,农民集体所有的土地属于本集体成员集体所有,因此,在行使集体土地所有权时,下列事项应当依照法定程序经本集体成员决定:(1) 土地承包方案以及将土地发包给本集体以外的单位或者个人承包;(2) 个别土地承包经营权人之间承包地的调整;(3) 土地补偿费等费用的使用、分配办法。

第三节 房屋所有权

一、房屋所有权概述

(一) 房屋所有权的概念和特点

房屋属于土地附着物,是人们生产与生活所必不可少的生产资料和生活资料,是人们安居乐业的基本条件。因此,房屋所有权在所有权制度中占有十分重要的地位。

房屋所有权是指房屋所有权人对自己的房屋依法享有的占有、使用、收益、处分的权利。房屋所有权具有如下特点:

1. 房屋所有权的客体具有特定性

房屋所有权的客体为房屋。依照《城市房地产管理法》第2条的规定,房屋是指土地上的房屋等建筑物及构筑物。

2. 房屋所有权的主体具有广泛性

房屋所有权与土地所有权的主体不同,其主体范围相当广泛,国家、法人、社会团体以及任何自然人都可以成为房屋所有权的主体。

3. 房屋所有权的交易具有自由性

除法律另有规定外,房屋属于流通物,可以在民事主体之间进行自由交易。当然,房屋的交易应当按照法律的规定进行,不得进行非法交易。

(二) 房屋所有权的种类

在我国,按照不同标准可以对房屋所有权作不同的分类,主要有以下四种分类:

1. 城镇房屋所有权与农村房屋所有权

根据房屋的坐落位置,房屋所有权可以分为城镇房屋所有权与农村房屋所有权。

城镇房屋所有权是以城镇房屋为权利客体的所有权,农村房屋所有权是以农村房屋为客体的所有权。这两类房屋所有权在取得方式、交易原则、管理制度上存在着不同。例如,对于城镇房屋所有权,法律上一般没有主体资格的限制;但对农村房屋所有权而言,法律上对其主体资格有一定的限制。例如,按目前法律规定,城镇居民不能基于买卖而成为农村房屋所有权的主体。

---

① 参见《物权法》第63条。

2. 公有房屋所有权与非公有房屋所有权

根据房屋的归属关系,房屋所有权可以分为公有房屋所有权与非公有房屋所有权。

公有房屋所有权是指由国家、集体组织以及其他公有制单位对其房屋所享有的所有权。例如,国家房屋所有权、城镇或农村集体组织房屋所有权、国有企事业单位房屋所有权等。非公有房屋所有权是城镇居民、农村居民以及社会团体等对其房屋所享有的所有权。这两类房屋所有权在取得方式、行使方式、交易原则等方面存在不同。例如,公有房屋所有权在交易上往往受到更多的限制,而非公有房屋所有权在交易上则更强调自由。

3. 生活用房所有权、生产用房所有权与办公用房所有权

根据房屋的用途,房屋所有权可以分为生活用房所有权、生产用房所有权与办公用房所有权。

生活用房所有权是自然人对作为生活资料的房屋所享有的所有权,其目的在于满足自然人的生活需要;生产用房所有权是企业对作为生产资料的房屋所享有的所有权;办公用房所有权是国家机关、企事业单位、社会团体等对用于办公所用的房屋所享有的所有权。国家根据房屋的不同用途,实行不同的管理制度。

4. 单独房屋所有权、共有房屋所有权与区分房屋所有权

根据房屋所有的形态,房屋所有权可以分为单独房屋所有权、共有房屋所有权与区分房屋所有权。

单独房屋所有权是指由单一民事主体对房屋所享有的所有权;共有房屋所有权是指由两个以上的民事主体对房屋共同享有所有权;区分房屋所有权又称为建筑物区分所有权,是指由众多的民事主体对区分所有建筑物所享有的所有权。这几类房屋所有权在权利义务关系上存在着差别。单独房屋所有权的权利关系比较简单,仅发生所有权人与他人之间的权利义务关系;而共有房屋所有权和区分房屋所有权则具有较复杂的权利关系,不仅存在所有权人与他人之间的权利义务关系,而且还存在着所有权人之间的权利义务关系。

(三) 房屋所有权的取得

房屋所有权的取得是指某一民事主体取得对房屋的所有权。房屋所有权的取得方式包括原始取得与继受取得两种。原始取得又称固有取得,是指民事主体非依据他人的权利及意思而是直接依据法律规定取得房屋所有权。例如,通过建造、善意取得而取得房屋所有权的,均为原始取得;继受取得又称传来取得,是指基于他人的权利及意思而取得房屋所有权。例如,通过买卖、互易、赠与等取得房屋所有权的,均为继受取得。一般地说,房屋所有权的取得原因主要包括如下几种:

1. 建造

民事主体依法经批准在国有土地或集体土地上建造房屋的,建造人即可取得房屋所有权。《物权法》第142条规定:“建设用地使用权人建造的建筑物、构筑物及其附属设施的所有权属于建设用地使用权人,但有相反证据证明的除外。”[①]第152条规定:“宅基地使用权

---

① 本条明确了在一般情况下建设用地使用权人建造的建筑物、构筑物及其附属设施应当归建设用地使用权人所有,同时也规定了在有相反证据证明时的例外。该条规定的例外情形主要是指在城市房地产建设中,一部分市政公用设施是通过开发商和有关部门约定由开发商在房地产项目开发中配套建设的,但此等市政配套设施一般归国家所有,除非当事人之间另有相反的明确约定。

人依法对集体所有的土地享有占有和使用的权利,有权依法利用该土地建造住宅及其附属设施。”因建造而取得房屋所有权的,自房屋建造完成时就发生效力,不以登记为房屋所有权的取得条件。对此,《物权法》第30条规定:“因合法建造、拆除房屋等事实行为设立或者消灭物权的,自事实行为成就时发生效力。”依照《物权法》第31条的规定,权利人处分因建造而取得的房屋所有权时,若未经登记的,不发生物权效力。

2. 买卖、互易、赠与

买卖、互易、赠与都是通过交易的方式而取得房屋所有权。在房屋买卖中,买受人从出卖人处取得房屋所有权,而出卖人丧失房屋所有权。在房屋互易中,互易双方均从对方处取得房屋所有权,而丧失对原房屋的所有权。在房屋赠与中,受赠人从赠与人处取得房屋所有权,赠与人丧失房屋所有权。因买卖、互易、赠与而取得房屋所有权的,应当依法办理登记手续。未经登记的,不发生房屋所有权变动的效力。

3. 继承、接受遗赠

继承、接受遗赠是继承人、受遗赠人从被继承人、遗赠人处取得房屋所有权。在继承法上,当被继承人死亡时,继承人有权依法定继承或遗嘱继承而取得房屋所有权,受遗赠人有权依遗嘱而取得遗赠房屋的所有权。因继承、接受遗赠而取得房屋所有权的,自继承或受遗赠开始时发生效力,不以登记为房屋所有权的取得条件。对此,《物权法》第29条规定:“因继承或者受遗赠取得物权的,自继承或者受遗赠开始时发生效力。”依照《物权法》第31条的规定,权利人处分因继承、接受遗赠而取得的房屋所有权时,若未经登记的,不发生物权效力。

4. 善意取得

善意取得又称即时取得,是指无权处分他人不动产或动产的人,将不动产或动产非法转让于第三人时,如果第三人取得该不动产或动产时出于善意,则取得该不动产或动产的所有权。可见,善意取得既适用于动产,也适用于不动产。

依照《物权法》第106条的规定,房屋所有权的善意取得须具备如下条件:(1) 受让人受让房屋时是善意的。所谓善意,是指受让人不知道或者不应知道转让人没有转让房屋的权利。(2) 以合理的价格转让。受让人受让房屋须支付了合理的价格,若受让人未支付对价或支付对价不合理的,则不发生善意取得。(3) 转让的房屋依照法律规定已经登记。受让人在受让房屋后,若没有办理登记手续的,则不发生善意取得。只有受让人办理了房屋所有权过户登记手续,才能构成善意取得。

善意取得成立后,善意第三人即取得受让房屋的所有权,而原房屋所有权人即丧失房屋所有权。当然,原房屋所有权人丧失所有权后,有权要求转让人承担相应的赔偿责任。

二、建筑物区分所有权

(一) 建筑物区分所有权的概念和特点

《物权法》第70条规定:“业主对建筑物内的住宅、经营性用房等专有部分享有所有权,对专有部分以外的共有部分享有共有和共同管理的权利。”根据这一规定,建筑物区分所有权是多个区分所有权人共同拥有一栋区分所有建筑物时,区分所有权人(业主)所享有的对其专有部分的专有权和对共有部分的共有权和管理权的总称。建筑物区分所有权具有如下特点:

1．建筑物区分所有权的客体具有特殊性

建筑物区分所有权的客体为建筑物，这种建筑物与一般建筑物有所不同，它在结构上须能够在横向、纵向或纵横向上区分为若干独立部分，而且建筑物的区分各部分能够单独使用并能为不同的区分所有权人所专用。如果一个建筑物不能区分为若干个独立部分，或即使能够区分但不能为不同的区分所有权人所专用，则不能形成建筑物区分所有权，而只能形成普通建筑物所有权。

2．建筑物区分所有权的内容具有复合性

建筑物区分所有权内容的复合性表现在：建筑物区分所有权是由专有权、共有权、管理权复合而构成的特别所有权。专有权和共有权、管理权是相对独立而又不可分离的权利。作为相对独立的权利，区分所有权人可以分别行使之：对专有部分行使专有专用的权利，对共有部分行使共有共用和共同管理的权利；作为不可分离的权利，专有权和共有权、管理权结为一体，区分所有权人不得将其分离而分别转让，必须一并转让。失去专有权和共有权、管理权中的任何一项，则建筑物区分所有权就将不复存在。《物权法》第 72 条第 2 款规定："业主转让建筑物内的住宅、经营性用房，其对共有部分享有的共有和共同管理的权利一并转让。"

3．建筑物区分所有权的主体具有多重身份性

建筑物区分所有权是由专有权、共有权、管理权所构成的，这就决定了建筑物区分所有权的主体具有多重身份性。一方面，区分所有权人对专有部分享有专有所有权，为专有所有权人；另一方面，区分所有权人对共有部分享有共有所有权，为共有所有权人。当然，在区分所有物的管理团体中，区分所有权人还具有成员权人的身份。①

（二）建筑物区分所有权中的专有权

专有权是指业主对区分所有建筑物的专有部分所享有的占有、使用、收益和处分的权利。《物权法》第 71 条规定："业主对其建筑物的专有部分享有占有、使用、收益和处分的权利，但业主行使权利不得危及建筑物的安全，不得损害其他业主的合法权益。"根据 2009 年通过的最高人民法院《关于审理建筑物区分所有权纠纷案件具体应用法律若干问题的解释》（以下简称《建筑物区分所有权的解释》）第 4 条的规定，业主基于对住宅、经营性用房等专有部分特定使用功能的合理需要，无偿利用屋顶以及与其专有部分相对应的外墙面等共有部分的，不应认定为侵权。但违反法律、法规、管理规约，损害他人合法权益的除外。

专有权的客体是区分所有建筑物中的独立建筑空间，如公寓楼中的某一单元住宅。与普通建筑物所有权不同，建筑物区分所有权中的专有权不是对有体物加以管领支配，而是对由建筑材料所组成的"空间"加以管领支配。因此，建筑物区分所有权中的专有权又被称为空间所有权。《建筑物区分所有权的解释》第 2 条规定，建筑区划内符合下列条件的房屋（包括整栋建筑物），以及车位、摊位等特定空间，应当认定为专有部分：（1）具有构造上的独立性，能够明确区分；（2）具有利用上的独立性，可以排他使用；（3）能够登记成为特定业主所有权的客体。规划上专属于特定房屋，且建设单位销售时已经根据规划列入该特定房屋买卖合同中的露台等，应当认定为专有部分的组成部分。

---

① 参见郭明瑞、唐广良、房绍坤：《民商法原理》（二），中国人民大学出版社 1999 年版，第 84 页。

（三）建筑物区分所有权中的共有权

共有权是指业主对区分所有建筑物的共有部分所享有的权利。《物权法》第72条第1款规定："业主对建筑物专有部分以外的共有部分，享有权利，承担义务；但不得以放弃权利不履行义务。"根据《建筑物区分所有权的解释》第14条的规定，建设单位或者其他行为人擅自占用、处分业主共有部分、改变其使用功能或者进行经营性活动，权利人请求排除妨害、恢复原状、确认处分行为无效或者赔偿损失的，人民法院应予支持。发生这里所称的擅自进行经营性活动的情形，权利人请求行为人将扣除合理成本之后的收益用于补充专项维修资金或者业主共同决定的其他用途的，人民法院应予支持。行为人对成本的支出及其合理性承担举证责任。

共有权的客体是区分所有建筑物的共有部分，即除专有部分之外的部分。在建筑物区分所有权中，共有部分主要包括以下几项：

其一，根据《物权法》第73条的规定，建筑区划内的道路，属于业主共有，但属于城镇公共道路的除外。建筑区划内的绿地，属于业主共有，但属于城镇公共绿地或者明示属于个人的除外。建筑区划内的其他公共场所、公用设施和物业服务用房，属于业主共有。

其二，根据《物权法》第74条的规定，建筑区划内，规划用于停放汽车的车位、车库应当按照以下规定明确其归属：(1) 建筑区划内，规划用于停放汽车的车位、车库应当首先满足业主的需要。建筑区划内，规划用于停放汽车的车位、车库的归属，由当事人通过出售、附赠或者出租等方式约定。根据《建筑物区分所有权的解释》第5条的规定，建设单位按照配置比例将车位、车库，以出售、附赠或者出租等方式处分给业主的，应当认定其行为符合"应当首先满足业主的需要"的规定。这里所称配置比例，是指规划确定的建筑区划内规划用于停放汽车的车位、车库与房屋套数的比例。(2) 占用业主共有的道路或者其他场地用于停放汽车的车位，属于业主共有。根据《建筑物区分所有权的解释》第6条的规定，这里所称车位，是指建筑区划内在规划用于停放汽车的车位之外，占用业主共有道路或者其他场地增设的车位。

其三，根据《建筑物区分所有权的解释》第3条的规定，除法律、行政法规规定的共有部分外，建筑区划内的以下部分，应当认定为共有部分：(1) 建筑物的基础、承重结构、外墙、屋顶等基本结构部分，通道、楼梯、大堂等公共通行部分，消防、公共照明等附属设施、设备，避难层、设备层或者设备间等结构部分；(2) 其他不属于业主专有部分，也不属于市政公用部分或者其他权利人所有的场所及设施等；(3) 建筑区划内的土地，依法由业主共同享有建设用地使用权，但属于业主专有的整栋建筑物的规划占地或者城镇公共道路、绿地占地除外。

（四）建筑物区分所有权中的管理权

管理权是指业主基于对建筑物共有部分的管理而享有的权利。业主的管理权主要包括以下内容：

其一，根据《物权法》第75条和第78条的规定，业主可以设立业主大会，选举业主委员会。业主大会或者业主委员会的决定，对业主具有约束力，但业主大会或者业主委员会作出的决定侵害业主合法权益的，受侵害的业主可以请求人民法院予以撤销。根据《建筑物区分所有权的解释》第12条的规定，业主以业主大会或者业主委员会作出的决定侵害其合法权益或者违反了法律规定的程序为由，请求人民法院撤销该决定的，应当在知道或者应当知道业主大会或者业主委员会作出决定之日起1年内行使。

其二,根据《物权法》第 76 条的规定,下列事项由业主共同决定:(1) 制定和修改业主大会议事规则;(2) 制定和修改建筑物及其附属设施的管理规约;(3) 选举业主委员会或者更换业主委员会成员;(4) 选聘和解聘物业服务企业或者其他管理人;(5) 筹集和使用建筑物及其附属设施的维修资金;(6) 改建、重建建筑物及其附属设施;(7) 有关共有和共同管理权利的其他重大事项。例如,改变共有部分的用途、利用共有部分从事经营性活动、处分共有部分,以及业主大会依法决定或者管理规约依法确定应由业主共同决定的事项(《建筑物区分所有权的解释》第 7 条)。其中,决定第(5)、(6)项规定的事项的,应当经专有部分占建筑物总面积三分之二以上的业主且占总人数三分之二以上的业主同意;决定其他事项的,应当经专有部分占建筑物总面积过半数的业主且占总人数过半数的业主同意。根据《建筑物区分所有权的解释》第 8 条和第 9 条的规定,这里的专有部分面积和建筑物总面积,可以按照下列方法认定:专有部分面积,按照不动产登记簿记载的面积计算;尚未进行物权登记的,暂按测绘机构的实测面积计算;尚未进行实测的,暂按房屋买卖合同记载的面积计算。建筑物总面积,按照前项的统计总和计算。这里的业主人数和总人数,可以按照下列方法认定:业主人数,按照专有部分的数量计算,一个专有部分按一人计算,但建设单位尚未出售和虽已出售但尚未交付的部分,以及同一买受人拥有一个以上专有部分的,按一人计算;总人数,按照前项的统计总和计算。

其三,根据《物权法》第 77 条的规定,业主不得违反法律、法规以及管理规约,将住宅改变为经营性用房。业主将住宅改变为经营性用房的,除遵守法律、法规以及管理规约外,应当经有利害关系的业主同意。根据《建筑物区分所有权的解释》第 10 条和第 11 条的规定,业主将住宅改变为经营性用房,未经有利害关系的业主同意,有利害关系的业主请求排除妨害、消除危险、恢复原状或者赔偿损失的,人民法院应予支持。将住宅改变为经营性用房的业主以多数有利害关系的业主同意其行为进行抗辩的,人民法院不予支持。业主将住宅改变为经营性用房,本栋建筑物内的其他业主,应当认定为“有利害关系的业主”;建筑区划内,本栋建筑物之外的业主,主张与自己有利害关系的,应证明其房屋价值、生活质量受到或者可能受到不利影响。

其四,根据《物权法》第 79 条的规定,建筑物及其附属设施的维修资金,属于业主共有。经业主共同决定,可以用于电梯、水箱等共有部分的维修。维修资金的筹集、使用情况应当公布。根据《建筑物区分所有权的解释》第 13 条的规定,业主请求公布、查阅下列应当向业主公开的情况和资料的,人民法院应予支持:(1) 建筑物及其附属设施的维修资金的筹集、使用情况;(2) 管理规约、业主大会议事规则,以及业主大会或者业主委员会的决定及会议记录;(3) 物业服务合同、共有部分的使用和收益情况;(4) 建筑区划内规划用于停放汽车的车位、车库的处分情况;(5) 其他应当向业主公开的情况和资料。

其五,根据《物权法》第 80 条的规定,建筑物及其附属设施的费用分摊、收益分配等事项,有约定的,按照约定;没有约定或者约定不明确的,按照业主专有部分占建筑物总面积的比例确定。

其六,根据《物权法》第 81 条和第 82 条的规定,业主可以自行管理建筑物及其附属设施,也可以委托物业服务企业或者其他管理人管理。对建设单位聘请的物业服务企业或者其他管理人,业主有权依法更换。物业服务企业或者其他管理人根据业主的委托管理建筑区划内的建筑物及其附属设施,并接受业主的监督。

其七,根据《物权法》第83条的规定,业主应当遵守法律、法规以及管理规约。业主大会和业主委员会对任意弃置垃圾、排放污染物或者噪声、违反规定饲养动物、违章搭建、侵占通道、拒付物业费等损害他人合法权益的行为,有权依照法律、法规以及管理规约,要求行为人停止侵害、消除危险、排除妨害、赔偿损失。业主对侵害自己合法权益的行为,也可以依法向人民法院提起诉讼。根据《建筑物区分所有权的解释》第15条的规定,业主或者其他行为人违反法律、法规、国家相关强制性标准、管理规约,或者违反业主大会、业主委员会依法作出的决定,实施下列行为的,可以认定为其他“损害他人合法权益的行为”:(1)损害房屋承重结构,损害或者违章使用电力、燃气、消防设施,在建筑物内放置危险、放射性物品等危及建筑物安全或者妨碍建筑物正常使用;(2)违反规定破坏、改变建筑物外墙面的形状、颜色等损害建筑物外观;(3)违反规定进行房屋装饰装修;(4)违章加建、改建,侵占、挖掘公共通道、道路、场地或者其他共有部分。

第四节 房地产共有

一、房地产共有的概念和特点

《民法通则》第78条第1款规定:“财产可以由两个以上的公民、法人共有。”《物权法》第93条规定:“不动产或者动产可以由两个以上单位、个人共有……”根据这一规定,房地产共有是指两个以上的权利主体对同一项房地产共同享有权利的法律状态。房地产共有既包括权利主体共同享有房地产所有权,也包括权利主体共同享有房地产他项权利,如建设用地使用权、土地承包经营权、宅基地使用权、地役权、抵押权等。在理论上,权利主体共同享有房地产所有权之外其他权利的,通常称为准共有。本书并不严格区分共有房地产权利的性质,通称为房地产共有。

从法律上说,房地产共有具有如下特点:

(一)房地产共有的主体具有多数性

房地产共有主体的多数性又称为共有主体的多元性,是指房地产共有人为两个以上的权利主体。如果只存在单一的权利主体,则不能形成房地产共有关系。因此,房地产共有主体的多数性是其区别于单独房地产权利的重要属性。

(二)房地产共有的客体具有同一性

尽管房地产共有的主体具有多数性,但多数主体系对同一项房地产共同享有房地产权利。这里的“同一项房地产”,是指土地权益、房屋及房屋权益,土地所有权不能成为房地产共有的客体。按照我国法律的规定,房地产共有的客体主要包括:建设用地使用权、土地承包经营权、宅基地使用权、地役权、房屋所有权、房屋租赁权、房地产抵押权、房地产继承权等。

(三)房地产共有的内容具有双重性

在房地产共有关系中,既存在共有人之间的对内关系,也存在共有人与第三人之间的对外关系。在对内关系中,各共有人对房地产按照各自的份额享有权利、承担义务,或者共同享有权利、承担义务。在对外关系中,共有人作为一个单一的权利主体与第三人发生民事关系。

（四）房地产共有的产生原因具有共同性

房地产共有是权利主体根据自身的生产或生活需要而设定的，或者法律为满足权利主体的共同需要而规定的。前者如家庭成员共有房地产等，后者如夫妻共有房地产等。可见，房地产共有产生的原因具有共同性的特点。

二、房地产按份共有

（一）房地产按份共有的概念和特点

房地产按份共有是指共有人按照确定的份额对共有房地产分享权利、分担义务的共有。《民法通则》第78条第2款中规定：按份共有人按照各自的份额，对共有财产分享权利，分担义务；《物权法》第94条规定：按份共有人对共有的不动产或者动产按照其份额享有所有权。如果共有人对共有的不动产或者动产没有约定为按份共有或者共同共有，或者约定不明确的，除共有人具有家庭关系等外，视为按份共有（《物权法》第103条）。

房地产按份共有除具有房地产共有的共性之外，还具有如下特点：

1. 按份共有人的权利义务体现在一定份额之上

在按份共有中，各共有人的份额称为应有部分，这个应有部分是共有人对房地产权利所享有的权利的比例，是确定按份共有人的权利义务的依据。也就是说，按份共有人享有权利和分担义务的多少，完全取决于共有人拥有应有部分的大小。按份共有人对共有房地产应有部分的份额，应当依共有人约定确定；按份共有人没有约定或者约定不明确的，按照出资额确定；不能确定出资额的，视为等额享有（《物权法》第104条）。

2. 按份共有人对其应有部分享有相当于单独房地产权利的权利

按份共有人按照其份额享有权利，分担义务。共有人对其应有部分，享有相当于单独房地产权利的权利。也就是说，如果按份共有人共同享有房地产所有权，则按份共有人对其应有部分享有相当于单独所有权的权利；如果按份共有人共同享有房地产所有权之外的其他权利，则按份共有人对其应有部分享有相当于该权利的权利。在按份共有人共同享有房地产所有权时，共有人有权要求将自己的份额分出或予以转让，除非法律或者共有协议有所限制。

3. 按份共有人的权利义务及于共有房地产的全部

按份共有人按照自己的应有部分分享权利，分担义务，但由于应有部分只是房地产权利的量的分割，而非房地产本身的量的分割，所以，按份共有人并不是就共有房地产的各特定部分享有权利，承担义务，而是就自己的份额比例对整个共有房地产享有权利、承担义务。

（二）房地产按份共有的内部关系

房地产按份共有的内部关系是按份共有的对内效力，是指各共有人之间的权利义务关系。在房地产按份共有的内部关系中，共有人的权利义务主要有：

1. 共有房地产的使用、收益、处分

在房地产按份共有中，共有人就其应有部分对共有房地产都享有使用、收益的权利。共有人对房地产的使用、收益，不仅须在自己的应有部分范围内为之，而且还应受其他共有人应有部分的限制，不得损害其他共有人的权利。在通常情况下，共有人对共有房地产的使用、收益，应由全体共有人共同协商决定。如果共有人对使用、收益共有房地产不能达成一致意见的,可以按照多数共有人的意见处理,但不得损害其他共有人的利益。按份共有人有权处分共有房地产,包括法律上的处分和事实上的处分。按份共有人对共有房地产的处分,应当经占份额 2/3 以上的共有人同意,但共有人之间另有约定的除外(《物权法》第 97 条)。

2. 应有部分的处分

按份共有人是按自己的应有部分享有权利的,所以按份共有人对其应有部分享有处分权。由于应有部分只是共有人对共有房地产的权利份额,所以共有人对应有部分只能为法律上的处分,而不能为事实上的处分。共有人对应有部分的处分,包括应有部分的分出、转让和抛弃。《民法通则》第 78 条第 3 款规定:按份共有财产的每个共有人有权要求将自己的份额分出或者转让。但在出售时,其他共有人在同等条件下,有优先购买的权利;《物权法》第 101 条规定:按份共有人可以转让其享有的共有的不动产份额,其他共有人在同等条件下享有优先购买的权利。

3. 共有房地产的管理

按份共有人对房地产享有共同管理的权利。依照《物权法》第 96 条的规定,共有人应当按照约定管理共有的房地产;没有约定或者约定不明确的,各共有人都有管理的权利和义务。但是,如果共有人对共有房地产作重大修缮的,应当经占份额 2/3 以上的共有人同意,但共有人之间另有约定的除外(《物权法》第 97 条)。

4. 共有房地产的费用负担

共有物的费用包括保存费用、改良费用以及其他有关费用,如税费、保险费等。依照《物权法》第 98 条的规定,对共有房地产的管理费用以及其他负担,有约定的,按照约定;没有约定或者约定不明确的,按份共有人按照其份额负担。

(三) 房地产按份共有的外部关系

房地产按份共有的外部关系是按份共有的对外效力,是指按份共有人与第三人的权利义务关系。依照《物权法》第 102 条的规定,因共有房地产产生的债权债务,在对外关系上,共有人享有连带债权、承担连带债务,但法律另有规定或者第三人知道共有人不具有连带债权债务关系的除外。

(四) 共有房地产的分割

在房地产按份共有关系终止时,通常都要对共有房地产进行分割。关于共有房地产的分割,应明确如下几点:

第一,共有人约定不得分割共有的房地产以维持共有关系的,应当按照约定,但共有人有重大理由需要分割的,可以请求分割;没有约定或者约定不明确的,按份共有人可以随时请求分割。因分割共有房地产对其他共有人造成损害的,应当给予赔偿(《物权法》第 99 条)。

第二,共有人可以协商确定分割方式。达不成协议,共有房地产可以分割并且不会因分割减损价值的,应当对实物予以分割;难以分割或者因分割会减损价值的,应当对折价或者拍卖、变卖取得的价款予以分割(《物权法》第 100 条第 1 款)。

第三,共有人分割所得的房地产有瑕疵的,其他共有人应当分担损失(《物权法》第 100 条第 2 款)。

三、房地产共同共有

（一）房地产共同共有的概念和特点

房地产共同共有是指共有人基于共同关系，对共有房地产不分份额地享有权利，承担义务的共有。《民法通则》第78条第2款中规定：共同共有人对共有财产享有权利，承担义务；《物权法》第95条规定：共同共有人对共有的不动产或者动产共同享有所有权。房地产的共同共有与按份共有相比，具有如下特点：

1. 房地产共同共有是不分份额的共有

在房地产共同共有关系存续期间，各共有人对共有房地产并没有份额之分。只有在共同共有关系消灭时，才能确定各共有人的应有份额。因此，房地产共同共有是不分份额的共有。各共有人共同享有共有房地产的各种利益，同时负担因共有房地产而产生的各种义务。

2. 房地产共同共有的发生以共有人之间存在共同关系为前提

房地产共同共有以共有人之间存在共同关系为成立的前提，没有共同关系的存在，就不能成立共同共有，只能成立按份共有。共同关系消灭时，共同共有关系也就随之消灭。

3. 共同共有人平等地享有权利和承担义务

在房地产共同共有关系中，各共同共有人对于共有房地产，享有平等的占有、使用、收益、处分的权利。同时，对共有房地产也平等地承担义务。任何人未经全体共有人的同意，不得对共有房地产为处分或重大修缮。

（二）房地产共同共有的内部关系

房地产共同共有的内部关系是共同共有的对内效力，是指共同共有人之间的权利义务关系。

共同共有人的权利体现为对共有房地产享有平等的占有、使用、收益、处分的权利。共同共有系基于共同关系而产生的，因此，各共有人的权利及于共有房地产的全部，共有人对共有房地产享有平等的权利，任何共有人不得主张对共有房地产的特定部分享有权利。共有人处分共有房地产或者对共有房地产作重大修缮的，应当经全体共同共有人同意，但共有人之间另有约定的除外（《物权法》第97条）。

共同共有人的义务体现为对共有房地产承担平等的义务。一方面，共有人的义务及于共有房地产的全部，为共有房地产所支出的费用，共有人有约定的，按照约定；没有约定或者约定不明确的，应由共同共有人共同负担（《物权法》第98条）；另一方面，在共同共有关系存续期间，共有人不得请求分割共有物。但共同共有人在共有的基础丧失或者有重大理由需要分割共有房地产时，可以请求分割（《物权法》第99条）。作为在共同共有的基础关系并未丧失而可请求分割共有财产的例外，最高人民法院《关于适用〈中华人民共和国婚姻法〉若干问题的解释（三）》第4条作出了以下规定："婚姻关系存续期间，夫妻一方请求分割共同财产的，人民法院不予支持，但有下列重大理由且不损害债权人利益的除外：（1）一方有隐藏、转移、变卖、毁损、挥霍夫妻共同财产或者伪造夫妻共同债务等严重损害夫妻共同财产利益行为的；（2）一方负有法定扶养义务的人患重大疾病需要医治，另一方不同意支付相关医疗费用的。"

（三）房地产共同共有的外部关系

房地产共同共有的外部关系是共同共有的对外效力，是指共有人与第三人之间的权利义务关系。这种权利义务关系为一种连带权利义务关系。共有人对第三人的权利为连带债权,任何共有人都有权向第三人主张全部权利;共有人对第三人的义务为连带债务,第三人有权向任何一个共有人主张全部权利,任何一个共有人都有义务履行全部义务。

第五节　房地产相邻关系

一、房地产相邻关系的概念和特点

房地产相邻关系简称相邻关系,是指相互毗邻的房地产所有权人或使用权人之间在行使所有权或使用权时,因相互间给予便利或接受限制所发生的权利义务关系。

相邻关系的实质是房地产权利内容的限制和扩张,因此,相邻关系具有如下特点:

(一)相邻关系的主体具有多数性

相邻关系作为房地产权利的一种限制,只能发生在两个以上的民事主体之间,单一的民事主体不可能发生相邻关系问题。例如,相邻的房地产由同一主体所有和使用的,即不能发生相邻关系。

(二)相邻关系的标的物具有相邻性

相邻关系只能产生在相邻的房地产之间。因为,如果房地产不相毗邻,则所有权人或使用权人之间不会发生权利行使的冲突问题,自然也就不会发生相邻关系。房地产的毗邻不仅包括房地产相互连接,也包括房地产相互邻近。

(三)相邻关系的产生具有法定性

相邻关系是由法律直接规定的,而不是当事人约定的,是法律为调和房地产所有权人或使用权人之间的利益冲突而对房地产权利所作的限制。

(四)相邻关系的内容具有复杂性

相邻关系的内容十分复杂,不同种类的相邻关系所体现的内容各不相同。但综合言之,相邻关系的内容主要包括两个方面:一是相邻任何一方在行使房地产权利时,都有权要求相邻他方给予便利,而相邻他方应当提供必要的便利。所谓必要的便利,是指非从相邻方得到这种便利,就不能正常行使房地产权利。相邻方获得这种便利是其权利内容的扩张,而对相邻他方则是权利内容的必要限制。二是相邻各方行使权利时,不得损害相邻他方的合法权益。

二、相邻关系的处理原则

依照《民法通则》第 83 条和《物权法》第 84 条及第 85 条的规定,在处理相邻关系时,应当坚持以下原则:

(一)有利生产和方便生活的原则

相邻关系是人们在生产、生活中,因行使房地产权利而产生的,与人们的生产、生活直接相关。因此,在处理相邻关系时,应当从有利生产、方便生活的原则出发,妥善解决问题。相邻各方不能因行使自己的权利,而有损社会生产和他人生活。

(二)团结互助和公平合理的原则

相邻关系发生在相邻房地产所有权人或使用权人之间,要求相邻一方为另一方行使房地产权利给予必要的便利。如果相邻各方只要求他人给予便利,而自己却不为他人提供便利,就不可能处理好相邻关系。因此,处理相邻关系必须遵循团结互助的原则。同时,在相邻关系中,相邻各方在获得便利时,也应当承担一定的义务,对受到损失的相邻方,应当按照公平合理的原则给予适当的补偿。《物权法》第 92 条规定:“不动产权利人因用水、排水、通行、铺设管线等利用相邻不动产的,应当尽量避免对相邻的不动产权利人造成损害;造成损害的,应当给予赔偿。”

（三）尊重历史和习惯的原则

相邻关系基于房地产的特殊性,并非一朝一夕就形成的。因此,在处理相邻关系时,就必须尊重历史和习惯。在法律、法规没有规定的情况下,应当按照当地习惯处理相邻关系。只有这样,才能稳定相邻关系,维护社会的生产和生活秩序,也有利于人们接受。

三、房地产相邻关系的种类

依照《物权法》的规定,相邻关系主要有以下几种:

（一）相邻的用水和排水关系

房地产权利人应当为相邻权利人用水、排水提供必要的便利。对自然流水的利用,应当在房地产的相邻权利人之间合理分配;对自然流水的排放,应当尊重自然流向(《物权法》第 86 条)。

（二）相邻土地通行关系

房地产权利人对相邻权利人因通行等必须利用其土地的,应当提供必要的便利(《物权法》第 87 条)。

（三）相邻不动产利用关系

房地产权利人因建造、修缮建筑物以及铺设电线、电缆、水管、暖气和燃气管线等必须利用相邻土地、建筑物的,该土地、建筑物的权利人应当提供必要的便利(《物权法》第 88 条)。

（四）相邻通风、采光和日照关系

房地产权利人建造建筑物不得违反国家有关工程建设标准,妨碍相邻建筑物的通风、采光和日照(《物权法》第 89 条)。

（五）相邻环境保护关系

房地产权利人不得违反国家规定弃置固体废物,排放大气污染物、水污染物、噪声、光、电磁波辐射等有害物质(《物权法》第 90 条)。

（六）相邻不动产损害防免关系

房地产权利人挖掘土地、建造建筑物、铺设管线以及安装设备等,不得危及相邻不动产的安全(《物权法》第 91 条)。

四、房地产相邻关系与地役权的区别

《物权法》第 156 条第 1 款规定:“地役权人有权按照合同约定,利用他人的不动产,以提高自己的不动产的效益。”根据这一规定,地役权是指为自己不动产的便利而使用他人不动产的权利。当事人设立地役权的目的并不在于使用他人的不动产,而在于为自己不动产的使用提供便利,以增加自己不动产的效用,提高利用价值。设立地役权,当事人应当采取书面形式订立地役权合同(《物权法》第 157 条)。地役权的设立并不实行登记生效主义,因

此,地役权自地役权合同生效时设立。当事人要求登记的,可以向登记机关申请登记;未经登记,不得对抗善意第三人(《物权法》第158条)。

相邻关系与地役权虽然都涉及对相邻不动产的利用问题,但它们是不同的制度,存在以下区别:

第一,产生原因不同。相邻关系是基于法律的规定而直接产生的,具有法定性;而地役权是按照当事人之间的合同而产生的,具有意定性。

第二,产生前提不同。相邻关系只能发生在相互毗邻的不动产之间,没有相互毗邻的两个以上的不动产存在,就不会发生相邻关系;而地役权的成立不以需役地和供役地的相邻为必要条件。

第三,性质不同。相邻关系属于法定的对不动产权利内容的扩张或限制,当事人不能因之而取得独立的他物权。因此,相邻关系并不反映为独立的民事权利,其与不动产权利共存,不可能单独取得或丧失。而地役权属于约定的对不动产权利内容的扩张或限制,当事人因之取得独立的他物权,可以单独取得或丧失。

第四,有偿性不同。相邻关系是法律规定的,相邻人利用相邻他方的不动产是必须的,因而通常是无偿的,相邻人无需支付费用。只有在相邻人利用相邻他人的不动产而造成损失时,才需要支付一定的补偿费用。而地役权依当事人的约定,可以是有偿的,也可以是无偿的。

第五,期限性不同。相邻关系通常是无固定期限的,只要相互毗邻的不动产存在,相邻关系就会存在,不会因期限届满而消灭;而地役权通常都是有期限的,当事人应当在地役权合同中对地役权的期限作出约定。期限届满,地役权消灭。

第六,登记要求不同。相邻关系的当事人无需向登记机关申请登记,只要具备了法律所规定的条件,相邻关系即可产生,从而发生对抗第三人的效力;而在地役权中,当事人可以向登记机关申请地役权登记,这种登记具有对抗效力。

本章讨论案例

1. 甲乡镇下辖16个行政村,人口1万,有乡镇集体所有土地2000亩;乙乡镇下辖36个行政村,人口5万,有乡镇集体所有土地1000亩。后甲乙两个乡镇合并为丙乡镇。在集体土地所有权确权中,丙乡镇要求将原甲乡镇所有的乡镇集体土地所有权确权为丙乡镇的乡镇集体土地所有权,遭到了原甲乡镇16个行政村的大多数村民的反对。其反对的主要理由在于,甲乡镇原有的2000亩乡镇集体所有土地属于16个行政村的全体村民所有,若将其并入丙乡镇,则原乙乡镇36个行政村的村民将共享这2000亩土地,这对原甲乡镇下辖的16个行政村的村民而言是不公平的。

问:原甲乡镇下辖行政村的反对理由是否有理?案涉集体所有土地应如何确权?

2. 被告罗某与其妻何某生育有一子、一女,即原告罗甲、罗乙。在何某去世前,罗某曾与何某经批准建造了一座二层砖混结构房屋。在建房时,原告罗甲、罗乙均已独立生活,并对建房出了一定的人力、财力。在何某去世后不久,被告罗某在未征得两原告同意的情况下,与第三人商谈了该房屋买卖一事,约定房价为5万元,为此,第三人向被告支付了定金

5000元。在被告与第三人准备到房地产管理部门办理相关产权登记及产权过户手续时,被得知情况的两原告阻拦。事隔不久,第三人与被告到房地产管理局就该房屋办理了相关交易手续。为此,两原告向法院提起诉讼,请求确认被告与第三人之间的房屋买卖行为无效。

问:应当如何确定讼争房屋的所有权?

3. 乙就购买甲公司的A小区2号楼203室房屋与甲公司签订了商品房买卖合同,双方如约履行了合同,乙依法取得了该房屋的所有权证。乙入住房屋后不久,甲公司就A小区内的锅炉、配电室、水源井、水泵房等公共配套设施与丙物业服务企业签订了无偿转让协议,将上述设施无偿转让给丙企业。乙得知此事后,认为甲公司与丙企业签订的无偿转让协议违反法律规定,侵犯了自己对A小区公共配套设施的所有权,遂将甲公司及丙公司告上法院,要求撤销甲公司与丙企业签订的无偿转让协议。经查,甲公司与乙签订的商品房买卖合同中对A小区内的基础设施的所有权未作出约定。

问:甲公司与丙企业之间关于小区公共配套设施的无偿转让协议是否有效?丙企业能否取得相关设施的所有权?

4. 某市N房地产开发公司(以下简称N公司)以100万元的价格购买了某市邻近海边的100亩土地的建设用地使用权,以便在该地上建造一栋五星级豪华酒店。该地旁边有X实业发展总公司(以下简称X公司)经营的一家商店,占地约10亩。N公司在购得该土地的建设用地使用权以后,便与X公司协商,订立了一份书面合同,合同约定:X公司在10年内不得拆除该商店并兴建高层建筑,以免妨碍N公司的旅客在酒店内眺望大海。为此,N公司每年向X公司支付10万元人民币作为补偿。

上述合同签订后不久,X公司即将自己的建设用地使用权转让给J房地产开发公司(以下简称J公司),并向J公司说明了其与N公司的合同内容。J公司取得该土地的建设用地使用权后,欲拆掉商店并兴建一幢高档酒店,该酒店与N公司欲兴建的酒店相距约100米。N公司得知这一情况后,立即找J公司交涉,要求J公司停止兴建酒店,J公司以自己没有与N公司订立合同为由拒绝了N公司的请求。

问:本案是地役权纠纷还是相邻关系纠纷?N公司是否有权阻止J公司兴建酒店?

第三章

房地产登记法律制度

第一节　房地产登记概述

一、房地产登记的概念和特点

房地产登记,属不动产登记的范畴。我国《物权法》《不动产登记暂行条例》等法律法规,就不动产登记的程序性问题等都作了专门规定。所谓不动产登记,是指不动产登记机构依法将不动产权利归属和其他法定事项记载于不动产登记簿的行为(《不动产登记暂行条例》第2条第1款)。依此定义,所谓房地产登记,就是指不动产登记机构依法将房地产的所有权、他物权等权利归属和其他法定事项(如异议登记、查封登记等)记载于不动产登记簿的行为。

从我国现行法的规定来看,房地产登记具有如下特点:

(一)房产与地产统一登记

《物权法》第10条规定:"国家对不动产实行统一登记制度。"所谓"统一登记",主要是指登记机构、登记簿册、登记依据和信息平台的"四统一"。虽然《物权法》早已提出统一登记的制度要求,而且《不动产登记暂行条例》已经颁布,但我国统一的不动产登记制度仍未真正付诸实施,现在仍还处于制度构建和努力推行的阶段。在统一登记制度实行之前,我国现行法上的土地登记,其登记机构是国土资源行政主管部门,登记簿册表现为独立的土地登记簿,登记的主要依据是《土地登记办法》(2007年12月30日国土资源部令第40号);而房屋登记,其登记机构是建设(房地产)主管部门,登记簿册表现为与土地登记簿相分离的房屋登记簿,登记的主要依据是《房屋登记办法》(2008年2月15日建设部令第168号)。而在统一登记制度之下,房产与地产的登记机构都应当是不动产登记局,登记依据应一律统一到《物权法》《不动产登记暂行条例》等法律规范上,登记簿册也应统一地表现为不动产权利登记簿,所有的不动产登记也将共享一个信息平台。

(二)房产与地产一体登记

房产与地产一体登记是统一登记制度的必然要求,也是我国房地归属分别主义、一并处分原则的内在要求。所谓一体登记,是指房屋等建筑物、构筑物和森林、林木等定着物以土地、海域为基础而进行的一并登记。房屋等建筑物、构筑物不能脱离土地而独立存在,因而房屋登记应然地应当成为土地登记的内容之一。在实行一体登记制度之后,房屋的权属及其变动、土地使用权的权属及其变动，都将统一地体现为同一不动产登记簿的相应内容，而不会再分立土地和房屋两个簿册。

（三）登记实质审查主义

就登记机构对登记申请材料及登记事项审查的程度而言，不动产登记有两种立法模式：一是形式审查主义，二是实质审查主义。形式审查主义只问申请材料的形式完备性，对其所记载的内容或者要证明的权利事项之真实性在所不问。而实质审查主义不仅关注于申请材料的形式完备性，而且还须保证申请材料的真实性、登记事项的真实性等，因而对登记申请材料和登记事项的诸方面，都要依法进行形式和实质两个方面的审查。我国《物权法》第 12 条和《不动产登记暂行条例》第 19 条，都规定了不动产登记机构于必要时应予“实地查看”的职责，因而可以说我国现行法采行的是登记实质审查主义。①

二、房地产登记的性质和功能

（一）房地产登记的性质

关于房地产登记的性质，理论上存在着不同的看法，主要有行政行为说和民事行为说两种观点。

行政行为说认为，房地产登记是登记机构依职权所实施的行政行为，它体现了登记机构与登记申请人之间管理与被管理的关系。在登记法律关系中，登记机构享有审查登记申请、作出登记与否决定、对不履行登记义务的房地产权利人进行处罚的职权，而房地产权利人负有及时向登记机构申请房地产登记及服从管理的义务。②

民事行为说认为，房地产权属登记是一种民事行为，理由在于：（1）登记行为源于登记申请人的请求行为，即发端于当事人为登记申请的意思表示，该申请及所为的意思表示当为民事领域范围。（2）登记的功能主要表现为物权确认功能和公示功能，其本质是为了确保房地产权利人的合法物权，承认并保障权利人对房地产的法律支配关系，以及保护交易的安全和稳定。（3）从世界范围来看，诸多登记行为产生的诉讼，如因预告登记、异议登记、撤销登记等行为产生的纠纷，当事人向法院提起的是民事赔偿之诉，而非国家赔偿之诉。登记机构所承担的赔偿责任为民事赔偿责任，而非国家赔偿责任。（4）登记与交付是物权变动的公示方法，也是物权法中的重要内容，动产的交付为典型的民事行为，与之并列的在物权法中规定的不动产登记如定性为行政行为，则不伦不类。（5）在国际上，很多国家将不动产登记的性质界定为民事行为，登记是民法中不可缺少的组成部分。③

应当说，行政行为说与民事行为说各有其道理，但都未免过于极端。行政行为说过分强调行政管理，使房地产登记完全成为一种行政职责，忽视了房地产登记所具有的确认和公示

---

① 另一种观点认为，我国《物权法》第 12 条的规定既没有试图界定什么是实质审查、什么是形式审查，也无意于回答物权法究竟是要求不动产登记机构应进行实质审查还是形式审查。该条规定是在调研我国不动产登记实际情况并听取各方面意见的基础上作出的，目的是使登记机构在各自的职责范围内，充分履行职责，尽可能地保证如实、准确、及时登记不动产物权有关事项，避免登记错误。参见全国人大法制工作委员会民法室编：《中华人民共和国物权法——条文说明、立法理由及相关规定》，北京大学出版社 2007 年版，第 20 页。

② 参见李延荣、周珂：《房地产法》（第四版），中国人民大学出版社 2013 年版，第 63 页；符启林：《房地产法》（第四版），法律出版社 2009 年版，第 82 页；崔建远等：《中国房地产法研究》，中国法制出版社 1995 年版，第 238 页；赵红梅：《房地产法论》，中国政法大学出版社 1995 年版，第 248 页。

③ 参见陈耀东主编：《房地产法》（第二版），复旦大学出版 2009 年版，第 90—91 页。

房地产物权的作用。民事行为说强调了房地产登记所具有的确认与公示房地产物权的功能,这是可取的,也看到了房地产登记的本质之所在。但是,由此而认为房地产登记就是一种民事行为,其理由并不充分,因为房地产登记也体现了国家对房地产物权取得、交易关系的干预。综上,我们认为,在房地产登记性质的认识上,正确的态度应当是:房地产登记是兼具民事行为和行政行为双重性质,而以民事行为为主的一种行为。

(二)房地产登记的功能

一般认为,房地产登记具有如下功能:

1. 物权变动功能

物权变动功能是指房地产登记是房地产权属变动的要件,原则上非经登记,不能发生房地产物权的设立、变更、转让和消灭。物权变动功能是房地产登记的首要功能,其是物权确认功能、物权公示功能、物权管理功能的前提和基础。《物权法》第9条规定:"不动产物权的设立、变更、转让和消灭,经依法登记,发生效力;未经登记,不发生效力,但法律另有规定的除外。依法属于国家所有的自然资源,所有权可以不登记。"依此规定,在房地产权属变动上,我国物权法采取了登记要件主义,登记乃房地产权属变动的必备要件,未经登记,房地产权属变动不生效力。

2. 物权确认功能

物权确认功能是指房地产登记所具有的确认房地产权属状态的功能。也就是说,房地产权利归属于哪一民事主体,需要通过房地产登记加以确定。因此,经过房地产登记的房地产权利,就具有了权利正确性推定效力,受国家法律保护,可以对抗权利人以外的任何人。关于房地产登记的物权确认功能,我国现行法作了明确规定。例如,《物权法》第16条规定:"不动产登记簿是物权归属和内容的根据。"第17条规定:"不动产权属证书是权利人享有该不动产物权的证明。不动产权属证书记载的事项,应当与不动产登记簿一致;记载不一致的,除有证据证明不动产登记簿确有错误外,以不动产登记簿为准。"

3. 物权公示功能

物权公示功能是指房地产登记所具有的将房地产权利变动的事实向社会公开,以保障房地产交易安全的功能。物权公示功能是房地产登记的核心功能,其目的在于保护第三人利益及维护交易安全。一般地说,房地产登记向社会公示的内容包括:(1)房地产权利的设立。房地产权利的设立也就是房地产权利的取得,是指某一权利主体取得房地产权利。例如,房屋所有权、建设用地使用权、房地产抵押权的取得。(2)房地产权利的变更。房地产权利的变更是指房地产权利的要素发生变化。例如,建设用地使用权期限的变更、房地产抵押权的客体变更。(3)房地产权利的转移。房地产权利的转移是指房地产权利人将房地产权利转让给其他人。例如,房屋所有权人将房屋出卖、赠与给其他人。(4)房地产权利的消灭。房地产权利的消灭是指房地产权利的终止、丧失。例如,房屋所有权因房屋被大火烧毁而归于消灭、房地产抵押权因实行而消灭。在上述情况下,法律都要求进行房地产登记,以期房地产权利人之外的其他人了解房地产权利的变化情况,维护交易安全及保护善意第三人的合法权益。

为充分发挥房地产权属登记的公示功能,就必须赋予利害关系人查询房地产权属登记的权利,以使利害关系人能够充分了解房地产权利的归属状态。对此,《物权法》第18条规定:"权利人、利害关系人可以申请查询、复制登记资料,登记机关应当提供。"《不动产登记暂行条例》第27条规定:“权利人、利害关系人可以依法查询、复制不动产登记资料,不动产登记机构应当提供。有关国家机关可以依照法律、行政法规的规定查询、复制与调查处理事项有关的不动产登记资料。”第28条规定:“查询不动产登记资料的单位、个人应当向不动产登记机构说明查询目的,不得将查询获得的不动产登记资料用于其他目的;未经权利人同意,不得泄露查询获得的不动产登记资料。”

4. 物权管理功能

物权管理功能是指房地产登记所具有的通过登记实现国家对房地产进行监督、管理的功能。房地产登记在一定程度上体现了国家对房地产权利的干预,反映了国家对房地产权利的基本态度。房地产登记的物权管理功能主要体现在两个方面:一方面是产籍管理功能,即通过房地产登记建立户籍资料,进而为房地产税收、规划提供依据;另一方面是审查监督功能,即通过房地产登记审查程序,对房地产的自然状况及权属的真实状况进行调查,对房地产权利的变动情况进行合法性审查,以取缔或制止违法交易的发生。

三、房地产登记类型

《不动产登记暂行条例》第3条规定:“不动产首次登记、变更登记、转移登记、注销登记、更正登记、异议登记、预告登记、查封登记等,适用本条例。”依此规定,我国现行法上的房地产登记,在类型上分为以下八种:

(一) 首次登记

首次登记又称初始登记,是指不动产权利的第一次登记。集体土地所有权,房屋等建筑物、构筑物所有权,森林、林木所有权,耕地、林地、草地等土地承包经营权,建设用地使用权,宅基地使用权,海域使用权,地役权,抵押权等权利,都存在着权利的首次登记问题。根据《物权法》第9条第2款规定:“依法属于国家所有的自然资源,所有权可以不登记。”因而自然资源的国家所有权,原则上不存在首次登记问题。

(二) 变更登记

变更登记是指在房地产权利的要素发生变动时所进行的登记。原《土地登记办法》未区分变更登记与转移登记,而是将土地权属的转移登记作为变更登记的一种情形加以规定(《土地登记办法》第38条)。原《房屋登记办法》对房屋权属的转移登记和变更登记作了区分(《房屋登记办法》第32条规定了转移登记,第36条规定了变更登记)。《不动产登记暂行条例》对变更登记与转移登记作了平行规定,这一立法模式是科学的。一般而言,有下列情形之一的,房地产权利人可以申请变更登记:(1) 权利人的姓名、名称、身份证明类型或者身份证明号码发生变更的;(2) 房地产的坐落、名称、用途、面积等自然状况变更的;(3) 房地产权利期限、来源等权利状况发生变化的;(4) 同一房地产权利人对自己所有的或者拥有的房地产权利进行分割或者合并的;(5) 抵押担保的范围、主债权数额以及最高额抵押权债权确定期间等发生变化的;(6) 地役权的利用目的、方法等发生变化的;(7) 共有性质发生变更的;(8) 法律、法规规定的其他变更情形。

(三) 转移登记

转移登记是指房地产权属发生转移时所进行的登记。根据《物权法》第9条规定,转移登记乃物权变动登记,是物权变动的法定要件之一。一般而言,有下列情形之一的,房地产权利人可以申请转移登记:(1) 买卖、互换、赠与房地产的;(2) 以房地产作价入股的;(3) 法人或者其他组织因合并、分立等原因致使房地产权属发生转移的;(4) 房地产分割、合并导致权属发生转移的;(5) 继承、受遗赠导致房地产权属发生转移的;(6) 共有人人数增加或者减少,以及共有房地产的份额发生变化的;(7) 因人民法院、仲裁机构的生效法律文书导致房地产权属发生转移的;(8) 因主债权转移引起房地产抵押权转移的;(9) 因需役地不动产权利转移引起地役权转移的;(10) 法律、法规规定的其他转移情形。

(四) 注销登记

注销登记又称涂销登记,是在房地产权利发生消灭时应进行的登记。一般而言,有下列情形之一的,可以申请或者由不动产登记机构依职权主动进行注销登记:(1) 房地产毁损灭失的;(2) 权利人放弃房地产权利的;(3) 依法没收、征收房地产权利或者建设用地使用权依法被提前收回的;(4) 因人民法院、仲裁机构的生效法律文书致使房地产权利消灭的;(5) 法律、法规规定的其他消灭情形。

(五) 更正登记

更正登记是指在房地产权属登记记载的事项有错误时所作的改正登记。对此,《物权法》第 19 条第 1 款规定:“权利人、利害关系人认为不动产登记簿记载的事项错误的,可以申请更正登记。不动产登记簿记载的权利人书面同意更正或者有证据证明登记确有错误的,登记机构应当予以更正。”更正登记所针对的应当是不涉及房地产权利归属和内容的登记信息,如果涉及房地产权利归属和内容的,不动产登记机构不得直接予以更正,而应告知申请人循异议登记程序等法定程序依法解决。

(六) 异议登记

异议登记是指房地产利害关系人申请更正登记未果后,依法向登记机构提出的针对应更正事项持有异议的登记申请,旨在阻止登记权利人处分房地产,从而保全利害关系人权利的登记。对此,《物权法》第 19 条第 2 款规定:“不动产登记簿记载的权利人不同意更正的,利害关系人可以申请异议登记。登记机构予以异议登记的,申请人在异议登记之日起 15 日内不起诉,异议登记失效。异议登记不当,造成权利人损害的,权利人可以向申请人请求损害赔偿。”关于房地产异议登记应当明确如下几点:(1) 异议登记的前提条件是利害关系人申请更正登记后,不动产登记簿记载的权利人不同意更正;(2) 异议登记的存续期间为异议登记之日起 15 日,即申请人应当在异议登记之日起 15 日内向人民法院起诉。逾期不起诉的,异议登记失效;(3) 异议登记不当的法律后果是产生申请人赔偿责任,即异议登记不当造成权利人损害的,权利人有权请求申请人赔偿损害。

(七) 预告登记

预告登记又称为预登记,是指当事人为保障将来实现房地产权利,针对将来发生的房地产权利变动所进行的登记。就是说,在房地产权利所需具备的条件还不满足或尚未成就,当事人还只对未来的房地产权利享有期待权时,法律为保护这一期待权的实现所进行的登记。关于预告登记,《物权法》第 20 条规定:“当事人签订买卖房屋或者其他不动产物权的协议,为保障将来实现物权,按照约定可以向登记机构申请预告登记。预告登记后,未经预告登记的权利人同意,处分该不动产的,不发生物权效力。预告登记后,债权消灭或者自能够进行不动产登记之日起 3 个月内未申请登记的,预告登记失效。”对于房地产预告登记,应当明确如下几点:(1) 预告登记的前提条件是当事人签订了买卖房屋或者其他不动产物权的协议,其目的是保障将来能够实现房地产权利;(2) 预告登记的效力是使经登记的期待权具备物权的效力,因此,未经预告登记的权利人同意,不得处分该房地产权利,否则不发生物权变动的效力;(3) 预告登记只是保障当事人将来能够取得房地产权利,因此,预告登记应当有一定期间的限制。即预告登记后,债权消灭或者自能够进行登记之日起3个月内,当事人未申请终局登记的,预告登记失效。该3个月期间,在性质上应为除斥期间。

(八) 查封登记

查封登记是指人民法院等有权机关为依法查封已登记的房地产所进行的登记。本质上,查封是一种司法强制措施,但《不动产登记暂行条例》已经把查封登记规定为一种独立的登记类型。查封登记又包括正式查封登记、预查封登记、轮候查封登记三种类型。房地产查封期限届满,人民法院未续封的,查封登记失效。

四、房地产登记原则

《不动产登记暂行条例》第4条第2款规定:“不动产登记遵循严格管理、稳定连续、方便群众的原则。”据此规定,房地产登记须遵循以下三项原则:

(一) 严格管理原则

房地产登记行为是一项以民事行为为主而兼具行政行为的法律行为,因而从行政管理的角度讲,房地产登记须遵循严格管理原则。严格管理体现在登记程序的严格性、登记结果的准确性、登记结果的不得随意改变性、登记簿保管的严格性、登记人员专业素养的高要求性、登记资料的保密性、登记信息共享平台的严格管理性等诸多方面。

(二) 稳定连续原则

稳定连续原则既是财产权保障的内在要求,也是保证登记信息权威性的必然要求。《不动产登记暂行条例》第4条第3款规定:“不动产权利人已经依法享有的不动产权利,不因登记机构和登记程序的改变而受到影响。”第33条规定:“本条例施行前依法颁发的各类不动产权属证书和制作的不动产登记簿继续有效。”以上两条规定就是稳定连续原则的体现。

(三) 方便群众原则

法律是为人制定的,方便群众原则是以人为本原则的下位原则。《不动产登记暂行条例》中有许多规定都体现了这一原则。例如,统一登记机构,就可以避免政出多门,群众办理房地产登记就只需要到一个主管部门办理即可。再如,不动产登记信息的共享和查询制度,明确要求不动产登记机构能够通过互通共享取得的信息,就不得再要求不动产登记申请人重复提交了。

五、房地产登记机构

(一) 房地产登记机构的确定

《不动产登记暂行条例》第6条规定:“国务院国土资源主管部门负责指导、监督全国不动产登记工作。县级以上地方人民政府应当确定一个部门为本行政区域的不动产登记机构,负责不动产登记工作,并接受上级人民政府不动产登记主管部门的指导、监督。”依此规定,国务院国土资源主管部门是不动产登记的主管机构,登记机构是政府部门。

根据《国务院机构改革和职能转变方案》关于将房屋登记、林地登记、草原登记和土地登记的职责整合由一个部门承担的要求,经国务院同意,中央编办发布了《关于整合不动产登记职责的通知》(中央编办发〔2013〕134 号)。该通知指出:"(国土资源部的整合登记职责是)指导监督全国土地登记、房屋登记、林地登记、草原登记、海域登记等不动产登记工作;会同有关部门起草不动产统一登记的法律法规草案,建立不动产统一登记制度,制定不动产权属争议的调处政策;推进不动产登记信息基础平台建设;会同林业局负责国务院确定的重点国有林区森林、林木、林地的登记发证;会同海洋局负责国务院批准项目用海、用岛的海域使用权和无居民海岛使用权的登记发证等。"可见,该通知明确把国务院国土资源主管部门确立为国家层面的不动产登记主管机构,上述规定为《不动产登记暂行条例》所接受并确立为正式的法律制度。此后,国土资源部办公厅下发了《关于在地籍管理司加挂不动产登记局牌子的通知》(国土资厅函〔2014〕402 号),明确了在国土部地籍管理司加挂不动产登记局牌子,承担指导监督全国土地登记、房屋登记、林地登记、草原登记、海域登记等不动产登记工作的职责。因而在更具体的层面上讲,国土资源部成立的不动产登记局是具体负责全国不动产统一登记指导监督工作的主管职能部门。就房地产登记而言,当然也不例外,其全国性的主管部门就是国土资源部及其成立的不动产登记局。

对于地方的不动产登记主管工作,究竟是由国土资源主管部门负责还是由其他部门负责,由于《不动产登记暂行条例》未予明确规定,因而在法律的实施中存在着不同的争议性看法。有一种观点认为,地方只要设立统一的窗口即可,不需要机构统一,只需要统一受理当事人申请、统一对外发证,至于登记工作,还是由各个部门各自办理。这种观点所坚持的还是分散登记的做法,不是统一登记,极容易出现各个部门相互推诿的现象,分散登记的弊端无法避免,因而应予坚决反对。[①] 我们认为,从保证垂直管理、归口管理和便于接受国家级层面的工作指导监督角度讲,各级地方政府应当相应地成立各级不动产登记局,将其确定为统一的不动产登记主管部门。

(二) *房地产登记机构的职责*

依照《物权法》第 12 条的规定,登记机构应当履行下列职责:

1. 查验申请人提供的权属证明和其他必要材料。

查验申请人提供的权属证明和其他必要材料,是保证登记准确的重要措施。在登记时,登记机关应当对申请人所提交的各种证明和材料进行认真查验,以便核实材料是否真实、无误。申请人提供虚假材料申请登记,造成他人损害的,应当承担赔偿责任(《物权法》第 21 条第 1 款)。

2. 就有关登记事项询问申请人

在登记时,登记机关有权就有关登记事项询问申请人,申请人应如实回答登记机关的提问。例如,如果登记机关发现申请人提供的权属证明不清楚,就有权问明情况。

3. 如实、及时登记有关事项

经查验申请人提供的权属证明和其他必要材料,并就登记事项询问申请人后,如登记机关认为准确无误的,应当如实、及时登记有关事项。如果因登记错误给他人造成损害的,登记机关应当承担赔偿责任。登记机关赔偿后,可以向造成登记错误的人追偿(《物权法》第 21 条第 2 款)。

---

① 参见国土资源部政策法规司、国土资源部不动产登记中心(国土资源部法律事务中心)编著:《不动产登记暂行条例释义》,中国法制出版社 2015 年版,第 72 页。

4. 法律、行政法规规定的其他职责

依据相关法律、行政法规的规定，登记机关应履行其他职责的，登记机关应当履行这些职责。

此外，如果登记机关认为申请登记的不动产的有关情况需要进一步证明的，有权要求申请人补充材料，必要时可以实地查看。

依照《物权法》第 13 条的规定，登记机关不得有下列行为：(1) 要求对不动产进行评估。不动产登记的目的在于公示不动产物权的变动情况，与不动产的价值无关。因此，登记机关在申请人申请登记时，不得要求对不动产进行评估。这一限制条件的目的，一方面在于保护相关当事人的利益，防止加大交易成本；另一方面在于保障交易的快速和便捷。(2) 以年检等名义进行重复登记。在实践中，以年检等名义进行重复登记的，实际上是乱收费的一种手段，加重了相关当事人的负担，也容易滋生腐败。因此，法律严格禁止以年检等名义进行重复登记。(3) 超出登记职责范围的其他行为。法律对登记机关的职责范围有明确规定的，登记机关不得从事登记职责范围外的其他行为。例如，在登记收费问题上，不动产登记费只能按件收取，不得按照不动产的面积、体积或者价款的比例收取(《物权法》第 22 条)

六、房地产登记管辖

《不动产登记暂行条例》第 7 条规定："不动产登记由不动产所在地的县级人民政府不动产登记机构办理；直辖市、设区的市人民政府可以确定本级不动产登记机构统一办理所属各区的不动产登记。跨县级行政区域的不动产登记，由所跨县级行政区域的不动产登记机构分别办理。不能分别办理的，由所跨县级行政区域的不动产登记机构协商办理；协商不成的，由共同的上一级人民政府不动产登记主管部门指定办理。国务院确定的重点国有林区的森林、林木和林地，国务院批准项目用海、用岛，中央国家机关使用的国有土地等不动产登记，由国务院国土资源主管部门会同有关部门规定。"该条是有关不动产登记管辖的规定，也是房地产登记管辖确定的法律依据。

在我国现行法上，不动产登记实行的是属地登记原则，而非分级登记原则。《物权法》第 10 条规定："不动产登记，由不动产所在地的登记机构办理。"该规定就是确立属地登记原则的法律依据。在统一不动产登记之前，我国法上完全实行分级登记的只有海域使用权登记。海域使用权按照批准项目用海的人民政府级别的不同，由国家海洋主管部门和地方人民政府进行登记造册。除此之外，其他不动产登记基本上实行属地登记原则，即原则上由不动产所在地的县级人民政府或人民政府主管部门进行登记。由于分级登记存在登记机构不统一、登记效率低下、不方便民众等种种弊端，故现行法改采属地登记。当然，有原则必有例外，属地登记原则也存在着例外。例如，《不动产登记暂行条例》第 7 条第 3 款规定："国务院确定的重点国有林区的森林、林木和林地，国务院批准项目用海、用岛，中央国家机关使用的国有土地等不动产登记，由国务院国土资源主管部门会同有关部门规定。"这即构成属地登记原则的例外。

对于不动产登记管辖的冲突问题，《不动产登记暂行条例》第 7 条规定设计了三种解决方案，即分别办理、协商办理和指定办理。尤须指出的是，对于指定办理而言，法律规定的是"由共同的上一级人民政府不动产登记主管部门指定办理"。这里的"共同"和"上一级"是两个关键词，对这两个关键词的含义应作狭义的严格解释。如果不动产登记所跨的行政区域是同一个设区的市的两个县，那么就应该由它们的共同上一级人民政府即设区的市人民政府的不动产登记主管部门指定办理；如果不动产登记所跨的行政区域是两个不同的设区的市的两个县，那么就应该由它们的共同上一级人民政府即省级人民政府的不动产登记主管部门指定办理；如果不动产登记所跨的行政区域是两个不同的省的两个县，那么就应该由它们的共同上一级人民政府即国务院的不动产登记主管部门指定办理。

此外，根据《不动产登记暂行条例》第 7 条的规定，直辖市、设区的市人民政府可以确定本级不动产登记机构统一办理所属各区的不动产登记。这即意味着，在一个直辖市或者一个设区的市的行政区域内，除其所辖的县人民政府所确定的不动产登记机构之外，所辖各区可以共同的只有一个不动产登记机构。这一规定与属地登记原则并不冲突，只不过其同时具有了提级登记管辖的特性而已。

第二节　不动产登记簿

不动产登记簿是指由不动产登记机构基于不动产权利人的登记申请依法填写和制作的，以电子介质或纸质介质为表现形式的，对特定不动产的自然状况、权利状况以及其他法定事项予以记载的官方权威簿册。《不动产登记暂行条例》第二章就不动产登记簿作了专章规定，统一不动产登记制度实行后，原房地产登记簿即由不动产登记簿取代。

一、不动产登记的基本单位

《不动产登记暂行条例》第 8 条第 1 款规定："不动产以不动产单元为基本单位进行登记。不动产单元具有唯一编码。"依此规定，不动产登记的基本单位是"不动产单元"。不动产单元是《不动产登记暂行条例》首次提出的概念术语，是指使不动产特定化，以便以之为基础设立登记簿簿页，并将不动产相关信息在登记簿上予以记载的基本单位。建立不动产单元制度是物权客体特定性的要求①，在此之前，我国法上的土地登记以"宗地"为基本单位，海域以"宗海"为基本单位，房屋以"基本单元"为基本单位。不动产统一登记制施行后，即以"不动产单元"作为统一的不动产登记基本单位，房地产登记的基本单位当然也是不动产单元。

不动产单元由权属界线固定封闭且具有独立使用价值的特定空间构成。如果土地上无房屋等建筑物、构筑物的，则以土地权属界限封闭的范围为不动产单元。如果土地上有房屋等建筑物、构筑物的，则以房屋等建筑物、构筑物与土地共同构成的封闭范围为不动产登记单元。

二、不动产登记簿的记载事项

《不动产登记暂行条例》第 8 条第 3 款规定："不动产登记簿应当记载以下事项：(1) 不动产的坐落、界址、空间界限、面积、用途等自然状况；(2) 不动产权利的主体、类型、内容、来源、期限、权利变化等权属状况；(3) 涉及不动产权利限制、提示的事项；(4) 其他相关事

---

① 参见国土资源部政策法规司、国土资源部不动产登记中心（国土资源部法律事务中心）编著：《不动产登记暂行条例释义》，中国法制出版社 2015 年版，第 87 页。

项。”依此规定，不动产登记簿的记载事项包括三类：一是自然状况事项，如不动产的坐落、界址、空间界限、面积、用途等；二是权属状况事项，如不动产权利的主体、类型、内容、来源、期限、权利变化等；三是限制提示事项，即权利的限制事项和风险的提示事项，如异议登记、预告登记、查封登记等登记事项。我们认为，对于附有违法建筑的房屋，就其违法建设情况和违法建筑状况也应作为限制提示事项加以记载。

三、不动产登记簿的介质形式

原《土地登记办法》第15条规定：“土地登记簿应当加盖人民政府印章。土地登记簿采用电子介质的，应当每天进行异地备份。”原《房屋登记办法》第24条规定：“房屋登记簿可以采用纸介质，也可以采用电子介质。采用电子介质的，应当有唯一、确定的纸介质转化形式，并应当定期异地备份。”由以上两条规定可见，在《不动产登记暂行条例》实施之前，我国法规定的登记簿介质形式是以纸质介质为原则、以电子介质为例外的。但伴随着科技进步、硬件设备改善和电子信息平台建设的发展，现行法要求的登记簿介质形式已经发生了根本的变化。为此，《不动产登记暂行条例》第9条规定：“不动产登记簿应当采用电子介质，暂不具备条件的，可以采用纸质介质。不动产登记机构应当明确不动产登记簿唯一、合法的介质形式。”由此可见，现行法已经改采以电子介质为原则、以纸质介质为例外的登记簿形式要求了。

四、不动产登记簿的效力

不动产登记簿的效力与不动产登记的效力是两个不同的问题。不动产登记的效力涉及的主要是登记行为的生效效力或对抗效力问题，如建设用地使用权出让登记的物权取得效力、土地承包经营权转让登记的对抗效力等。但不动产登记簿的效力所涉及的是登记簿本身所产生的法律效力问题，亦即登记簿作为一种官方记录所产生的程序性效力和实体性效力。概括而言，不动产登记簿具有以下两种法律效力：

（一）不动产登记簿的权利推定效力

《物权法》第16条第1款规定：“不动产登记簿是物权归属和内容的根据。”这是不动产登记簿具有权利推定效力的主要法律依据。所谓权利推定效力，即权利的正确性推定效力，亦即推定登记于不动产登记簿上的权利人以及权利内容是正确的，权利人是真正的法律上的权利人，权利内容是真实存在的由权利人享有的权利。为保证不动产登记簿的权利推定效力的确实性，《不动产登记暂行条例》第10条对不动产登记要求作了如下规定：“不动产登记机构应当依法将各类登记事项准确、完整、清晰地记载于不动产登记簿。任何人不得损毁不动产登记簿，除依法予以更正外不得修改登记事项。”

（二）不动产登记簿的公示公信效力

动产的公示手段是交付（或者移转占有），不动产的公示方式就是登记。登记是一种信息记载和信息披露，经由主动公开或申请查询，已经登记的不动产信息就会为人所知，从而起到公示的作用。已登记的信息是一种官方的权威信息，因而公示的目的在于满足人们对信息的信赖，进而保证以不动产为标的的交易安全，所以，登记的终极规范意旨在于使登记信息产生一种公信效力。公信，即公共信赖，正是在此意义上，根据《物权法》第9条规定，不动产登记具有不动产物权变动的生效效力。

第三节 登记程序

一、申请与受理

当事人申请房地产登记的，应当由当事人共同申请，在特殊情形下，可以由当事人单方申请。对此，《不动产登记暂行条例》第14条规定："因买卖、设定抵押权等申请不动产登记的，应当由当事人双方共同申请。属于下列情形之一的，可以由当事人单方申请：(1) 尚未登记的不动产首次申请登记的；(2) 继承、接受遗赠取得不动产权利的；(3) 人民法院、仲裁委员会生效的法律文书或者人民政府生效的决定等设立、变更、转让、消灭不动产权利的；(4) 权利人姓名、名称或者自然状况发生变化，申请变更登记的；(5) 不动产灭失或者权利人放弃不动产权利，申请注销登记的；(6) 申请更正登记或者异议登记的；(7) 法律、行政法规规定可以由当事人单方申请的其他情形。"依此规定，我国现行法上规定的登记申请的提出，以当事人共同申请为原则、单方申请为例外。申言之，凡是因双方当事人的交易行为而发生不动产权利变动事项的，原则上应由当事人双方共同申请登记；只有在法定的例外情形，以及单方申请不会对他人权益发生不利影响时，才可以单方申请登记。

当事人申请房地产登记，可以自己亲自申请，也可以委托代理人代为申请。对此，《不动产登记暂行条例》第15条规定："当事人或者其代理人应当到不动产登记机构办公场所申请不动产登记。不动产登记机构将申请登记事项记载于不动产登记簿前，申请人可以撤回登记申请。"该条规定了三项登记申请制度：一是办公现场申请登记。不动产具有较高价值，办公现场申请登记有助于查清当事人的真实意思表示，也可以在一定程度上减少登记错误情形的发生，因而应以现场申请登记为基本制度。二是代理登记制度。登记是一项法律行为，依法可由当事人亲自为之，也可以由当事人的代理人依法代理而为。根据代理权取得的不同情形，代理登记又分为委托代理登记和法定代理登记两种类型。三是登记申请的撤回制度。针对不同登记类型，登记的启动程序有申请登记、嘱托登记和径为登记三种模式。该条规定确立的申请撤回制度是针对依申请的登记而言的。这也即意味着，对于不动产交易的权利变动而言，我国现行法采用的是自愿申请登记原则，而非强制申请登记原则。

当事人在申请房地产登记时，应当提交下列材料，并对申请材料的真实性负责：(1) 登记申请书；(2) 申请人、代理人身份证明材料、授权委托书；(3) 相关的不动产权属来源证明材料、登记原因证明文件、不动产权属证书；(4) 不动产界址、空间界限、面积等材料；(5) 与他人利害关系的说明材料；(6) 法律、行政法规等规定的其他材料(《不动产登记暂行条例》第16条)。当事人申请房地产登记所提交的材料应当提供原件；不能提供原件的，应当提交有关机关盖章或者出具相关证明文件确认与原件一致的复印件。不动产界址坐标、空间界限、权籍调查表、权属界线协议书、宗地图或者宗海图、房屋测绘报告、房屋平面图等材料，不动产登记机构可以委托专业技术单位通过权籍调查获得。

二、审核

房地产登记的审核主要包括以下三个方面：

(一) 初步审核

《不动产登记暂行条例》第17条规定:“不动产登记机构收到不动产登记申请材料,应当分别按照下列情况办理:(1) 属于登记职责范围,申请材料齐全、符合法定形式,或者申请人按照要求提交全部补正申请材料的,应当受理并书面告知申请人;(2) 申请材料存在可以当场更正的错误的,应当告知申请人当场更正,申请人当场更正后,应当受理并书面告知申请人;(3) 申请材料不齐全或者不符合法定形式的,应当当场书面告知申请人不予受理并一次性告知需要补正的全部内容;(4) 申请登记的不动产不属于本机构登记范围的,应当当场书面告知申请人不予受理并告知申请人向有登记权的机构申请。不动产登记机构未当场书面告知申请人不予受理的,视为受理。”该条规定是有关初步审核的规定,初步审核的内容包括登记申请是否属于登记职责范围、登记材料是否齐全、申请材料是否符合法定形式等方面。

(二) 进一步查验

《不动产登记暂行条例》第18条规定:“不动产登记机构受理不动产登记申请的,应当按照下列要求进行查验:(1) 不动产界址、空间界限、面积等材料与申请登记的不动产状况是否一致;(2) 有关证明材料、文件与申请登记的内容是否一致;(3) 登记申请是否违反法律、行政法规规定。”该条规定是有关进一步查验的规定。进一步查验的方式可以是书面材料的比对,必要时也可以进行实地查看。须注意的是,不动产登记机构查验的对象是登记申请材料与不动产状况的一致性,而非对当事人间不动产交易关系之真实性的查验,当事人间是否存在着真实的交易关系、意思表示是否真实自由等问题,不属于不动产登记机构查验的范围。

(三) 不动产的实地查看

《不动产登记暂行条例》第19条规定:“属于下列情形之一的,不动产登记机构可以对申请登记的不动产进行实地查看:(1) 房屋等建筑物、构筑物所有权首次登记;(2) 在建建筑物抵押权登记;(3) 因不动产灭失导致的注销登记;(4) 不动产登记机构认为需要实地查看的其他情形。对可能存在权属争议,或者可能涉及他人利害关系的登记申请,不动产登记机构可以向申请人、利害关系人或者有关单位进行调查。不动产登记机构进行实地查看或者调查时,申请人、被调查人应当予以配合。”实地查看是登记实质审查主义的必然要求。通过实地查看,可以准确掌握申请登记的不动产的真实自然状况,可以有效地避免登记错误的发生。当然,实地查看费时耗力,成本较大,因而法律规定了只有在登记机构认为必要时才会采取实地查看措施。为保证实地查看的效果,本条还规定了不动产登记机构的调查权以及申请人、被调查人的配合义务。

三、完成登记

(一) 完成登记的期限

《不动产登记暂行条例》第20条规定:“不动产登记机构应当自受理登记申请之日起30个工作日内办结不动产登记手续,法律另有规定的除外。”这是有关登记期限的规定,不论是房地产登记还是其他不动产权利登记,都要统一地遵循这一期限规定。依此规定,不动产登记应于受理登记申请之日起30个工作日内完成登记。须注意的是,这一期限不包括公告期间。公告并非法定的登记程序,如果登记机构认为对特定事项需要公告的,或者法律规定应予公告的,则公告期间不计算在上述的办结期间内。

（二）完成登记的环节

完成登记包括两个环节：一是登簿，二是发证。所谓登簿，是指不动产登记机构将完全符合登记条件的不动产的自然状况信息和权利状况信息记载于登记簿的行为。登簿行为是不动产登记机构的单方行为。根据《不动产登记暂行条例》第21条第1款规定："登记事项自记载于不动产登记簿时完成登记。"完成登记后，不动产登记之相应效力即告发生。根据《不动产登记暂行条例》第2款规定："不动产登记机构完成登记，应当依法向申请人核发不动产权属证书或者登记证明。"这是有关登记完成后发证的规定。须注意的是，发证并非登记完成的标志，也不是登记完成的必经程序，而是登记完成后的附随性行为。

（三）不予登记的情形

《不动产登记暂行条例》第22条规定："登记申请有下列情形之一的，不动产登记机构应当不予登记，并书面告知申请人：(1) 违反法律、行政法规规定的；(2) 存在尚未解决的权属争议的；(3) 申请登记的不动产权利超过规定期限的；(4) 法律、行政法规规定不予登记的其他情形。"就第一项规定的情形而言，仅指违反法律、行政法规规定的不予登记；如果违反的是行政规章、地方性法规、地方政府规章，在解释上就不能认为属于因违法而不能登记的情形。就第二项规定的情形而言，国土资源部于2003年1月3日颁布了《土地权属争议调查处理办法》（国土资源部第17号令），专门就土地权属争议的处理作出了规定。这一规定在《不动产登记暂行条例》施行后，仍有解释论意义。就第三项规定的情形而言，其所指就是土地承包经营权、建设用地使用权、海域使用权、地役权等有法定期限或约定期限的物权的登记；如果是不存在期限限制的物权，如宅基地使用权、集体土地所有权、房屋所有权等权利，则不会发生因逾期而不予登记的情形。

第四节　登记错误的损害赔偿责任

《物权法》第21条分别就当事人虚假登记的损害赔偿责任和登记机构错误登记的损害赔偿责任作了规定。《不动产登记暂行条例》第29条规定："不动产登记机构登记错误给他人造成损害，或者当事人提供虚假材料申请登记给他人造成损害的，依照《中华人民共和国物权法》的规定承担赔偿责任。"据此，《物权法》第21条规定是房地产登记错误损害赔偿的请求权基础和责任承担依据。

从责任形态上说，房地产登记错误的损害赔偿责任有单独责任、按份责任和连带责任三种。

一、单独责任

单独责任是一种单一主体责任。在房地产错误登记的损害赔偿责任中，可以表现为登记申请人的单独责任，也可以表现为登记机构的单独责任。

《物权法》第21条第1款规定："当事人提供虚假材料申请登记，给他人造成损害的，应当承担赔偿责任。"此时的赔偿责任即为申请当事人的单独责任。当事人的单独责任应实行无过错责任原则，即提交虚假登记材料的当事人不论其是否具有过错，凡是因材料不真实造成登记错误，进而因登记错误而给他人造成损害的，提供虚假材料的当事人就应当承担损害赔偿责任。

《物权法》第21条第2款规定:“因登记错误,给他人造成损害的,登记机构应当承担赔偿责任。登记机构赔偿后,可以向造成登记错误的人追偿。”此时的赔偿责任即为登记机构的单独责任。申言之,因登记机构及其工作人员的过错导致登记错误,给他人造成损害的,登记机构应当承担赔偿责任。应指出的是,登记机构的单独责任应是一种过错推定责任,如果登记机构能够举证证明自身并无过错(如登记错误的原因在于申请人提供虚假登记材料所造成)的,则应由造成登记错误的他人承担赔偿责任。还须指出的是,如果是因登记机构工作人员的过错造成登记错误的,只有在工作人员对于登记错误存在故意或者重大过失的情况下,登记机构才能向自己的工作人员追偿;如果仅为轻过失,则原则上不得向其追偿。

二、按份责任

按份责任发生在当事人和登记机构对登记错误的发生都存在原因力的情形。如果因申请人提供虚假材料办理不动产登记,而不动产登记机构又未尽合理审慎的注意义务致使登记错误给他人造成损害的,则应当根据双方各自的行为在损害发生中所起的原因力分别承担相应的责任。能够确定责任大小的(原因大小的),各自承担相应的责任;难以确定责任大小的(原因大小的),则应当平均承担责任。

三、连带责任

连带责任发生在当事人与登记机构的工作人员恶意串通损害第三人利益,以及第三人与登记机构的工作人员恶意串通损害登记当事人或利害关系人利益的情形。如果是前者情形,则应由恶意串通的当事人和登记机构对第三人承担连带赔偿责任;如果是后者情形,则应由恶意串通的第三人和登记机构对登记当事人或者登记利害关系人承担连带赔偿责任。登记机构赔偿后,可以向恶意串通的本机构工作人员追偿。

本章讨论案例

1. 原告陆甲、陆乙、陆丙系同胞兄妹,第三人陆某为原告之父。位于某市中山路22号的一座二层楼房,由第三人陆某、原告陆甲及其妻、子女共同生活居住使用。因听说该房屋所处地段要进行征收搬迁,第三人向被告某市房地产管理部门提交申请书,要求将上述房屋所有权登记归其所有。被告收到申请后,依法审查了第三人提交的造房批准书、产权登记墙界表,以该房屋所有权清楚、证件齐全、手续完备为由,为第三人核发了“房屋所有权证”。但原告认为,上述房屋是原告与第三人共同出资建造的,属于家庭共有财产,被告未调查、核实,擅自将有产权争议的房屋所有权证颁发给第三人,侵犯了原告的合法权益,请求法院撤销该房屋登记。经法院查明:第三人陆某向被告提交的造房批准书户名经过更改,与档案材料中的申请人户名不一致。

问:法院应否撤销被告所颁发的房屋所有权证?

2. 原告于某与被告董某签订了一份房屋买卖协议,约定:坐落在某市桂花街103号的门面营业房一间,是于某的私有财产,现由杨某租用;在征求杨某同意后,于某将此房作价12万元卖给董某;房屋出卖后,原租赁协议继续有效。合同签订后第二天,被告董某付给原告于某现金12万元。董某以出租人身份,继续出租该房。但因于某在出卖房屋后即搬到他市居住,双方失去了联系,以致一直没有办理房屋产权和建设用地使用权的变更登记手续。后经多方查找,董某找到了于某,遂要求于某办理房屋产权及建设用地使用权的变更登记手续,但于某不仅拒绝这一请求,还要求董某返还房屋。在遭到董某的拒绝后,于某向法院提起了诉讼,要求法院确认房屋买卖合同无效。

问:本案的房屋买卖合同是否有效?于某应否履行房屋产权和建设用地使用权变更登记的义务?

3. 某县某小区48号楼602室房屋为第三人倪某丈夫蔡某所有。2005年1月,经倪某提供蔡某身份证原件,第三人王某伪造了照片为其本人、其余信息为蔡某的假身份证,又以校友关系找到该县房地产交易中心工作人员袁某,以做生意急需资金,朋友蔡某愿将其房屋为王某作抵押贷款为由,请袁某帮忙。袁某利用职务之便,明知王某并非蔡某本人,却受理了王某补办权利人为蔡某的房地产权证申请,并通知王某领取了补办的房地产权证。同时,原告郁某经人介绍,在未事先实地查看涉案房屋的情况下,即与王某签订了《房地产买卖合同》,约定购房总价为人民币25万元,合同的签署日期填写为2005年1月18日。次日,袁某为王某办理了将该房屋出售给原告郁某的房地产登记受理手续,并出具了收件收据。原告郁某亦向王某支付了购房款人民币25万元。同年2月1日,原告郁某取得了上述房屋登记日期为2005年1月19日的房地产权证。2005年1月19日,原告郁某又与第三人王某、倪某签订了房屋租赁协议,约定系争房屋由蔡某、倪某继续租赁居住。在上述房屋买卖交易的过程中,第三人倪某与王某冒充夫妻关系参与办理了房屋买卖的相关手续。系争房屋由蔡某、倪某继续租赁居住。后案发。2005年9月2日,该县人民法院一审判决王某犯贷款诈骗罪、诈骗罪,数罪并罚,决定执行有期徒刑18年,并处罚金55000元。另责令王某退赔原告郁某25万元。王某不服提起上诉,二审维持了该刑事判决。2006年1月16日,经蔡某起诉,该县人民法院作出系争房屋归蔡某所有的判决。2006年2月22日,该县房地产交易中心将系争房屋的产权人由郁某更正为蔡某。2006年11月1日,郁某向人民法院提起行政赔偿诉讼,要求被告某市房地局向其赔偿购房款人民币25万元。

问:原告郁某的诉讼请求能否得到支持?

第四章

房地产开发法律制度

第一节　房地产开发概述

一、房地产开发的概念和特点

房地产开发是指在依法取得建设用地使用权的国有土地上进行基础设施、房屋建设的行为。房地产开发具有如下特点：

（一）房地产开发是在建设用地上从事的经济活动

根据土地用途的不同，《土地管理法》将土地分为农用地、建设用地和未利用地三类。而根据《土地管理法》第43条的规定，任何单位和个人进行建设，需要使用土地的，必须依法申请使用国有土地；只有在例外情形下，兴办乡镇企业和村民建设住宅经依法批准使用本集体经济组织农民集体所有的土地的，或者乡（镇）村公共设施和公益事业建设经依法批准使用农民集体所有的土地的除外。进而，根据同法第44条的规定，建设占用土地，涉及农用地转为建设用地的，应当办理农用地转用审批手续。由上述规定可见，房地产开发用地仅为建设用地，农用地不得用于房地产开发。同样由上述规定可见，用于开发房地产的建设用地原则上是指国有建设用地，集体建设用地仅在法定的例外情形下方可用于房地产开发建设。党的十八届三中全会通过的《中共中央关于全面深化改革若干重大问题的决定》指出："在符合规划和用途管制前提下，允许农村集体经营性建设用地出让、租赁、入股，实行与国有土地同等入市、同权同价。"可以预见，《土地管理法》的修改必会将上述决定内容纳入立法范畴。这就意味着房地产开发用地原则上为国有建设用地的时代即将过去，国有建设用地和集体建设用地享有平等的房地产开发用地地位的时代即将到来。

（二）房地产开发的目的是提高土地和房屋的建设使用功能

房地产开发是进行基础设施和房屋建设的行为，即土地开发和房产开发。所谓土地开发，是指通过供排水、供电、供热等设施的建设和土地平整将自然状态的土地变为可建造房屋及其他建筑物的土地；所谓房产开发，是指在完成基础设施建设的土地上建设房屋等建筑物，包括住宅楼、工业厂房、商业楼宇、写字楼以及其他专门用房。

（三）房地产开发是一项涉及面广的综合性的经济活动

房地产开发涉及许多部门，如土地管理、建设管理、房产管理、规划、税收、工商、消防、环保、卫生、园林绿化等部门。此外，还需要勘测、设计、施工、监理、银行等单位的合作和配合，缺少这些单位的协作,房地产开发活动则难以顺利完成。因而,房地产开发是涉及面很广的、复杂的、综合性的经济活动。

(四) 房地产开发是投资量大、回收期长、风险性高的一项经济活动

房地产开发需要大量的资金投入,一个房地产开发项目,耗资少则千万,多则亿计。这些资金,大部分离不开金融机构的支持。房地产开发项目回收期长,资金投入越大,回收期就会越长。此外,房地产开发项目的完成,也需要很长的一段时间。一个房地产开发项目通常要经过立项、可行性研究、取得建设用地使用权、开发建设和经营销售五大环节,每一个环节的实现都需要时间和资金,这些投入只有在房地产销售后才能收回。在资金回收期间,社会需求的变化,市场行情的变化,国家法律政策的变化,以及不可抗力等因素都会对房地产业产生巨大影响,这也给房地产业的经营带来巨大的风险。

二、房地产开发的种类

根据不同的标准,房地产开发可作如下分类:

(一) 新区开发与旧区改造

按照房地产开发的对象,房地产开发可以分为新区开发与旧区改造。

新区开发是根据土地利用总体规划和城市规划,将农用地和未利用地开发建设成为居住、商用以及其他用途的建设用地。依照《城乡规划法》第 30 条的规定,城市新区的开发和建设,应当合理确定建设规模和时序,充分利用现有市政基础设施和公共服务设施,严格保护自然资源和生态环境,体现地方特色。在城市总体规划、镇总体规划确定的建设用地范围以外,不得设立各类开发区和城市新区。

旧区改造是根据城市规划的需要将现有开发利用的旧城区改造翻新、重新建设,变成新的建成区。依照《城乡规划法》第 31 条的规定,旧城区的改建,应当保护历史文化遗产和传统风貌,合理确定拆迁和建设规模,有计划地对危房集中、基础设施落后等地段进行改建。历史文化名城、名镇、名村的保护以及受保护建筑物的维护和使用,应当遵守有关法律、行政法规和国务院的规定。

(二) 单项开发、成片开发与小区开发

按照房地产开发的方式,房地产开发可以分为单项开发、成片开发与小区开发。

单项开发通常是指在旧区改造或新区开发中形成的一个相对独立的开发项目。单项开发规模相对较小、占地少、项目功能和配套设施相对较为单一。

成片开发是指在取得建设用地使用权后,依照规划对土地进行综合性的开发建设,建设供排水、供电、供热、道路交通、通信等公用设施,形成工业用地和其他建设用地条件,然后转让建设用地使用权,经营公用事业,或者建设通用工业厂房以及相配套的生产和生活服务设施等地面建筑物,并对这些地面建筑物从事转让或出租的经营活动。

小区开发有两种形式:一种是新城区开发中的一个小区综合房屋开发,要求在开发区范围内做到基础设施和配套项目齐全,功能完善,这是目前住宅开发的主要方式;另一种是在旧城区更新改造中的局部改建。

(三) 政府开发与非政府开发

按照房地产开发的主体,房地产开发可以分为政府开发与非政府开发。

政府开发一般是由政府投资并组织人力、物力对土地进行前期开发,然后出让建设用地

使用权。

非政府开发主要是由房地产开发企业进行的房地产开发,也包括自然人、法人、其他组织等非房地产开发企业的开发。目前,房地产开发企业进行的房地产开发是最主要的形式。

(四) 经营性开发与自用性开发

按照房地产开发的目的,房地产开发可以分为经营性开发与自用性开发。

经营性开发是指房地产开发企业以房地产交易为目的所进行的房地产开发。这种房地产开发的目的在于通过开发建设、出售房地产获取利润的回报。

自用性开发是指开发者为了满足自己的办公、生产、经营或者居住需要所进行的房地产开发。这种房地产开发的目的并不在于将开发的房地产作为商品出售,而是将房地产作为生产资料或生活自用。

在房地产法上,通常所称的房地产开发是指经营性开发。

(五) 单独开发与合作开发

按照房地产开发的主体人数,房地产开发可以分为单独开发与合作开发。

单独开发是指由单一的房地产开发主体所进行的房地产开发。这是房地产开发的基本形式。

合作开发是指由两个以上的房地产开发主体以提供建设用地使用权、资金等作为共同投资、共享利润、共担风险为基本内容的房地产开发。房地产合作开发具有如下特点:(1) 房地产合作开发存在两个以上的开发主体,且双方应签订合作开发房地产合同。(2) 当事人双方共同投资,即一方以建设用地使用权出资,另一方以资金出资。这也就是通常所说的“一方出地,另一方出钱”。(3) 当事人双方共享利益、共担风险。如果在房地产合作开发中,当事人约定一方只投资但不承担经营风险的,则不属于房地产合作开发,而应依具体情况确定为相关法律关系。对此,最高人民法院《关于审理涉及国有土地使用权合同纠纷案件适用法律问题的解释》第 24 条至第 27 条规定:合同约定提供建设用地使用权的当事人不承担经营风险,只收取固定利益的,应当认定为建设用地使用权转让合同;合同约定提供资金的当事人不承担经营风险,只分配固定数量房屋的,应当认定为房屋买卖合同;合同约定提供资金的当事人不承担经营风险,只收取固定数额货币的,应当认定为借款合同;合同约定提供资金的当事人不承担经营风险,只以租赁或者其他形式使用房屋的,应当认定为房屋租赁合同。

三、房地产开发的原则

《城市房地产管理法》第 25 条规定:“房地产开发必须严格执行城市规划,按照经济效益、社会效益、环境效益相统一的原则,实行全面规划、合理布局、综合开发、配套建设。”《城市房地产开发经营管理条例》(国务院令〔1998〕第 248 号,2011 年修订)第 3 条亦规定:“房地产开发经营应当按照经济效益、社会效益、环境效益相统一的原则,实行全面规划、合理布局、综合开发、配套建设。”根据上述规定,房地产开发的原则主要体现在以下几个方面:

(一) 严格执行城市规划的原则

城市规划是为了实现一定时期内城市的经济和社会发展目标,确定城市的性质、规模和发展方向,合理利用城市土地、协调城市空间布局和管理城市的基本依据,是保证城市经济和社会发展目标的重要手段。作为城市建设重要组成部分的房地产开发,其开发建设必须符合城市规划的要求,服从城市规划管理。对此,《城乡规划法》作了明确要求,例如:(1) 城市的建设和发展,应当优先安排基础设施以及公共服务设施的建设,妥善处理新区开发与旧区改建的关系(第29条)。(2) 城市地下空间的开发和利用,应当与经济和技术发展水平相适应,遵循统筹安排、综合开发、合理利用的原则,充分考虑防灾减灾、人民防空和通信等需要,并符合城市规划,履行规划审批手续(第33条)。(3) 城乡规划确定的铁路、公路、港口、机场、道路、绿地、输配电设施及输电线路走廊、通信设施、广播电视设施、管道设施、河道、水库、水源地、自然保护区、防汛通道、消防通道、核电站、垃圾填埋场及焚烧厂、污水处理厂和公共服务设施的用地以及其他需要依法保护的用地,禁止擅自改变用途(第35条)。(4) 按照国家规定需要有关部门批准或者核准的建设项目,以划拨方式提供国有建设用地使用权的,建设单位在报送有关部门批准或者核准前,应当向城乡规划主管部门申请核发选址意见书(第36条)。(5) 在城市、镇规划区内以划拨方式提供国有建设用地使用权的建设项目,经有关部门批准、核准、备案后,建设单位应当向城市、县人民政府城乡规划主管部门提出建设用地规划许可申请,由城市、县人民政府城乡规划主管部门依据控制性详细规划核定建设用地的位置、面积、允许建设的范围,核发建设用地规划许可证。建设单位在取得建设用地规划许可证后,方可向县级以上地方人民政府国土资源管理部门申请用地,经县级以上人民政府审批后,由国土资源管理部门划拨土地(第37条)。(6) 在城市、镇规划区内以出让方式提供国有建设用地使用权的,在国有建设用地使用权出让前,城市、县人民政府城乡规划主管部门应当依据控制性详细规划,提出出让地块的位置、使用性质、开发强度等规划条件,作为国有建设用地使用权出让合同的组成部分。未确定规划条件的地块,不得出让国有建设用地使用权。以出让方式取得国有建设用地使用权的建设项目,在签订国有建设用地使用权出让合同后,建设单位应当持建设项目的批准、核准、备案文件和国有建设用地使用权出让合同,向城市、县人民政府城乡规划主管部门领取建设用地规划许可证。城市、县人民政府城乡规划主管部门不得在建设用地规划许可证中,擅自改变作为国有建设用地使用权出让合同组成部分的规划条件(第38条)。(7) 在城市、镇规划区内进行建筑物、构筑物、道路、管线和其他工程建设的,建设单位或者个人应当向城市、县人民政府城乡规划主管部门或者省、自治区、直辖市人民政府确定的镇人民政府申请办理建设工程规划许可证(第40条)。(8) 建设单位应当按照规划条件进行建设;确需变更的,必须向城市、县人民政府城乡规划主管部门提出申请(第43条)。(9) 在城市、镇规划区内进行临时建设的,应当经城市、县人民政府城乡规划主管部门批准。临时建设应当在批准的使用期限内自行拆除(第44条)。(10) 县级以上地方人民政府城乡规划主管部门按照国务院规定对建设工程是否符合规划条件予以核实。未经核实或者经核实不符合规划条件的,建设单位不得组织竣工验收(第45条)。

(二) 经济效益、社会效益和环境效益相统一原则

在房地产开发中,经济效益、社会效益和环境效益三者相互依存、相互促进,缺一不可,是一个统一的整体。因此,在房地产市场结构形成的过程中,一定要避免出现只注重经济效益而忽略社会效益和环境效益的现象。这一方面要引导房地产投资者树立全局观念、长远观念,服从社会整体利益,自觉地遵守城市规划的各项法规、技术规范;另一方面,管理部门要通过一系列的法律法规、政策去规范房地产投资者的行为,克服投资者的单纯追求经济效

益的倾向。

为贯彻经济效益、社会效益和环境效益相统一原则,《城市房地产开发经营管理条例》第11条规定:“确定房地产开发项目,应当坚持旧区改建和新区建设相结合的原则,注重开发基础设施薄弱、交通拥挤、环境污染严重以及危旧房屋集中的区域,保护和改善城市生态环境,保护历史文化遗产。”

(三)全面规划、合理布局、综合开发、配套建设的原则

全面规划要求房地产开发一方面要执行城市总体规划,另一方面要对房地产开发区进行科学合理规划。合理布局要求不论是在城市新区还是旧区进行房地产开发,各项开发项目的选址、定点等,都不得妨碍城市的发展,危害城市的安全,破坏城市的环境,影响城市的各项功能。综合开发要求房地产开发企业要统一承担开发区的勘测、设计、征地、拆迁,进行道路、给水、排水、供电、供气、供热、通讯、绿化等工程建设,并统一承担住宅、生活服务设施、商业网点、文教卫生建筑等的建设,逐渐形成完整的住宅小区,满足人们多方面的需求。配套建设要求各综合开发单位按照批准的开发方案和“先地下、后地上”的原则,配套进行房屋、各项市政公用和生活服务设施建设。

第二节 房地产开发用地

一、房地产开发用地概述

房地产开发用地是指进行房地产开发建设、经营使用的土地。依照我国现行法的规定,房地产开发用地原则上是国有土地,而房地产开发者在国有土地上进行房地产开发建设,则必须取得建设用地使用权。

(一)建设用地使用权的概念和特点

《物权法》第135条规定:“建设用地使用权人依法对国家所有的土地享有占有、使用和收益的权利,有权利用该土地建造建筑物、构筑物及其附属设施。”可见,建设用地使用权是指建设用地使用权人对国家所有的土地享有占有、使用、收益以及利用该土地建造建筑物、构筑物及其附属设施的权利。建设用地使用权具有以下特点:

1. 建设用地使用权的目的具有特定性

关于建设用地使用权的目的,可以从三个方面界定:(1)建设用地使用权是以在土地之上建造建筑物、构筑物及其附属设施为目的权利。(2)建设用地使用权人在土地上建造建筑物、构筑物及其附属设施的目的在于取得其所有权。对此,《物权法》第142条规定:“建设用地使用权人建造的建筑物、构筑物及其附属设施的所有权属于建设用地使用权人,但有相反证据证明的除外。”(3)建设用地使用权是以开发经营或公益事业为目的而使用土地的权利。

2. 建设用地使用权的主体具有广泛性

《土地管理法》第9条规定:“国有土地和农民集体所有的土地,可以依法确定给单位或者个人使用。”《城镇国有土地使用权出让和转让暂行条例》第3条规定:“中华人民共和国境内外的公司、企业、其他组织和个人,除法律另有规定者外,均可依照本条例的规定取得土地使用权,进行土地开发、利用、经营。”可见,建设用地使用权的主体具有相当的广泛性,不

论是国家机关、公益事业单位、法人、非法人组织，还是自然人，都可以依法取得建设用地使用权，成为建设用地使用权人。

3. 建设用地使用权的客体具有限定性

建设用地使用权只能设立于建设用地之上，农用地之上不得成立建设用地使用权。依照我国现行法的规定，房地产开发用地原则上是国有土地。因此，建设用地使用权的客体一般为国有土地。《城市房地产管理法》第9条规定："城市规划区的集体所有的土地，经依法征用转为国有土地后，该幅国有土地的使用权可有偿出让。"[①]建设用地使用权以建设用地为客体，但其范围不限于地表，地上或者地下的一定空间亦可以设立建设用地使用权。

4. 建设用地使用权原则上具有期限性和有偿性

《城市房地产管理法》第3条规定："国家依法实行国有土地有偿、有期限使用制度。但是，国家在本法规定的范围内划拨国有土地使用权的除外。"可见，建设用地使用权的取得以有期限为原则。关于以出让方式取得的建设用地使用权的期限，《城镇国有土地使用权出让和转让暂行条例》第12条规定了不同用途的建设用地使用权的最高年限：(1) 居住用地70年；(2) 工业用地50年；(3) 教育、科技、文化、卫生、体育用地50年；(4) 商业、旅游、娱乐用地40年；(5) 综合或者其他用地50年。

建设用地使用权的取得以有偿为原则。关于建设用地使用权的有偿性，《物权法》第141条规定："建设用地使用权人应当依照法律规定以及合同约定支付出让金等费用。"因此，凡是以出让方式取得的建设用地使用权，权利人均须支付出让金。依照我国现行法的规定，只有在例外情况下，以划拨方式取得的建设用地使用权才无须支付出让金。当然，不支付建设用地使用权出让金，并不等于不支付任何费用。以划拨方式取得建设用地使用权的权利人应当依照法律规定支付安置、补偿等费用，只是这种费用并不是取得建设用地使用权的对价。

（二）建设用地使用权的分类

根据不同的标准，建设用地使用权可以划分为不同的类型，主要有：

1. 出让建设用地使用权与划拨建设用地使用权

根据建设用地使用权的取得方式，建设用地使用权可以分为出让建设用地使用权与划拨建设用地使用权。出让建设用地使用权是指建设用地使用权人通过法律规定的出让方式向国家支付出让金而取得的建设用地使用权；划拨建设用地使用权是指建设用地使用权人通过法律规定的划拨方式无偿取得的建设用地使用权。

出让建设用地使用权与划拨建设用地使用权的区别主要在于：(1) 取得方式不同。出让建设用地使用权是通过出让的方式取得的，而划拨建设用地使用权是通过划拨的方式取得的。(2) 有偿性不同。取得出让建设用地使用权须支付出让金，即出让建设用地使用权的取得是有偿的；而取得划拨建设用地使用权无须支付出让金，即划拨建设用地使用权的取得是无偿的。(3) 可流转性不同。出让建设用地使用权可以转让、互换、出资、赠与、抵押，

---

① 2007年8月30日第十届全国人民代表大会常务委员会第二十九次会议通过的《全国人民代表大会常务委员会关于修改〈中华人民共和国城市房地产管理法〉的决定》，仅决定在第一章"总则"中增加一条，作为第6条，即《城市房地产管理法》中的征收条款，对其他条文未作修改。根据《物权法》第42条的规定，应将《城市房地产管理法》第9条规定中的"征用"修改为"征收"。

而划拨建设用地使用权除法律另有规定外，不得转让、互换、出资、赠与、抵押。（4）期限限制不同。出让建设用地使用权有明确的期限限制，而划拨建设用地使用权一般没有期限的限制。

2. 经营性建设用地使用权与公益性建设用地使用权

根据建设用地使用权的设立目的，建设用地使用权可以分为经营性建设用地使用权与公益性建设用地使用权。经营性建设用地使用权是指用于工业、商业、旅游、商品住宅等目的而设立的建设用地使用权；公益性建设用地使用权是指为行使国家行政管理职能，兴办教育、科学、文化、卫生、体育等各类公益事业，维护国家防务安全等目的而设立的建设用地使用权。

区分经营性建设用地使用权与公益性建设用地使用权的主要意义在于：在建设用地使用权的设立上，必须注意区别土地使用的目的。凡经营性建设用地使用权，原则上应采用出让方式设立；凡公益性建设用地使用权，原则上应采用划拨方式设立。

3. 住宅建设用地使用权与非住宅建设用地使用权

根据建设用地使用权的设立目的是否供居住使用，建设用地使用权可以分为住宅建设用地使用权与非住宅建设用地使用权。住宅建设用地使用权是指以从事住宅开发建设为目的而设立的建设用地使用权；非住宅建设用地使用权是指以从事工业、商业、旅游等住宅建设以外的其他建设为目的而设立的建设用地使用权。

区分住宅建设用地使用权与非住宅建设用地使用权的主要意义在于：住宅建设用地使用权期间届满时，应自动续期，因此，住宅建设用地使用权不因期间届满而消灭。对此，《物权法》第 149 条第 1 款规定："住宅建设用地使用权期间届满的，自动续期。"而非住宅建设用地使用权期间届满的，则不能自动续期，只能申请续期。《物权法》第 149 条第 2 款规定："非住宅建设用地使用权期间届满后的续期，依照法律规定办理。该土地上的房屋及其他不动产的归属，有约定的，按照约定；没有约定或者约定不明确的，依照法律、行政法规的规定办理。"《城市房地产管理法》第 22 条第 1 款规定："土地使用权出让合同约定的使用年限届满，土地使用者需要继续使用土地的，应当至迟于届满前一年申请续期，除根据社会公共利益需要收回该幅土地的，应当予以批准。经批准准予续期的，应当重新签订土地使用权出让合同，依照规定支付土地使用权出让金。"

4. 普通建设用地使用权与空间建设用地使用权

根据建设用地使用权所支配的土地范围，建设用地使用权可以分为普通建设用地使用权与空间建设用地使用权。以地表为权利支配客体的建设用地使用权，为普通建设用地使用权；以土地地表之上的一定空间和地表之下的一定空间为支配客体的建设用地使用权，为空间建设用地使用权。对此，《物权法》第 136 条明确规定："建设用地使用权可以在土地的地表、地上或者地下分别设立。新设立的建设用地使用权，不得损害已设立的用益物权。"

普通建设用地使用权与空间建设用地使用权的设立目的都在于建造建筑物、构筑物及其他附属设施，都产生于土地所有权，且两者均以土地为客体，只是客体的范围有所差别。普通建设用地使用权以地表界定其客体的范围，而空间建设用地使用权则以土地上下一定范围的空间界定其客体。但由于普通建设用地使用权与空间建设用地使用权均以"土地"为客体，以土地的"上下"为其范围，故两者仅有量的差异，而并无质的不同。

（三）建设用地使用权的效力

建设用地使用权的效力，主要是指建设用地使用权人的权利和义务。

1. 建设用地使用权人的权利

依照《物权法》第135条的规定，建设用地使用权人依法对国家所有的土地享有占有、使用和收益的权利，有权利用该土地建造建筑物、构造物及其附属设施。根据这一规定，建设用地使用权人享有如下主要权利：

（1）土地利用权。土地利用权是指建设用地使用权人对建设用地本身的占有、使用、收益的权利。一方面，建设用地使用权人有权利用土地从事建造建筑物、构筑物及其附属设施；另一方面，建设用地使用权人有权开发利用土地以获得一定的收益。

（2）权利处分权。权利处分权是指建设用地使用权人对其所拥有的建设用地使用权本身加以处分的权利。《物权法》第143条规定："建设用地使用权人有权将建设用地使用权转让、互换、出资、赠与或者抵押，但法律另有规定的除外。"依照我国现行法的规定，出让建设用地使用权原则上允许转让、互换、出资、赠与或抵押，而划拨建设用地使用权原则上不允许转让、互换、出资、赠与或抵押。建设用地使用权的权利处分权主要有两种类型：一是权利移转型的处分，其具体方式包括转让、互换、出资、赠与等；二是权利负担型的处分，其具体方式包括抵押、出租等。

（3）建筑物、构筑物以及附属设施的取得权。建筑物、构筑物以及附属设施的取得权是指建设用地使用权人对其建造的建筑物、构筑物及其附属设施，依法取得所有权的权利。对此，《物权法》第142条规定："建设用地使用权人建造的建筑物、构筑物及其附属设施的所有权属于建设用地使用权人，但有相反证据证明的除外。"《城市房地产管理法》第61条第2款亦规定："在依法取得的房地产开发用地上建成房屋的，应当凭土地使用权证书向县级以上地方人民政府房地产管理部门申请登记，由县级以上地方人民政府房产管理部门核实并颁发房屋所有权证书。"

（4）续期请求权。续期请求权是指当建设用地使用权存续期间届满时，权利人请求续展期限的权利。续期请求权仅适用于非住宅建设用地使用权，而不适用于住宅建设用地使用权。《物权法》第149条中规定："住宅建设用地使用权期间届满的，自动续期。非住宅建设用地使用权期间届满后的续期，依照法律规定办理。"

2. 建设用地使用权人的义务

（1）合理利用土地，不得改变土地用途的义务。《物权法》第140条规定："建设用地使用权人应当合理利用土地，不得改变土地用途；需要改变土地用途的，应当依法经有关行政主管部门批准。"这种义务是建设用地使用权人的法定义务，无论是出让建设用地使用权还是划拨建设用地使用权，建设用地使用权人均承担此项义务。所谓合理利用土地，是指建设用地使用权人应当按照法律的规定和合同的约定，合理开发、利用、经营土地。所谓不得改变土地用途，是指建设用地使用权人不得改变建设用地使用权出让合同约定的或者建设用地使用权划拨批准文件中规定的土地用途。在司法实践中，建设用地使用权人经出让人和市、县人民政府城市规划行政主管部门同意，改变建设用地使用权出让合同约定的土地用途的，出让人有权请求按照同种用途的建设用地使用权出让金标准调整出让金；如果建设用地使用权人擅自改变建设用地使用权出让合同约定的土地用途，出让人有权请求解除合同。[1]

(2)支付出让金等费用的义务。支付建设用地使用权出让金,是出让建设用地使用权人一项最基本的义务。《物权法》第141条规定:“建设用地使用权人应当依照法律规定以及合同约定支付出让金等费用。”《土地管理法》第55条第1款规定:“以出让等有偿使用方式取得国有土地使用权的建设单位,按照国务院规定的标准和办法,缴纳土地使用权出让金等土地有偿使用费和其他费用后,方可使用土地。”《城市房地产管理法》第17条中规定:“土地使用者按照出让合同约定支付土地使用权出让金的,市、县人民政府土地管理部门必须按照出让合同约定,提供出让的土地;未按照出让合同约定提供出让土地的,土地使用者有权解除合同,由土地管理部门返还土地使用权出让金,土地使用者并可以请求违约赔偿。”《城镇国有土地使用权出让和转让暂行条例》第16条规定:“土地使用者在支付全部土地使用权出让金后,应当依照规定办理登记,领取土地使用证,取得土地使用权。”可见,建设用地使用权人只有在支付了全部出让金的情况下,才能进行建设用地使用权登记,进而取得建设用地使用权。

(3)返还土地的义务。在建设用地使用权消灭时,建设用地使用权人不再享有继续占用土地的权利,因此,必须将土地返还于土地所有权人。建设用地使用权人在权利消灭时拒不返还土地的,则构成对土地的非法占用,依法应承担相应的责任。对此,《土地管理法》第80条规定:“依法收回国有土地使用权当事人拒不交出土地的,临时使用土地期满拒不归还的,或者不按照批准的用途使用国有土地的,由县级以上人民政府土地行政主管部门责令交还土地,处以罚款。”

(四)建设用地使用权的消灭

概括地说,建设用地使用权消灭的原因主要有:

1. 期间届满

期间届满主要是出让建设用地使用权消灭的原因,因为划拨建设用地使用权并没有期限的限制。同时,在出让建设用地使用权中,因住宅建设用地使用权期间届满后,自动续期,因此,住宅建设用地使用权也不会因期间届满而消灭。《城市房地产管理法》第22条第2款规定:“土地使用权出让合同约定的使用年限届满,土地使用者未申请续期或者虽申请续期但依照前款规定未获批准的,土地使用权由国家无偿收回。”

2. 土地使用权收回

土地使用权收回主要有以下几种情形:

(1)提前收回

《土地管理法》第58条中规定:“有下列情形之一的,由有关人民政府土地行政主管部门报经原批准用地的人民政府或者有批准权的人民政府批准,可以收回国有土地使用权:(1)为公共利益需要使用土地的;(2)为实施城市规划进行旧城区改建,需要调整使用土地的;……”这两项规定的土地收回,即为土地使用权尚未届期的提前收回。《城市房地产管理法》第20条更是明确规定:“国家对土地使用者依法取得的土地使用权,在出让合同约定的使用年限届满前不收回;在特殊情况下,根据社会公共利益的需要,可以依照法律程序提前收回,并根据土地使用者使用土地的实际年限和开发土地的实际情况给予相应的补偿。”《物

---

[1] 参见最高人民法院《关于审理涉及国有土地使用权合同纠纷案件适用法律问题的解释》第5—6条。

权法》第 148 条规定:“建设用地使用权期间届满前,因公共利益需要提前收回该土地的,应当依照本法第四十二条的规定对该土地上的房屋及其他不动产给予补偿,并退还相应的出让金。”

(2) 停用收回

《土地管理法》第 58 条中规定:“有下列情形之一的,由有关人民政府土地行政主管部门报经原批准用地的人民政府或者有批准权的人民政府批准,可以收回国有土地使用权:……(4) 因单位撤销、迁移等原因,停止使用原划拨的国有土地的;……”此即因停用而收回土地的规定,此种情形仅针对划拨国有土地的建设用地使用权而适用。

(3) 报废收回

《土地管理法》第 58 条中规定:“有下列情形之一的,由有关人民政府土地行政主管部门报经原批准用地的人民政府或者有批准权的人民政府批准,可以收回国有土地使用权:……(5) 公路、铁路、机场、矿场等经核准报废的。……”此即因用地项目报废而不再使用土地的报废收回情形。

(4) 违规收回

《城市房地产管理法》第 26 条中规定:“以出让方式取得土地使用权进行房地产开发的,必须按照土地使用权出让合同约定的土地用途、动工开发期限开发土地。超过出让合同约定的动工开发日期满一年未动工开发的,可以征收相当于土地使用权出让金百分之二十以下的土地闲置费;满二年未动工开发的,可以无偿收回土地使用权。”《土地管理法》第 37 条和《基本农田保护条例》(国务院令〔1998〕第 257 号,2011 年修订)第 18 条中都规定:“禁止任何单位和个人闲置、荒芜耕地。已经办理审批手续的非农业建设占用耕地,一年内不用而又可以耕种并收获的,应当由原耕种该幅耕地的集体或者个人恢复耕种,也可以由用地单位组织耕种;一年以上未动工建设的,应当按照省、自治区、直辖市的规定缴纳闲置费;连续二年未使用的,经原批准机关批准,由县级以上人民政府无偿收回用地单位的土地使用权。”此即因违反合同约定或法律规定而导致的违规收回情形。

3. 土地灭失

《城市房地产管理法》第 21 条规定:“土地使用权因土地灭失而终止。”一般地说,建设用地灭失的情况很少发生,但也并非不可能。因此,当土地因某种客观的原因(如地震、火山爆发等自然灾害)而灭失时,建设用地使用权即归于消灭。当然,如果土地仅是部分灭失的,则建设用地使用权只是部分灭失。就未灭失的土地部分,建设用地使用权仍为存续。

二、建设用地使用权的出让

(一) 建设用地使用权出让的概念和特点

建设用地使用权出让是指国家以土地所有权人的身份将建设用地使用权在一定年限内让与建设用地使用权人,并由建设用地使用权人向国家支付建设用地使用权出让金的行为。[①] 建设用地使用权出让具有如下特点:

1. 建设用地使用权出让由市、县人民政府国土资源管理部门代表国家进行

依照《城镇国有土地使用权出让和转让暂行条例》第 8 条和《城市房地产管理法》第 8

① 参见《城镇国有土地使用权出让和转让暂行条例》第 8 条、《城市房地产管理法》第 8 条。

条的规定,出让人应当是以土地所有权人身份出现的国家。但是,依照《城镇国有土地使用权出让和转让暂行条例》第 11 条和《城市房地产管理法》第 15 条的规定,出让人是市、县人民政府国土资源管理部门。其实,这两者并不矛盾,是从不同角度加以规定的。在建设用地使用权出让中,国家是实质上的出让人,而市、县人民政府国土资源管理部门是名义上的出让人。

这里的"市"包括全国各级市,"县"不包括县级的市辖区。除市、县人民政府国土资源管理部门外,任何部门都不能代表国家作为出让人。对此,最高人民法院《关于审理涉及国有土地使用权合同纠纷案件适用法律问题的解释》第 2 条规定:"开发区管理委员会作为出让方与受让方订立的土地使用权出让合同,应当认定无效。本解释实施前,开发区管理委员会作为出让方与受让方订立的土地使用权出让合同,起诉前经市、县人民政府土地管理部门追认的,可以认定合同有效。"

2. 建设用地使用权出让是经批准后才能实施的行为

依照《土地管理法》第 53 条的规定,经批准的建设项目需要使用国有建设用地的,建设单位应当持法律、行政法规规定的有关文件,向有批准权的县级以上人民政府国土资源管理部门提出建设用地申请,经国土资源管理部门审查,报本级人民政府批准。同时,依照《城市房地产管理法》的有关规定,建设用地使用权出让必须符合土地利用总体规划、城市规划和年度建设用地计划;县级以上人民政府出让建设用地使用权用于房地产开发的,必须根据省级以上人民政府下达的控制指标拟订年度出让建设用地使用权总面积方案,按照国务院规定,报国务院或者省级人民政府批准;建设用地使用权出让,由市、县人民政府有计划、有步骤地进行。出让的每幅地块、用途、年限和其他条件,由市、县人民政府国土资源管理部门会同城市规划、建设、房产管理部门共同拟订方案,按照国务院规定,报经有批准权的人民政府批准后,由市、县人民政府国土资源管理部门实施。[①]

3. 建设用地使用权出让是转移国有土地使用权的行为

建设用地使用权出让所转移的是一定期限内的国有土地的使用权,而不是国有土地所有权。建设用地使用权的出让是土地所有权人为建设用地使用权人设立建设用地使用权的行为。在法律性质上,建设用地使用权是从土地所有权分离出来的一种权利,属于他物权。建设用地使用权人可以在法律规定的范围内,占有、使用土地并获得收益,并受法律的保护。

4. 建设用地使用权出让是一种有偿、有期、要式行为

我国实行国有土地有偿使用制度,建设用地使用权人以出让方式取得国有土地使用权的,必须向国家支付建设用地使用权出让金。建设用地使用权人通过出让方式取得的建设用地使用权是有期限限制的,国家并不是无期限地将建设用地使用权出让给建设用地使用权人。建设用地使用权人通过出让方式取得建设用地使用权时,出让人与受让人应当签订书面合同。因此,建设用地使用权出让是一种有偿、有期、要式行为。

5. 建设用地使用权的出让是一种民事行为

从理论上说,建设用地使用权出让是一种民事行为。[②] 这是因为:(1) 从国家土地所有

---

① 参见《城市房地产管理法》第 10—12 条。

② 关于建设用地使用权出让的性质,理论上存在不同的看法,如行政行为说、民事行为说、经济法律行为说、行政行为与民事行为双重性质说等。

权的性质来看,国家土地所有权是一种民事权利。对此,《物权法》已经明确地将国家土地所有权规定为一种物权,因此,建设用地使用权的出让应是国家土地所有权行使的一种结果。(2) 从建设用地使用权出让的当事人来看,出让人虽然是代表国家行使土地所有权的市、县人民政府的国土资源管理部门,但在签订出让合同的过程中,国土资源管理部门并不是以管理者的身份出现的,其表现的是国家土地所有权代表的身份,双方在法律地位上是平等的,签订合同也是自愿的,国土资源管理部门不能利用其职权强迫受让人。(3) 从建设用地使用权出让的目的看,国家出让土地的目的并不是为了实施行政管理,并不是将出让合同作为实施行政管理的手段。国家出让土地的目的是为了实现土地的价值,体现土地的商品属性。(4) 从建设用地使用权出让的内容看,双方的权利义务是对等的,而且主要涉及私法内容。虽然出让合同中也涉及国土资源管理部门监督、管理土地使用职权的内容,但这些内容并不是源于合同约定,而是源于法律规定。即使出让合同不规定土地管理的内容,国土资源管理部门监督管理土地使用的职权仍然存在。

(二) 建设用地使用权出让的方式

依照我国现行法的规定,建设用地使用权出让可以采取下列方式:(1) 协议;(2) 招标;(3) 拍卖。[①] 此外,《招标拍卖挂牌出让国有建设用地使用权规定》(国土资源部令〔2007〕第39号)还规定了"挂牌"出让方式。其中,协议出让属于协商方式,而招标出让、拍卖出让、挂牌出让属于公开竞价方式。

1. 协商方式

建设用地使用权出让的协商方式为协议出让。所谓协议出让,是指国家以协议方式将建设用地使用权在一定年限内出让给建设用地使用权人,由建设用地使用权人向国家支付建设用地使用权出让金的行为。[②] 依照《协议出让国有土地使用权规定》(国土资源部令〔2003〕第21号)的精神,以协议出让的方式取得建设用地使用权的,应当注意如下主要问题:

(1) 协议出让方式只能在法律、法规和规章没有规定应当采用招标、拍卖或者挂牌方式的情况下适用。就是说,只要法律、法规和规章规定建设用地使用权应当采取招标、拍卖、挂牌方式出让的,就不能采取协议出让方式。

(2) 以协议方式出让建设用地使用权的出让金不得低于按国家规定所确定的最低价;协议出让的出让金最低价不得低于新增建设用地的土地有偿使用费、征地补偿费用以及按照国家规定应当缴纳的有关税费之和;有基准地价的地区,协议出让的出让金最低价不得低于出让地块所在级别基准地价的70%。

如果协议出让的出让金低于订立出让合同时当地政府按照国家规定确定的最低价的,该价格条款无效。对此,最高人民法院《关于审理涉及国有土地使用权合同纠纷案件适用法律问题的解释》第3条规定:"经市、县人民政府批准同意以协议方式出让的土地使用权,土地使用权出让金低于订立合同当时当地政府按照国家规定确定的最低价的,应当认定土地使用权出让合同约定的价格条款无效。当事人请求按照订立合同时的市场评估价格交纳土地使用权出让金的,应予支持;受让方不同意按照市场评估价格补足,请求解除合同的,应予

① 参见《物权法》第138条、《城镇国有土地使用权出让和转让暂行条例》第13条、《城市房地产管理法》第13条。

② 参见《协议出让国有土地使用权规定》第2条。

支持。因此造成的损失,由当事人按照过错承担责任。”

(3) 市、县人民政府国土资源管理部门应当根据经济社会发展计划、国家产业政策、土地利用总体规划、土地利用年度计划、城市规划和土地市场状况,编制建设用地使用权出让计划,报同级人民政府批准后组织实施。建设用地使用权出让计划经批准后,市、县人民政府国土资源管理部门应当在土地有形市场等指定场所,或者通过报纸、互联网等媒介向社会公布。建设用地使用权出让计划应当包括年度土地供应总量、不同用途土地供应面积、地段以及供地时间等内容。

建设用地使用权出让计划公布后,需要使用土地的单位和个人可以根据建设用地使用权出让计划,在市、县人民政府国土资源管理部门公布的时限内,向市、县人民政府国土资源管理部门提出意向用地申请。市、县人民政府国土资源管理部门公布计划接受申请的时间不得少于30日。

(4) 对符合协议出让条件的,市、县人民政府国土资源管理部门会同城市规划等有关部门,依据建设用地使用权出让计划、城市规划和意向用地者申请的用地项目类型、规模等,制定协议出让土地方案。协议出让土地方案应当包括拟出让地块的具体位置、界址、用途、面积、年限、土地使用条件、规划设计条件、供地时间等。

(5) 市、县人民政府国土资源管理部门应当根据国家产业政策和拟出让地块的情况,按照城镇土地估价规程的规定,对拟出让地块的土地价格进行评估,经市、县人民政府国土资源管理部门集体决策,合理确定协议出让底价,但协议出让底价不得低于协议出让最低价。协议出让底价确定后应当保密,任何单位和个人不得泄露。

(6) 协议出让土地方案和底价经有批准权的人民政府批准后,市、县人民政府国土资源管理部门应当与意向用地者就土地出让价格等进行充分协商,协商一致且议定的出让价格不低于出让底价的,方可达成协议。

市、县人民政府国土资源管理部门应当根据协议结果,与意向用地者签订建设用地使用权出让合同。出让合同签订后7日内,市、县人民政府国土资源管理部门应当将协议出让结果在土地有形市场等指定场所,或者通过报纸、互联网等媒介向社会公布,接受社会监督。公布协议出让结果的时间不得少于15日。

建设用地使用权人按照出让合同的约定,付清建设用地使用权出让金、依法办理土地登记手续后,取得建设用地使用权。

2. 竞价方式

建设用地使用权出让的竞价方式包括招标出让、拍卖出让和挂牌出让。依照《招标拍卖挂牌出让国有建设用地使用权规定》第2条的规定,招标出让是指出让人发布招标公告,邀请特定或者不特定的自然人、法人和其他组织参加建设用地使用权投标,根据投标结果确定建设用地使用权人的行为;拍卖出让是指出让人发布拍卖公告,由竞买人在指定时间、地点进行公开竞价,根据出价结果确定建设用地使用权人的行为;挂牌出让是指出让人发布挂牌公告,按公告规定的期限将拟出让宗地的交易条件在指定的土地交易场所挂牌公布,接受竞买人的报价申请并更新挂牌价格,根据挂牌期限截止时的出价结果确定建设用地使用权人的行为。

依照我国现行法及其他相关规定,以竞价方式取得建设用地使用权的,应当注意如下问题:

（1）竞价方式的适用包括两种情形：一是工业、商业、旅游、娱乐和商品住宅等各类经营性用地，应当以招标、拍卖或者挂牌方式出让；二是同一宗地有两个以上意向用地者的，应当采用招标、拍卖或者挂牌方式出让。

（2）招标、拍卖或者挂牌出让活动，应当有计划地进行。市、县人民政府国土资源管理部门根据经济社会发展计划、产业政策、土地利用总体规划、土地利用年度计划、城市规划和土地市场状况，编制建设用地使用权出让年度计划，报经同级人民政府批准后，及时向社会公开发布。

市、县人民政府国土资源管理部门应当按照出让年度计划，会同城市规划等有关部门共同拟订招标拍卖挂牌出让地块的出让方案，报经市、县人民政府批准后，由市、县人民政府国土资源管理部门组织实施。

出让人应当根据招标拍卖挂牌出让地块的情况，编制招标拍卖挂牌出让文件。招标拍卖挂牌出让文件应当包括出让公告、投标或者竞买须知、土地使用条件、标书或者竞买申请书、报价单、中标通知书或成交确认书、建设用地使用权出让合同文本。

（3）出让人应当至少在投标、拍卖或者挂牌开始日前20日，在土地有形市场或指定的场所、媒介发布招标、拍卖或者挂牌公告，公布招标拍卖挂牌出让宗地的基本情况和招标拍卖挂牌的时间、地点。招标拍卖挂牌公告应当包括下列内容：① 出让人的名称和地址；② 出让宗地的面积、界址、空间范围、现状、使用年期、用途、规划指标要求；③ 投标人、竞买人的资格要求及申请取得投标、竞买资格的办法；④ 索取招标拍卖挂牌出让文件的时间、地点及方式；⑤ 招标拍卖挂牌时间、地点、投标挂牌期限、投标和竞价方式等；⑥ 确定中标人、竞得人的标准和方法；⑦ 投标、竞买保证金；⑧ 其他需要公告的事项。

（4）市、县人民政府国土资源管理部门应当根据土地估价结果和政府产业政策综合确定标底或者底价，但标底或者底价不得低于国家规定的最低价标准。确定招标标底，拍卖和挂牌的起叫价、起始价、底价，投标、竞买保证金，应当实行集体决策。招标标底和拍卖挂牌的底价，在招标开标前和拍卖挂牌出让活动结束之前应当保密。

出让人在招标拍卖挂牌出让公告中不得设定影响公平、公正竞争的限制条件。挂牌出让的，出让公告中规定的申请截止时间，应当为挂牌出让结束日前2天。对符合招标拍卖挂牌公告规定条件的申请人，出让人应当通知其参加招标拍卖挂牌活动。市、县人民政府国土资源管理部门应当为投标人、竞买人查询拟出让土地的有关情况提供便利。

（5）投标、开标依照下列程序进行：① 投标人在投标截止时间前将标书投入标箱。招标公告允许邮寄标书的，投标人可以邮寄，但出让人投标截止时间前收到的方为有效；标书投入标箱后，不可撤回。投标人应对标书和有关书面承诺承担责任。② 出让人按照招标公告规定的时间、地点开标，邀请所有投标人参加。由投标人或者其推选的代表检查标箱的密封情况，当众开启标箱，点算标书。投标人少于3人的，出让人应当终止招标活动。投标人不少于3人的，应当逐一宣布投标人名称、投标价格和投标文件的主要内容。③ 评标小组进行评标。评标小组由出让人代表、有关专家组成，成员人数为5人以上的单数。评标小组可以要求投标人对投标文件作出必要的澄清或者说明，但澄清或者说明不得超出投标文件的范围或者改变投标文件的实质性内容。评标小组应当按照招标文件确定的评标标准和方法，对投标文件进行评审。④ 招标人根据评标结果，确定中标人。对能够最大限度地满足招标文件中规定的各项综合评价标准，或者能够满足招标文件的实质性要求且价格最高的投标人，应当确定为中标人。

(6) 拍卖会依照下列程序进行：① 主持人点算竞买人；② 主持人介绍拍卖宗地的面积、界址、空间范围、现状、用途、使用年期、规划指标要求、开工和竣工时间以及其他有关事项；③ 主持人宣布起叫价和增价规则及增价幅度，没有底价的，应当明确提示；④ 主持人报出起叫价；⑤ 竞买人举牌应价或者报价；⑥ 主持人确认该应价后继续竞价；⑦ 主持人连续三次宣布同一应价而没有再应价的，主持人落槌表示拍卖成交；⑧ 主持人宣布最高应价者为竞得人。竞买人的最高价或报价未达到底价时，主持人应当终止拍卖；拍卖主持人在拍卖中可根据竞买人竞价情况调整拍卖增价幅度。

(7) 挂牌依照以下程序进行：① 在挂牌公告规定的挂牌起始日，出让人将挂牌宗地的面积、界址、空间范围、现状、用途、使用年期、规划指标要求、开工和竣工时间、起始价、增价规则及增价幅度等，在挂牌公告规定的土地交易场所挂牌公布；② 符合条件的竞买人填写报价单报价；③ 挂牌主持人确认该报价后，更新显示挂牌价格；④ 挂牌主持人在挂牌公告规定的挂牌截止时间确定竞得人。

挂牌时间不得少于10个工作日；挂牌期间可根据竞买人竞价情况调整增价幅度。挂牌截止应当由挂牌主持人主持确定。挂牌期限届满，挂牌主持人现场宣布最高报价及其报价者，并询问竞买人是否愿意继续竞价。有竞买人表示愿意继续竞价的，挂牌出让转入现场竞价，通过现场竞价确定竞得人。挂牌主持人连续3次报出最高挂牌价格，没有竞买人表示愿意继续竞价的，按照下列规定确定是否成交：① 在挂牌期限内只有一个竞买人报价，且报价不低于底价，并符合其他条件的，挂牌成交。② 在挂牌期限内有两个以上的竞买人报价的，出价最高者为竞得人；报价相同的，先提交报价单者为竞得人，但报价低于底价者除外。③ 在挂牌期限内无应价者或者竞买人的报价均低于底价或均不符合其他条件的，挂牌不成交。

(8) 以招标、拍卖或者挂牌方式确定中标人、竞得人后，中标人、竞得人支付的投标、竞买保证金转作受让地块的定金。出让人应当向中标人发出中标通知书或与竞得人签订成交确认书。中标通知书或成交确认书应当包括出让人和中标人、竞得人的名称，出让标的，成交时间、地点、价款以及签订建设用地使用权出让合同的时间、地点等内容。中标通知书或成交确认书对出让人和中标人、竞得人具有合同效力。出让人改变竞得结果，或者中标人、竞得人放弃中标宗地、竞得宗地的，应当依法承担责任。

(9) 中标人、竞得人应当按照中标通知书或成交确认书约定的时间，与出让人签订建设用地使用权出让合同。中标人、竞得人支付的投标、竞买保证金抵作建设用地使用权出让金；其他投标人、竞买人支付的投标、竞买保证金，出让人必须在招标拍卖挂牌活动结束后5个工作日内予以退还，不计利息。

(10) 招标拍卖挂牌活动结束后，出让人应在10个工作日内将招标拍卖挂牌出让结果在土地有形市场或者指定的场所、媒介公布。

(11) 受让人依照建设用地使用权出让合同的约定付清全部建设用地使用权出让金后，应当依法申请办理土地登记，领取建设用地使用权证书。

3. 土地用途变更时的处理措施

土地用途变更时，尤其是原工业用地或综合用地变性为商业、旅游、娱乐、商品住宅等经营性用地或商业用地时，究竟是应当一律采用竞价方式重新出让，还是仅通过土地用途变更补交土地出让金即可,在实践中存在着不同的看法和做法。《城镇国有土地使用权出让和转让暂行条例》第 18 条规定:“土地使用权需要改变土地使用权出让合同规定的土地用途的,应当征得出让方同意并经土地管理部门和城市规划部门批准,依照本章的有关规定重新签订土地使用权出让合同,调整土地使用权出让金,并办理登记。”该规定并没有明确重新签订土地使用权出让合同时必须改采竞价方式。《城市房地产管理法》第 44 条规定:“以出让方式取得土地使用权的,转让房地产后,受让人改变原土地使用权出让合同约定的土地用途的,必须取得原出让方和市、县人民政府城市规划行政主管部门的同意,签订土地使用权出让合同变更协议或者重新签订土地使用权出让合同,相应调整土地使用权出让金。”针对该条规定,《协议出让国有土地使用权规定》第 16 条进一步作了细化规定:“以协议出让方式取得国有土地使用权的土地使用者,需要将土地使用权出让合同约定的土地用途改变为商业、旅游、娱乐和商品住宅等经营性用途的,应当取得出让方和市、县人民政府城市规划部门的同意,签订土地使用权出让合同变更协议或者重新签订土地使用权出让合同,按变更后的土地用途,以变更时的土地市场价格补交相应的土地使用权出让金,并依法办理土地使用权变更登记手续。”国土资源部办公厅《关于协议出让土地改变用途补交出让金问题的复函》(国土资厅函〔2004〕第 271 号)亦规定:“土地使用者以协议出让方式取得国有土地使用权后,必须严格按照规定的土地用途和条件使用土地。土地使用者需要改变土地使用权出让合同约定的土地用途的,必须取得出让方和市、县人民政府城市规划行政主管部门的同意,签订土地使用权出让合同变更协议或者重新签订土地使用权出让合同,相应调整土地使用权出让金。经批准改变协议出让土地用途的,应按变更时的土地市场价格,分别计算变更后的土地用途的土地使用权出让金数额和原用途的土地使用权出让金数额,以差额部分计算应当补交的土地使用权出让金。”依上述三条规定来看,在协议出让土地发生土地用途变更时,无需改采竞价出让方式,通过合同变更和登记变更、补交出让金的方式即可。但根据国务院办公厅《关于清理整顿各类开发区加强建设用地管理的通知》(国办发〔2003〕70 号)的规定,“协议出让的土地改变为经营性用地的,必须先经城市规划部门同意,由国土资源行政主管部门统一招标拍卖挂牌出让”。由该规定来看,原协议出让取得的土地改变用途的,必须改采竞价出让方式重新出让。该规定颁发之后,在土地出让实践中,各地做法不一,但主流做法是要求一律改采竞价出让方式重新出让。但 2010 年国土资源部办公厅《关于出让土地改变用途有关问题的复函》(国土资厅函〔2010〕第 104 号)中仍然规定:“根据《土地管理法》《城市房地产管理法》和《协议出让国有土地使用权规范》(国土资发〔2006〕114 号)等法律政策规定,出让土地改变土地用途,经出让方和规划管理部门同意,原土地使用权人可以与市、县国土资源管理部门签订变更协议或重新签订出让合同,相应调整土地出让金。原土地使用权人应当按照变更协议或重新签订的出让合同约定,及时补缴出让金,办理土地登记。但出让合同、法律、法规、行政规定等明确必须收回土地使用权重新公开出让的,不得办理协议出让手续。”该复函仍然没有将协议出让土地在土地用途发生变更时规定为一律须改竞价出让方式。

对此问题,我们认为,公平合理、合情合法的做法应是区分不同的土地使用权取得方式而区别对待:首先,对于划拨取得建设用地使用权的,因划拨取得是无偿取得,且划拨用地属于公益性用地,因而当划拨用地变更为经营性用地的,应当改采竞价方式重新出让,原划拨用地权利人只能以普通竞价者的身份参与竞价,而无权直接取得或优先取得原用地的建设用地使用权。其次,如果原土地使用权是协议出让取得的,在变性为商业、旅游、娱乐、商品住宅等经营性土地用途时,为保证国家的土地出让收益不受损失,并贯彻"竞价出让为原则,协议出让为例外"的土地出让政策,亦应改采竞价出让方式,原土地使用权人可参与竞价但无权直接取得或优先取得。当然,于此情形,应根据建设用地使用权提前收回和房屋征收的规定给予原土地使用权人以征收补偿。如果仍由原土地使用权人竞得的,征收补偿费可以抵作土地出让金。再次,如果原土地使用权是竞价出让的,在发生土地用途变性时,不宜一刀切地一律要求重新采取竞价方式重新出让,否则有失公平。我们认为,于此情形,应先行委托房地产评估机构就土地使用权的现值进行作价评估,在此基础上再由出让方与土地使用权人通过协商的方式确定应补交的土地出让金差价,二者如能达成协议的,则通过变更原合同内容和变更土地登记的方式完成土地用途变更即可,这样既能保障原土地权利人的用地权不因重新出让而有丧失之虞,又不致使得国家的土地收益权受损,公平合理;如果二者不能达成补交土地出让金差价的,则应当在征收补偿的基础上,重新竞价出让,原土地权利人仍有权参与竞价。因此,我们认为,通过以上三种情形的分门别类处理,可以较好地平衡出让方与用地方的权益,较为合理可行。

(三)建设用地使用权出让合同的形式和内容

《物权法》第138条第1款规定:"采取拍卖、招标、协议等出让方式设立建设用地使用权的,当事人应当采取书面形式订立建设用地使用权出让合同。"可见,建设用地使用权出让合同应当采取书面形式,属于要式合同。

为贯彻落实《物权法》和国务院《关于促进节约集约用地的通知》,规范国有建设用地使用权出让合同管理,国土资源部与国家工商行政管理总局组织制定了《国有建设用地使用权出让合同》示范文本(GF-2008-2601),自2008年7月1日起执行。因此,在土地出让实践中,出让合同作为要式合同,即是指根据《国有建设用地使用权出让合同》示范文本(GF-2008-2601)签订合同。但须指出的是,该示范文本也仅具有示范与参照的意义,而非效力性的强制文本。《合同法》第12条第2款明确规定:"当事人可以参照各类合同的示范文本订立合同。"既然是"参照",就意味着没有采用《国有建设用地使用权出让合同》示范文本(GF-2008-2601)这一示范文本签订的土地出让合同,也并非是无效合同。

建设用地使用权出让合同一般包括如下内容:

(1)当事人的名称和住所。在建设用地使用权出让合同中,出让人只能是市、县人民政府国土资源管理部门,而受让人可以是自然人、法人或其他组织。建设用地使用权出让合同应当写明出让人与受让人的基本情况,如当事人的名称或姓名、法定代表人的姓名、具体住所等。

(2)土地界址、面积等。土地的位置、面积、四至及界址点坐标等是有关合同标的的具体条款,必须明确,否则建设用地使用权出让合同便无法履行。

(3)建筑物、构筑物及其附属设施占用的空间。由于建设用地使用权可以在地表、地上或地下分别设立,而建筑物、构筑物及其附属设施又必定会占用一定的空间,因此,在建设用地使用权出让合同中,应当载明建筑物、构筑物及其附属设施占用的空间范围,以便明确建设用地使用权的效力范围。

(4)土地用途。土地用途是指出让的土地用于何种开发建设,如工业用地、商业用地、旅游用地、娱乐用地、商品住宅用地以及教育、科技、文化、卫生、体育用地等。在建设用地使用权出让合同中,必须载明出让土地的具体用途。

(5) 使用期限。关于建设用地使用权出让的最高年限,《城镇国有土地使用权出让和转让暂行条例》第12条有明确的规定。但这些出让年限的规定只是一个最长使用期限,具体的使用期限应当由当事人在建设用地使用权出让合同中加以明确。

(6) 出让金等费用及其支付方式。建设用地使用权出让合同是有偿合同,建设用地使用权人应当向出让人支付出让金。因此,在建设用地使用权出让合同中,当事人应当明确约定出让金的数额、支付时间、支付方式等。建设用地使用权人需要支付其他费用的,也应当明确约定具体的数额、支付时间和方式。

(7) 解决争议的方法。当事人可以在建设用地使用权出让合同中明确约定在双方发生争议后,具体解决争议的方法,如仲裁、诉讼等。

(四) 建设用地使用权出让合同的效力

建设用地使用权出让合同的效力问题主要包括两个方面:一是合同的有效与无效问题,二是合同的生效与未生效问题。

建设用地使用权出让合同是否为无效合同,认定的主要依据是《合同法》第52条的规定:"有下列情形之一的,合同无效:(1) 一方以欺诈、胁迫的手段订立合同,损害国家利益;(2) 恶意串通,损害国家、集体或者第三人利益;(3) 以合法形式掩盖非法目的;(4) 损害社会公共利益;(5) 违反法律、行政法规的强制性规定。"针对第(5)项规定,最高人民法院《关于适用〈中华人民共和国合同法〉若干问题的解释(二)》第14条作了明确的解释性规定:"合同法第五十二条第(五)项规定的'强制性规定',是指效力性强制性规定。"换言之,若此种强制性规定属于管理性的强制性规定,则无关合同效力的认定,不得以其作为合同无效的认定依据。如上文提及的作为合同之要式的《国有建设用地使用权出让合同》示范文本(GF-2008-2601),依据其签订出让合同的规定即为管理性的强制性规定,仅依据未按照示范文本签订合同这一点理由,不得认定为出让合同无效。此外,根据最高人民法院《关于适用〈中华人民共和国合同法〉若干问题的解释(一)》第4条规定:"合同法实施以后,人民法院确认合同无效,应当以全国人大及其常委会制定的法律和国务院制定的行政法规为依据,不得以地方性法规、行政规章为依据。"有鉴于涉房地产管理的规范性文件芜杂繁多,层级多样,人民法院在审理房地产案件时就尤须注意,不得以地方性法规和部门规章、地方规章作为认定建设用地使用权出让合同无效的依据。

根据《合同法》第44条第1款规定:"依法成立的合同,自成立时生效。"因此,原则上,建设用地使用权出让合同同样亦自合同成立时生效。根据同条第2款规定:"法律、行政法规规定应当办理批准、登记等手续生效的,依照其规定。"该规定对建设用地使用权出让合同同样适用。但须注意的是,在我国现行法(法律和行政法规)上,建设用地使用权出让合同既非经批准而生效的合同,亦非经登记而生效的合同,所以不得以合同未经批准或者未经登记而认定为合同未生效。此外,《物权法》第15条规定:"当事人之间订立有关设立、变更、转让和消灭不动产物权的合同,除法律另有规定或者合同另有约定外,自合同成立时生效;未办理物权登记的,不影响合同效力。"此规定即通常所称的合同效力与物权效力相分离的原则。据此规定,建设用地使用权虽尚未办毕登记手续,但并不影响已签订的建设用地使用权出让合同为生效合同的效力,更不能以未登记为由而认为建设用地使用权出让合同为效力待定合同甚至是无效合同。

三、建设用地使用权的划拨

（一）建设用地使用权划拨的概念和特点

依照《城市房地产管理法》第23条第1款的规定，建设用地使用权划拨是指县级以上人民政府依法批准，在建设用地使用权人缴纳补偿、安置等费用后将该幅土地交付其使用，或者将建设用地使用权无偿交付给建设用地使用权人使用的行为。建设用地使用权的划拨具有如下特点：

1. 建设用地使用权划拨具有行政性

建设用地使用权划拨是市、县级以上人民政府代表国家将建设用地使用权授予建设用地使用权人使用，是通过单方授予的方式创设建设用地使用权，而不是通过签订合同方式创设建设用地使用权。在建设用地申请方申请建设用地时，市、县级以上人民政府有权决定是否授予建设用地使用权，申请方无权与之协商，也无须与其他建设用地申请方进行公开竞价。可见，建设用地使用权划拨完全是由市、县级以上人民政府依据职权所决定的，因而建设用地使用权划拨是行政行为，具有行政性。应当指出的是，建设用地使用权划拨虽然是一种行政行为，但创设的建设用地使用权却是民事权利，这与建设用地使用权出让所创设的建设用地使用权在性质上是一致的。

2. 建设用地使用权划拨具有无偿性

建设用地使用权的划拨与出让不同，建设用地使用权的出让是一种有偿行为，而建设用地使用权的划拨则是一种无偿行为，建设用地使用权人无须支付出让金。依照我国现行法的规定，建设用地使用权划拨有两种形式：一是市、县级以上人民政府在建设用地使用权人缴纳补偿、安置等费用后，将建设用地交付其使用；二是市、县级以上人民政府无偿将建设用地交付给建设用地使用权人使用。应当指出的是，建设用地使用权人虽然要缴纳补偿、安置等费用，但不必向国家支付地租性质的费用即出让金。补偿、安置等费用不是建设用地使用权的对价，而只是对被征收为国有土地的集体土地所有权人或者土地使用权人的损失和重新安置的补偿。

3. 建设用地使用权划拨原则上没有期限的限制

《城市房地产管理法》第23条第2款规定："依照本法规定以划拨方式取得土地使用权的，除法律、行政法规另有规定外，没有使用期限的限制。"可见，除法律、行政法规另有规定外，建设用地使用权划拨并没有期限的限制。应当指出的是，建设用地使用权划拨没有期限的限制，并不等于建设用地使用权可以永续存在，而只是表明建设用地使用权划拨属于未定期限的行为。

4. 建设用地使用权划拨具有公益性

建设用地使用权划拨只适用于公益事业或国家重点工程项目，是国家为实现公益目的而授予建设用地使用权的行为。因此，凡不具有公益目的的建设用地，均不能通过划拨方式取得建设用地使用权，而只能通过出让方式获得建设用地使用权。

（二）划拨建设用地的范围

依照《土地管理法》第54条和《城市房地产管理法》第24条的规定，下列建设用地，经县级以上人民政府依法批准，可以以划拨方式取得：(1) 国家机关用地和军事用地；(2) 城市基础设施用地和公益事业用地；(3) 国家重点扶持的能源、交通、水利等基础设施用地；

(4) 法律、行政法规规定的其他用地。

为明确划拨建设用地使用权的具体用地范围,国土资源部发布了《划拨用地目录》(国土资源部令〔2001〕第9号)。依该用地目录,下列19类用地项目可经由划拨方式取得建设用地使用权:(1) 党政机关和人民团体用地;(2) 军事用地;(3) 城市基础设施用地;(4) 非营利性邮政设施用地;(5) 非营利性教育设施用地;(6) 公益性科研机构用地;(7) 非营利性体育设施用地;(8) 非营利性公共文化设施用地;(9) 非营利性医疗卫生设施用地;(10) 非营利性社会福利设施用地;(11) 石油天然气设施用地;(12) 煤炭设施用地;(13) 电力设施用地;(14) 水利设施用地;(15) 铁路交通设施用地;(16) 公路交通设施用地;(17) 水路交通设施用地;(18) 民用机场设施用地;(19) 特殊用地(包括监狱、戒毒所、看守所、治安拘留所、收容教育所用地)。《划拨用地目录》实施至今已逾十几年,而这十几年来中国的土地供需政策和供需状况又发生了很大变化,所以,《划拨用地目录》的修订已经迫在眉睫。从发展方向上看,今后对于非公益性用地应一律排除于划拨用地的范围,划拨用地应仅针对公益用地。同时,对于一些公用事业用地,如能源、交通、水利、市政公用等用地,如果其营业中包含了一定的经营性要素,亦应相应地提高其用地成本,扩大有偿用地的范围。

(三) 建设用地使用权划拨的程序

依照土地管理法等相关法律的规定,建设用地使用权划拨大致包括如下程序:

1. 建设单位提出建设用地申请

经批准的建设项目,需要使用国有土地的,建设单位应当持法律、行政法规规定的有关文件,向有批准权的县级以上人民政府国土资源管理部门提出书面建设用地申请。建设用地申请应当符合下列条件:(1) 建设用地符合《划拨用地目录》规定的划拨用地范围;(2) 已取得建设项目用地预审意见;(3) 符合土地利用总体规划和城市规划;(4) 建设项目经计划部门审批、核准、备案,并已列入年度建设计划。

建设单位在提出建设用地申请时,应当提交如下材料:(1) 划拨国有建设用地申请书,申请书主要包括如下内容:项目的基本情况(包括建设用地单位,项目立项、规划等前期情况及拆迁安置情况,建设内容、项目用途及各类用途的建设规模,项目开竣工的计划与进度等)、建设用地的基本情况(包括用地位置、四至范围、用地面积、土地利用现状情况、土地规划用途等)、申请划拨建设用地理由;(2) 建设项目用地预审意见;(3) 计划主管部门核发的项目审批、核准、备案批准文件;(4) 规划主管部门核发的《建设用地规划许可证》《审定设计方案意见书》及其附图;(5) 与规划主管部门核发的《建设用地规划许可证》附图比例尺相同的蓝图等;(6) 与原产权单位签订的用地协议及相关土地权属证明文件;(7) 其他材料。

2. 国土资源管理部门进行审批

在收到建设单位的建设用地申请后,县级以上人民政府国土资源管理部门应当按照标准对申报材料及内容进行审查,进行现场核实。现场核实应由两名以上工作人员进行,核实内容包括申请用地情况与所报材料反映情况是否相符。符合审查标准的,拟订供地方案(包括供地方式、面积、用途等内容)以及征收土地的补偿、安置方案,提出同意批准的审查意见,报有批准权的人民政府批准。

3. 划拨建设土地

有批准权的人民政府依法批准建设用地申请后,应当颁发建设用地批准书。待完成项目用地范围内居民和原用地单位的拆迁安置补偿工作后，建设单位持该项目《建设工程规划许可证》申领办理《划拨决定书》。国土资源管理部门根据建设用地批准书，核发国有土地划拨决定书，一次或分期划拨建设用地。

4. 核发建设用地使用权证

《物权法》第139条规定："设立建设用地使用权的，应当向登记机构申请建设用地使用权登记。建设用地使用权自登记时设立。登记机构应当向建设用地使用权人发放建设用地使用权证书。"因此，建设单位在取得国有土地划拨决定书后，应当按照规定向国土资源管理部门申请建设用地使用权登记，取得建设用地使用权证，获得建设用地使用权。

四、国有土地租赁

（一）国有土地租赁的概念

国有土地租赁是指国家将国有土地出租给使用者使用，由使用者与县级以上人民政府国土资源管理部门签订一定年期的土地租赁合同，并支付租金的行为。

依照《规范国有土地租赁若干意见》（国土资发〔1999〕222号）的规定，对原有建设用地，法律规定可以划拨使用的仍维持划拨，不实行有偿使用，也不实行租赁；对因发生土地转让、场地出租、企业改制和改变土地用途后依法应当有偿使用的，可以实行租赁。对于新增建设用地，重点仍应是推行和完善国有土地出让，租赁只作为出让方式的补充；对于经营性房地产开发用地，无论是利用原有建设用地，还是利用新增建设用地，都必须实行出让，不实行租赁。

（二）国有土地租赁的方式和期限

国有土地租赁可以采用招标、拍卖或者双方协议的方式；有条件的，必须采取招标、拍卖方式。采用双方协议方式出租国有土地的租金，不得低于出租底价和按国家规定的最低地价折算的最低租金标准。协议出租结果要报上级国土资源管理部门备案，并向社会公开披露，接受上级国土资源管理部门和社会监督。

国有土地租赁可以根据具体情况实行短期租赁和长期租赁。对短期使用或用于修建临时建筑物的土地，应实行短期租赁，短期租赁年限一般不超过5年；对需要进行地上建筑物、构筑物建设后长期使用的土地，应实行长期租赁，具体租赁期限由租赁合同约定，但最长租赁期限不得超过法律规定的同类用途土地出让最高年期。①

（三）国有土地租赁的租金标准、支付及管理

国有土地租赁的租金标准应与地价标准相均衡。承租人取得土地使用权时未支付其他土地费用的，租金标准应按全额地价折算；承租人取得土地使用权时支付了征地补偿等费用的，租金标准应按扣除有关费用后的地价余额折算。

---

① 国有土地租赁合同乃租赁合同之一种，除适用土地租赁的专项规定以外，应以《合同法》作为一般法，适用其相关规定。在效力层级上，《合同法》为基本法律，而国土资源部颁发的《规范国有土地租赁若干意见》只是部门规章的层次，因而其规定不得与作为上位法的《合同法》相冲突，否则应停止其相关规定的适用。《合同法》第214条规定："租赁期限不得超过20年。超过20年的，超过部分无效。租赁期间届满，当事人可以续订租赁合同，但约定的租赁期限自续订之日起不得超过20年。"该规定为效力性强制性规定，国有土地租赁合同在效力上应遵从该规定。因此，我们认为，国土资源部《规范国有土地租赁若干意见》第4条关于租期的规定应停止适用，对于长期租赁合同，一次租期不得超过20年，超过20年的部分无效。

采用短期租赁的,一般按年度或季度支付租金;采用长期租赁的,应在国有土地租赁合同中明确约定土地租金支付时间、租金调整的时间间隔和调整方式。

收取的土地租金应当参照国有土地出让金的管理办法进行管理,按规定纳入当地国有土地有偿使用收入,专项用于城市基础设施建设和土地开发。

(四)国有土地租赁合同

租赁期限6个月以上的国有土地租赁,应当由市、县人民政府国土资源管理部门与土地使用者签订租赁合同。租赁合同内容应当包括出租方、承租方、出租宗地的位置、范围、面积、用途、租赁期限、土地使用条件、土地租金标准、支付时间和支付方式、土地租金标准调整的时间和调整幅度、出租方和承租方的权利义务等。

(五)国有土地租赁权的转租、转让和抵押

租赁国有土地,承租人取得承租土地使用权。[①] 承租人在按规定支付土地租金并完成开发建设后,经国土资源管理部门同意或根据租赁合同约定,可将承租土地使用权转租、转让或抵押。承租土地使用权转租、转让或抵押,必须依法登记。

承租人将承租土地转租或分租给第三人的,承租土地使用权仍由原承租人持有,承租人与第三人建立了附加租赁关系,第三人取得土地的他项权利。

承租人转让土地租赁合同的,租赁合同约定的权利义务随之转给第三人,承租土地使用权由第三人取得,租赁合同经更名后继续有效。

地上房屋等建筑物、构筑物依法抵押的,承租土地使用权可随之抵押,但承租土地使用权只能按合同租金与市场租金的差值及租期估价,抵押权实现时土地租赁合同同时转让。

在使用年期内,承租人有优先受让权[②],租赁土地在办理出让手续后,终止租赁关系。

(六)国有土地租赁权的收回和续期

国家对土地使用者依法取得的承租土地使用权,在租赁合同约定的使用年限届满前不得收回。但在以下三种情形下,国土资源管理部门可以收回土地:(1)国有土地租赁权在租赁合同约定的使用年限届满前,因社会公共利益的需要,可以依照法律程序提前收回,但应对承租人给予合理补偿;(2)承租土地使用权期满,未申请续期或者虽申请续期但未获批准的,承租土地使用权由国家依法无偿收回,并可要求承租人拆除地上建筑物、构筑物,恢复土地原状;(3)承租人未按合同约定开发建设、未经国土资源管理部门同意转让、转租或不按合同约定按时交纳土地租金的,国土资源管理部门可以解除合同,依法收回承租土地使用权。

承租土地使用权期满,承租人可申请续期,除根据社会公共利益需要收回该幅土地的,应予以批准。

五、闲置土地的处理

根据《闲置土地处置办法》(国土资源令〔2012〕第53号)第2条的规定,所谓闲置土地,

---

① 承租土地使用权为债权性土地利用权,与经出让、划拨方式取得的建设用地使用权为物权性利用权不同。

② 在租赁期内出租方出让国有土地使用权的,承租人享有同等条件下的优先受让权。如为协议出让,则出租人应在出让前的合理期限内通知承租人,承租人在同等条件下享有优先受让权;如为竞价出让,承租人享有参与竞价的权利,并且在竞价程序中同样享有同等条件下的优先受让权。

是指国有建设用地使用权人超过国有建设用地使用权有偿使用合同或者划拨决定书约定、规定的动工开发日期满一年未动工开发的国有建设用地。已动工开发但开发建设用地面积占应动工开发建设用地总面积不足1/3或者已投资额占总投资额不足25%,中止开发建设满一年的国有建设用地,也可以认定为闲置土地。

《闲置土地处置办法》区分不同的闲置原因分别规定了不同的处置方法。对于因政府原因及自然灾害等不可抗力原因造成的土地闲置,例如,如因未按照国有建设用地使用权有偿使用合同或者划拨决定书约定、规定的期限、条件将土地交付给国有建设用地使用权人,致使项目不具备动工开发条件的;因土地利用总体规划、城乡规划依法修改,造成国有建设用地使用权人不能按照国有建设用地使用权有偿使用合同或者划拨决定书约定、规定的用途、规划和建设条件开发的;因国家出台相关政策,需要对约定、规定的规划和建设条件进行修改的;因处置土地上相关群众信访事项等无法动工开发的;因军事管制、文物保护等无法动工开发的等,市、县国土资源主管部门应当与国有建设用地使用权人协商,选择下列方式处置:(1) 延长动工开发期限。签订补充协议,重新约定动工开发、竣工期限和违约责任。从补充协议约定的动工开发日期起,延长动工开发期限最长不得超过1年。(2) 调整土地用途、规划条件。按照新用途或者新规划条件重新办理相关用地手续,并按照新用途或者新规划条件核算、收缴或者退还土地价款。改变用途后的土地利用必须符合土地利用总体规划和城乡规划。(3) 由政府安排临时使用。待原项目具备开发建设条件,国有建设用地使用权人重新开发建设。从安排临时使用之日起,临时使用期限最长不得超过2年。(4) 协议有偿收回国有建设用地使用权。(5) 置换土地。对已缴清土地价款、落实项目资金,且因规划依法修改造成闲置的,可以为国有建设用地使用权人置换其他价值相当、用途相同的国有建设用地进行开发建设。涉及出让土地的,应当重新签订土地出让合同,并在合同中注明为置换土地。(6) 市、县国土资源主管部门还可以根据实际情况规定其他处置方式。对于其他原因造成的土地闲置,闲置土地按照下列方式处理:(1) 未动工开发满1年的,由市、县国土资源主管部门报经本级人民政府批准后,向国有建设用地使用权人下达《征缴土地闲置费决定书》,按照土地出让或者划拨价款的20%征缴土地闲置费。土地闲置费不得列入生产成本。(2) 未动工开发满2年的,由市、县国土资源主管部门按照《土地管理法》第37条和《城市房地产管理法》第26条的规定,报经有批准权的人民政府批准后,向国有建设用地使用权人下达《收回国有建设用地使用权决定书》,无偿收回国有建设用地使用权。闲置土地设有抵押权的,同时抄送相关土地抵押权人。

第三节 国有土地上房屋征收与补偿

一、国有土地上房屋征收与补偿概述

(一) 国有土地上房屋征收与补偿的概念和特点

国有土地上房屋征收与补偿是指为了公共利益的需要,对国有土地上单位、个人的房屋依法进行征收,并对被征收房屋的所有权人依法予以公平补偿的具体行政行为。

2007年,我国《物权法》第42条规定了征收条款。之后,《城市房地产管理法》依据《物权法》作出了相应的修订,于第6条规定了城市房屋的征收条款。《城市房地产管理法》第6

条规定:“为了公共利益的需要,国家可以征收国有土地上单位和个人的房屋,并依法给予拆迁补偿,维护被征收人的合法权益;征收个人住宅的,还应当保障被征收人的居住条件。具体办法由国务院规定。”依据该条规定的授权,国务院经两次向社会公开征求意见,于 2011 年 1 月 21 日发布实施了《国有土地上房屋征收与补偿条例》(以下简称《征收条例》)。根据《征收条例》第 35 条规定:“本条例自公布之日起施行。2001 年 6 月 13 日国务院公布的《城市房屋拆迁管理条例》同时废止。本条例施行前已依法取得房屋拆迁许可证的项目,继续沿用原有的规定办理,但政府不得责成有关部门强制拆迁。”据此,《征收条例》成为我国现行法上调整国有土地上房屋征收与补偿事宜的专项法律。

国有土地上房屋征收与补偿具有如下特点:

1. 客体的限定性

我国实行土地的双重公有制,即国家所有和集体所有。但由《征收条例》的名称即可看出,其适用的范围仅限于“国有土地”,而不包括“集体所有土地”,故其确定的征收客体仅限于国有土地上的房屋,而不包括集体所有土地上的房屋。在现行法上,集体所有土地上的房屋征收,适用《物权法》和《土地管理法》的相关规定。

2. 主体的特定性

被征收房屋的所有权人包括单位和个人,其主体范围具有广泛性,因而所谓“主体的特定性”主要是指作为征收法律关系另一方主体的“政府”具有特定性。根据《征收条例》第 4 条的规定,负责房屋征收补偿工作的主体是“市、县级人民政府”。在解释上,“市”包括设区市(地级市)、不设区的县级市,但不包括省一级的“直辖市”;“县”包括县人民政府和设区市的区人民政府,但不包括各类经济技术开发区、高新技术园区的管委会。国务院和省级人民政府不能直接作为征收法律关系的一方主体。

3. 内容的强制性

国家通过征收而取得单位和个人房屋的所有权,在性质上属强制取得。房屋征收旨在实现公共利益,因而征收权的启动与运作就不可避免地具有强制性,被征收人为公共利益而作出的特别牺牲乃非其自愿或自由意志的结果。

4. 程序的协商民主性

虽然征收取得是一种强制取得,具有政府的单方意志性,但征收决定和补偿决定的作出却须遵循决策民主、程序正当的原则。由此决定,房屋征收程序具有协商民主性。《征收条例》在相关的程序性规定中,设置了诸多的“公布程序”、“公告程序”,其意即在于增强房屋征收操作的透明度,加大信息公开力度,强调被征收人和社会公众的知情权和参与权,从而保障平等协商、民主决策原则的实现,尽可能弱化征收的行政强制色彩,增加征收程序的协商民主性。

(二) 国有土地上房屋征收与补偿法律关系的当事人

房屋征收关系是一种复合法律关系,主要由征收决定法律关系、补偿协议法律关系、补偿决定法律关系和征收委托实施法律关系所构成。

1. 征收决定法律关系的当事人

市、县级人民政府在民主决策的基础上,经过一系列的正当程序后,依法作出国有土地上房屋征收决定,形成征收决定法律关系。由此决定,征收决定法律关系的当事人包括征收决定人和被征收人。征收决定人是市、县级人民政府,被征收人是房屋所有权人。但须指出的是,公房承租人虽非房屋所有权人,但其在征收决定法律关系中具有类似于被征收人的法律地位。

2. 征收补偿协议法律关系的当事人

房屋征收部门与被征收人就房屋征收补偿的相关事项订立补偿协议,形成补偿协议法律关系。由此决定,补偿协议法律关系的当事人包括房屋征收部门和被征收人。补偿协议的签订是一种法律行为,这就要求作为一方当事人的房屋征收部门应当是具有权利能力与行为能力的机关法人,非机关法人不得确立为房屋征收部门。

3. 征收补偿决定法律关系的当事人

根据《征收条例》第26条规定,房屋征收部门与被征收人在征收补偿方案确定的签约期限内达不成补偿协议,或者被征收房屋所有权人不明确的,由房屋征收部门报请作出房屋征收决定的市、县级人民政府依法按照征收补偿方案作出补偿决定,由此形成补偿决定法律关系。由此可见,补偿决定法律关系的当事人是市、县级人民政府和被征收人。须指出的是,公房承租人和私房承租人虽非被征收人,但在征收补偿决定中,应将其作为利害关系人列明,以保障其补偿权利人的地位。

4. 征收委托实施法律关系的当事人

根据《征收条例》第5条规定,房屋征收部门可以委托房屋征收实施单位承担房屋征收与补偿的具体工作,从而形成征收委托实施法律关系。由此决定,征收委托实施法律关系的当事人包括房屋征收部门和房屋征收实施单位。《征收条例》第5条明确规定,房屋征收实施单位不得以营利为目的,这即意味着原《拆迁条例》时代的各类拆迁公司不得被委托为征收实施单位。在征收实践中,一般由街道办事处作为房屋征收实施单位具体负责房屋征收补偿工作的实施。

(三) 国有土地上房屋征收与补偿的基本原则

1. 决策民主原则

决策民主是贯穿国有土地上房屋征收与补偿整个程序过程的基本原则。房屋征收补偿方案的拟定、征收决定的作出、补偿协议的签订、补偿决定的作出以及纠纷的协商解决等,都须贯彻决策民主的原则。要贯彻决策民主的原则,就必须反对“一言堂”、反对长官意志,弱化房屋征收的行政强制色彩,广泛听取被征收人、社会公众的意见。为贯彻该原则,《征收条例》还作了一些创新性规定。如根据《征收条例》第12条的规定,房屋征收决定涉及被征收人数量较多的,应当经政府常务会议讨论决定。而政府常务会议的议事规则,就必须遵循决策民主的原则。

2. 程序正当原则

要切实规范国有土地上房屋征收与补偿活动,维护公共利益,保障被征收房屋所有权人的合法权益,就必须遵循程序正当原则。根据程序正当原则,征收决定、补偿决定的作出都必须遵循法定的程序和步骤,征收与补偿决定的作出机关不得同时为征收补偿救济的裁决机关,行政机关不得享有行政强拆权,禁止暴力搬迁,禁止建设单位参与搬迁活动,房地产价格评估机构应当由被征收人确定,任何纠纷和争议事项都应依法纳入司法审查的范畴。

3. 结果公开原则

国有土地上房屋征收与补偿的过程是由一系列阶段性的程序步骤组成的,每个程序步骤的完成都会产生一项或数项阶段性的结果,根据结果公开的原则,这些阶段性结果都必须依法予以公开。如房屋征收部门拟定的补偿方案必须公开,对补偿方案的征求意见情况和根据公众意见的修改情况必须公开,征收决定必须公开,被征收房屋的调查登记情况必须公开,补偿决定必须公开,分户补偿情况必须公开,对征收补偿费用的审计结果必须公开,等等。结果公开原则是决策民主原则、程序正当原则的进一步落实与深化,旨在避免暗箱操作,使房屋征收与补偿的过程变成一个“看得见的公正”的过程,从而防微杜渐地预防和化解征收纠纷与矛盾,保障征收过程的顺利进行和房屋所有权人的合法权益。

4. 补偿公平原则

《征收条例》第2条规定:“为了公共利益的需要,征收国有土地上单位、个人的房屋,应当对被征收房屋所有权人(以下称被征收人)给予公平补偿。”该规定在我国征收法制上首次确立了公平补偿(补偿公平)原则,代表着我国征收法制的巨大进步。“公平”是一个抽象法律概念,立法上难以直接界定何为补偿公平。一般来说,要满足补偿公平原则的要求,应做到完全补偿。所谓完全补偿,是指对被征收人因房屋征收而造成的一切损失都予以补偿。这些损失包括主观价值损失,也包括客观价值损失。但根据《征收条例》的规定,房屋征收补偿的范围只包括客观价值损失的补偿,不包括主观价值损失(如精神损失)的补偿。如对被征收房屋价值的补偿,不得低于房屋征收决定公告之日被征收房屋类似房地产的市场价格,就被视为达到补偿公平原则的要求,这样的市价补偿当然也只是对被征收房屋客观价值损失的补偿。

(四) 国有土地上房屋征收与补偿的监督

1. 政府监督

(1) 房屋征收部门对房屋征收实施单位的监督

房屋征收部门可以委托房屋征收实施单位承担房屋征收与补偿的具体工作,但房屋征收部门对房屋征收实施单位在委托范围内实施的房屋征收与补偿行为必须负责监督。房屋征收部门的此种监督,既是其职权所在,也是其职责所在。《征收条例》为此种监督设置了严格的问责措施,即要求房屋征收部门对房屋征收实施单位的行为后果承担法律责任。这一法律责任,是房屋征收部门的独立责任,其不得要求房屋征收实施单位与其一同承担连带责任而推卸自己的责任。并且,房屋征收部门不仅应对房屋征收实施单位在委托范围内实施的行为的后果承担法律责任,而且对于虽超出委托范围但被征收人善意地相信是房屋征收实施单位代表房屋征收部门实施的行为的后果,也要承担责任。《征收条例》通过强化法律责任的承担,使房屋征收部门对房屋征收实施单位的监督责任落到了实处。

(2) 上级人民政府对下级人民政府的监督

根据《征收条例》第6条的规定,上级人民政府应当加强对下级人民政府房屋征收与补偿工作的监督。具体而言,国务院应当加强对所有地方人民政府(不包括省、自治区、直辖市人民政府)房屋征收与补偿工作的监督;省、自治区、直辖市人民政府应当加强对其下辖的设区的市、不设区的市、县级人民政府房屋征收与补偿工作的监督;设区的市级人民政府应当加强对其下辖的区、县级人民政府的房屋征收与补偿工作的监督。监督的内容包括房屋征收与补偿工作的各个方面,监督的方式在依法进行的前提下也可以多种多样。行政复议作为一种法定的纠纷解决方式,实质上就是一种最有力的法定监督方式。

《征收条例》第6条还就行政主管部门及相关政府部门的工作指导作了规定:“国务院住房城乡建设主管部门和省、自治区、直辖市人民政府住房城乡建设主管部门应当会同同级财政、国土资源、发展改革等有关部门,加强对房屋征收与补偿实施工作的指导。"工作指导虽在形式、内容、效力等方面与工作监督有所区别,但通过工作指导发现问题、提出建议,无疑有益于相关政府的工作监督,因而也可以把此种工作指导视为一种特殊的政府监督形式。

2. 社会监督

《征收条例》第7条第1款规定:"任何组织和个人对违反本条例规定的行为,都有权向有关人民政府、房屋征收部门和其他有关部门举报。接到举报的有关人民政府、房屋征收部门和其他有关部门对举报应当及时核实、处理。"该规定确立了国有土地上房屋征收与补偿的社会监督方式。社会监督是一种普遍的公权力运作监督方式。如果说政府监督是一种内部监督,那么社会监督就是一种来自社会公众的外部监督。社会监督的权利主体是广泛的,包括任何的组织和个人;接受社会监督举报的义务主体也是广泛的,既包括与征收补偿相关的人民政府、房屋征收部门,也包括其他有关的政府部门。社会监督的对象应不仅限于违反《征收条例》规定的行为,对于房屋征收与补偿过程中的任何违法、犯罪、违纪、违规行为,社会公众都有权举报,接受举报的单位也都应依法核实、处理。

3. 监察监督

监察监督是监察机关的一种专门监督。监察机关是人民政府行使监察职能的机关,监察机关的监督本可归入政府监督的范畴。但由于我国有专门的《中华人民共和国行政监察法》(以下简称《行政监察法》)对监察监督予以规范,并且监察机关依法行使监察职权时,不受其他行政部门、社会团体和个人的干涉,具有相当的独立性和有效性,因而将监察监督独立于政府监督之外。根据《行政监察法》的规定,监察机关依法对国家行政机关及其公务员和国家行政机关任命的其他人员实施监察。就房屋征收与补偿工作的监察而言,监察机关在履行职责时,有权采取下列措施:要求被监察的部门和人员提供与监察事项有关的文件、资料、财务账目及其他有关的材料,进行查阅或者予以复制;要求被监察的部门和人员就监察事项涉及的问题作出解释和说明;责令被监察的部门和人员停止违反法律、法规和行政纪律的行为。加强《行政监察法》的贯彻实施,强化监察机关在房屋征收与补偿工作中的监察职能,对于规范征收与补偿活动的实施和保障被征收人的合法权益而言,都是重要的。

二、征收决定

(一)公共利益的认定

国有土地上房屋征收必须以公共利益为目的。根据《征收条例》第8条的规定,只有在为了保障国家安全、促进国民经济和社会发展等公共利益需要,确需征收房屋时,才允许对国有土地上的房屋实施征收。但"公共利益"是一个抽象法律概念,在立法上对其内涵与外延作出准确、周详的界定是不可能的。为此,《征收条例》采取了列举加概括的立法模式,为何为公共利益需要在现实中的认定提供了基本的规范和指引。根据《征收条例》第8条的规定,有下列情形之一的,市、县级人民政府可以作出房屋征收决定:一是国防和外交的需要;二是由政府组织实施的能源、交通、水利等基础设施建设的需要;三是由政府组织实施的科技、教育、文化、卫生、体育、环境和资源保护、防灾减灾、文物保护、社会福利、市政公用等公共事业的需要;四是由政府组织实施的保障性安居工程建设的需要;五是由政府依照城乡规划法有关规定组织实施的对危房集中、基础设施落后等地段进行旧城区改建的需要。在具体列举了上述五种公共利益需要的情形之后,该条又作了一个兜底性的规定:"法律、行政法规规定的其他公共利益的需要。”对于上述公共利益需要的五种具体情形,可以简单地概括为国防外交的需要、基础设施建设的需要、公共事业的需要、保障性安居工程建设的需要和旧城区改建的需要。但须注意,上述五种需要的情形只有在由政府组织实施时方符合公共利益需要的要求。如果是私人因修建收费公路的需要、兴办私立学校的需要、建造商品住宅的需要、建造商业网点房的需要等,就不符合上述五种具体情形所要求的条件。

为公共利益需要而征收国有土地上的房屋,并不完全排斥房屋被征收后所兴办的建设项目是收费项目或具有一定的营利性。如科技、教育、文化、卫生、体育、市政公用等诸多的公共事业项目,大都需对消费这些服务项目的公众收取一定的费用甚至带有一定的营利性,但这并不妨碍政府组织实施这些项目的公共利益性。

(二) 公益建设项目的规划和计划要求

确需征收房屋的各项建设活动,除须符合《征收条例》第 8 条界定的公共利益需要之外,根据该条例第 9 条的规定,还须满足一系列规划和计划的强制性要求。这些规划和计划包括:国民经济和社会发展规划、土地利用总体规划、城乡规划和专项规划,保障性安居工程建设、旧城区改建应当纳入市、县级国民经济和社会发展年度计划。对是否满足上述规划要求的审查,构成征收决定作出的前置程序,市、县级人民政府在作出公共利益的认定后,还必须依法进行规划审查,否则作出的征收决定就是违法的。而市、县级的国民经济和社会发展年度计划须由同级的人民代表大会审议通过,因此可以认为,地方权力机关已经开始部分地介入地方政府的房屋征收活动。如果建设活动属保障性安居工程建设和旧城区改建,而这两项建设活动的需要又没有纳入当年的市、县级国民经济和社会发展年度计划并经同级人民代表大会审议通过,则不得为了这两项建设活动的需要作出征收决定。这进一步限缩了地方政府的房屋征收决定权,是恰当的。

(三) 征收补偿方案的拟定、公布与征求意见

1. 补偿方案的拟定与上报

在分工上,市、县级人民政府负责本行政区域的房屋征收与补偿的决定工作,而由市、县级人民政府确定的房屋征收部门则负责组织实施本行政区域的房屋征收与补偿工作。因此,在市、县级政府作出房屋征收决定后,房屋征收部门就须组织实施该项征收决定。房屋征收补偿方案的拟定是一项具体的实施工作,因而其拟定主体是房屋征收部门而非市、县级人民政府。但房屋征收部门无权最终决定房屋征收的补偿方案,因此其于方案拟定完毕后,必须依法上报市、县级人民政府。

2. 补偿方案的论证与公布

市、县级人民政府虽非补偿方案的拟定主体,但其于收到房屋征收部门拟定的征收补偿方案后,却必须负责方案的论证、公布和征求意见的组织工作。之所以不由房屋征收部门直接负责组织补偿方案的论证与征求意见工作,是考虑到国有土地上房屋征收工作涉及政府的诸多工作部门,如同级财政、国土资源、发展改革等有关部门,非房屋征收部门一家之力所能胜任,因而由市、县级人民政府负责组织更能保证工作的顺利进行。补偿方案的拟定、论证都属政府的内部运作行为,根据结果公开的原则要求,对征收补偿方案进行论证后,市、县级人民政府必须对其予以公开,征求社会公众意见。《征收条例》规定,征求意见的期限不得少于 30 日。但就公开的方式,《征收条例》没有作出明确规定。实践中的一般做法是于征收范围内张贴公告,并于当地报纸、地方政府网站上发布公告。总之,凡是能广而告之的方式,

皆无不可。

3. 补偿方案的修改与公布

公开征求意见的期限届满后,市、县级人民政府应当将征求意见情况和根据公众意见的修改情况及时公布。不论是赞成意见还是反对意见,市、县级人民政府都必须予以认真考虑和对待。对于不采纳反对意见的,在公布情况时必须充分说明不采纳的理由。此外,《征收条例》第11条第2款规定:"因旧城区改建需要征收房屋,多数被征收人认为征收补偿方案不符合本条例规定的,市、县级人民政府应当组织由被征收人和公众代表参加的听证会,并根据听证会情况修改方案。"该规定针对现实中问题多发的旧城区改建需要征收房屋的情形,在公开征求意见的对象和方式上作了特别规定。不仅规定应向被征收人征求意见,还规定应向社会公众的代表征求意见,并且规定了征求意见的具体方式为召开听证会。这一规定是必要的,但这一规定的切实落实还需要在立法上进一步地细化,以提高其可操作性。

(四) 征收的社会稳定风险评估

《征收条例》在立法上作了一项重大的制度创新,即明确规定:市、县级人民政府在作出房屋征收决定前,应当按照有关规定进行社会稳定风险评估。进行社会稳定风险评估是近几年来我国地方政府探索出的一种新机制,实践证明是行之有效的,《征收条例》对此成功经验在立法上予以了吸纳。对于事关广大人民群众切身利益的重大决策,对于关系群众利益调整的重要政策,对于被国家、省、市、县(区)确定为重点工程的重大项目,对于涉及范围广的重大改革措施,对于关系环境污染、行政性收费调整等社会敏感问题等,建立社会稳定风险评估机制是非常必要的。国有土地上房屋征收与补偿工作事关广大人民群众的切身利益,对此予以社会稳定风险评估是必需的。社会稳定风险评估涉及诸多方面,如房屋征收的合法性、合理性、可控性、征收程序的严格性、建设项目的可行性、环境污染评估、社会治安等诸方面,市、县级人民政府在作出征收决定前都应当按照有关规定进行评估。

(五) 征收补偿费用的预存

为了保障被征收人的合法权益、保证征收补偿费用的足额到位与落实,《征收条例》创立了征收补偿费用的预存制度。该条例第12条第2款规定:"作出房屋征收决定前,征收补偿费用应当足额到位、专户存储、专款专用。"只有足额到位,才能保证资金充实;只有专户存储,才能保证及时发放;只有专款专用,才能保证征收补偿费用不被挪用。为了保证该制度的落实,《征收条例》还作了配套性规定。如该条例第27条第1款规定,实施房屋征收应当先补偿、后搬迁;第28条第2款规定,作出房屋征收决定的市、县级人民政府在申请人民法院强制执行时,强制执行申请书应当附具补偿金额和专户存储账号。

(六) 征收范围的拟定与调查登记

1. 征收范围的拟定

虽然《征收条例》就房屋征收范围的拟定没有作出专门规定,但毫无疑问的是,房屋征收部门要拟定房屋征收补偿方案,要大致确定补偿方案的公开范围和公布对象,要确定听证会的参加人员等,都必须以房屋征收范围的基本确定为前提。因此,房屋征收部门在拟定征收补偿方案时,应一并拟定房屋征收范围。

2. 征收范围的调查登记

征收范围的调查登记旨在摸清征收标的的物理状况和权属状况,为后续征收工作的继续开展、被征收房屋价值的确定、补偿工作的进行等提供基础资料和依据。因此,房屋征收范围大致确定后,房屋征收部门应当对房屋征收范围内房屋的权属、区位、用途、建筑面积等情况组织调查登记,被征收人应当予以配合。调查登记工作完成后,房屋征收部门应将调查结果在房屋征收范围内向被征收人公布。

(七) 征收范围内被征收房屋的保全

国有土地上房屋征收以补偿为对价,绝非无偿取得。补偿费用的确定须有一个时点,因为在不同的时点被征收房屋的物理状况和房屋用途可能会发生改变,而这些改变会直接导致征收补偿费用的变化。根据《征收条例》的规定,房屋征收补偿费用的确定时点是房屋征收决定的公告之日。从房屋征收范围的确定到征收决定的作出之间必然存在一个时间段,而在这一时间段内,被征收人出于多得征收补偿款的趋利动机,有可能会采取一些导致补偿费用增加的行为。此种导致补偿费用增加的行为是被征收人投机取巧、侵占公共利益的不当行为,若予以补偿,于法于理都不合,对纳税人和其他守法的被征收人也不公平。为此,《征收条例》规定了征收范围内被征收房屋的保全制度。该条例第 16 条第 1 款规定:"房屋征收范围确定后,不得在房屋征收范围内实施新建、扩建、改建房屋和改变房屋用途等不当增加补偿费用的行为;违反规定实施的,不予补偿。"为保障该制度的切实落实,该条例第 16 第 2 款规定:"房屋征收部门应当将前款所列事项书面通知有关部门暂停办理相关手续。暂停办理相关手续的书面通知应当载明暂停期限。暂停期限最长不得超过 1 年。"

(八) 征收决定的作出与公告

1. 征收决定的作出

征收决定只能在一系列的前置程序完成之后作出。这些前置程序包括公共利益的认定程序,公益建设项目的规划与计划审查程序,房屋征收补偿方案的拟定、公布、公开征求意见程序,房屋征收的社会稳定风险评估程序,房屋征收补偿费用的预存程序,房屋征收范围的拟定与调查登记程序,征收范围内被征收房屋的保全程序。上述前置程序依次完成后,市、县级人民政府即可着手作出房屋征收决定。房屋征收决定是一项具体行政行为,市、县级人民政府在作出征收决定时除应遵照《征收条例》的相关规定外,还须遵循具体行政行为作出的相关规定。此外,为慎重起见,《征收条例》还规定,房屋征收决定涉及被征收人数量较多的,应当经政府常务会议讨论决定。但就何为"人数较多",《征收条例》并未明确。在解释上可以认为,应由市、县级人民代表大会或者政府常务会议讨论确定一个具体的标准。

2. 征收决定的公告

根据结果公开原则,市、县级人民政府在作出房屋征收决定后应当及时公告。何为"及时",《征收条例》没有明确。在理解上,一般认为没有不合理迟延地公告即为符合"及时"的时间要求。在公告的内容上,《征收条例》明确规定,应当载明征收补偿方案和行政复议、行政诉讼权利等事项。在公告的方式上,《征收条例》没有明确,这需要更具体的立法解释加以解决。市、县级人民政府及房屋征收部门在征收决定公告后,应当做好房屋征收与补偿的宣传、解释工作,以便于工作的顺利开展。

3. 国有土地使用权的收回

国有土地上房屋征收是一项法定的物权变动行为,因而征收决定的生效将导致物权变动的法律效果。根据《物权法》第 28 条的规定,因人民政府的征收决定导致物权设立、变更、转让或者消灭的,自人民政府的征收决定生效时发生效力。依此规定,被征收房屋的所有权自市、县级人民政府的征收决定生效时,由被征收人所有转归国家所有。我国实行房地一体处分的法律政策，房屋所有权与土地使用权应一并处分，地上房屋所有权的移转将导致土地使用权的移转。为此，《征收条例》第13条第3款规定："房屋被依法征收的，国有土地使用权同时收回。"这里的"收回"，在性质上也是一种征收，属建设用地使用权的征收。

(九) 对征收决定不服的救济

《征收条例》第14条规定："被征收人对市、县级人民政府作出的房屋征收决定不服的，可以依法申请行政复议，也可以依法提起行政诉讼。"该规定废除了旧有的行政裁决前置程序，赋予了被征收人复议或诉讼的救济选择权。

1. 行政复议

被征收人选择行政复议的救济途径时，应依《中华人民共和国行政复议法》(以下简称《行政复议法》)的规定进行。根据《行政复议法》的规定，公民、法人或者其他组织认为具体行政行为侵犯其合法权益时，可以向行政机关提出行政复议申请，行政机关应当受理行政复议申请并作出行政复议决定。《征收条例》赋予被征收人行政复议权的法律依据是《行政复议法》第6条第7项的规定，即公民、法人或者其他组织认为行政机关违法征收财物的，可依法申请行政复议。由于国有土地上房屋征收的决定主体是市、县级人民政府，属地方人民政府的具体行政行为，因而对其不服的，依《行政复议法》第13条之规定，被征收人应向上一级地方人民政府申请行政复议。具体而言，由县级人民政府作出征收决定的，被征收人应向设区的市级人民政府申请行政复议；由设区的市级人民政府作出征收决定的，被征收人应向省级人民政府申请行政复议。

2. 行政诉讼

公民、法人或者其他组织认为行政机关和行政机关工作人员的具体行政行为侵犯其合法权益的，有权依照《中华人民共和国行政诉讼法》(以下简称《行政诉讼法》)向人民法院提起行政诉讼。依《行政诉讼法》第13条之规定，在受案范围上，人民法院不受理因政府作出的抽象行政行为而引发的纠纷，也不受理法律规定由行政机关最终裁决的具体行政行为。但市、县级人民政府的征收决定属具体行政行为，法律、行政法规也没有规定其纠纷应当由行政机关"一裁终局"，因此，被征收人有权选择行政诉讼的救济渠道。被征收人选择了行政诉讼，应依《行政诉讼法》的相关规定提起诉讼和进行诉讼。

三、征收补偿

(一) 房屋征收补偿的范围

根据《征收条例》第17条的规定，作出房屋征收决定的市县级人民政府对被征收人给予的补偿包括以下几项：

1. 被征收房屋价值补偿

被征收房屋的价值是指被征收的建筑物及其占用范围内的建设用地使用权和其他不动产的价值。其他不动产是指不可移动的围墙、假山、水井、烟囱、水塔、苗木等。应当指出的是，被征收房屋的价值不仅仅指建筑物本身的价值。因为任何建筑物都必须依托土地而建立，建筑物所有权人必须依法取得一定的土地使用权，才能在土地上建造建筑物。因此，被征收房屋的价值除建筑物本身的价值外，还包括其所占用土地的建设用地使用权的价值。当然，在评估被征收房屋的价值时，评估对象只包括合法的被征收建筑物及其占用范围内的建设用地使用权和其他不动产，而不包括违法建筑和超过批准期限的临时建筑。违法建筑和超过批准期限的临时建筑虽然在物质实体上也具有一定的使用价值,但由于《征收条例》明确规定了这两类建筑物不予征收补偿,因而不能把这两类建筑物作为评估对象。在实践操作上,被征收房屋的价值最终是指评估价值。所谓评估价值,是指评估对象在不被征收的情况下,由熟悉情况的交易双方以公平交易方式在评估时点自愿进行交易的金额,但不考虑被征收房屋租赁、抵押、查封等因素的影响。

2. 搬迁补偿

搬迁补偿即搬迁费补偿。所谓搬迁费,是指被征收房屋被拆除后,被征收人就地安置或异地安置所须支出的必要合理费用。国有土地上房屋被征收后,房屋所有权转归国家所有,建设用地使用权同时被收回,被征收人已无权再使用被征收房屋和土地了,其依法当然必须搬迁。而搬迁或多或少会支出一定的费用,这些费用,从被征收人的角度讲,就是搬迁费用;从作出征收决定的市、县级人民政府的角度讲,就是依法应予补偿的搬迁费。搬迁费应如何计算,在我国现行法上并没有明确的依据,往往由地方人民政府通过制定地方性规章甚至是政令的方式予以明确。通常的做法是,将被征收房屋区分为不同的类型分别确定搬迁费的计算方法。如区分为住宅和非住宅两个类型,对于住宅房屋征收搬迁的,搬迁费往往依当地物价水平确定一个固定的搬迁费数额,如200元、300元等;对于非住宅房屋征收搬迁的,一般按实际发生的费用计取。住宅和非住宅的类型区分还可以进一步细分,如将住宅类房屋再区分为自住与出租两个类型,将非住宅类房屋再区分为商业经营型和生产经营型。由于不同用途的房屋需要搬迁的物质实体和项目并不相同,因而搬迁费的确定只能一事一议,而不可能确定一个"一刀切"的标准。此外,如果是一次性安置的,往往只需计算一次搬迁费即可。但如果是回迁安置或者需搬迁两次以上的,因为存在一个过渡期限和过渡地点,往往需要搬迁两次甚至更多次,因而在计算搬迁费时需要分段、分次计算,最后加总的结果才是搬迁费的总额。

3. 临时安置补偿

临时安置补偿是指对选择房屋产权调换补偿方式的被征收人,在产权调换房屋交付前,由房屋征收部门向被征收人支付临时安置费或者提供周转用房的补偿。因此在内容上,临时安置补偿包括临时安置费补偿和提供周转用房补偿两项补偿。支付临时安置费补偿适用于在过渡期内,被征收人自行安排住处过渡的情形。但即使选择使用周转用房的,在周转用房实际提供前,房屋征收部门也应当向被征收人支付过渡期限内所需的临时安置费。临时安置费的计算标准由地方政府制定,一般按照被征收房屋的用途(如住宅、商业经营用房、生产经营用房等)和房屋的建筑面积计算。至于周转用房,则以适于居住、不降低被征收人的生活水平、适于生产经营为标准。

4. 停产停业损失补偿

停产停业损失是指因房屋征收而造成被征收人生产经营活动暂停或者终止的损失。停产停业损失发生于非住宅型的房屋被征收时,对于住宅房屋,因为其不存在生产经营活动的用途,因而也就不存在停产停业损失的问题。从事合法的生产经营活动赚取利润属公民行为自由的范畴,由生产经营而获取的收入、利润等属于公民的合法财产权,依法不受侵犯。但房屋征收却造成了被征收人于原址上无法继续从事生产经营活动,此种生产经营活动的中止或中断当然会造成被征收人的生产经营损失,致使其通过生产经营活动能够获取的期待财产利益丧失,因而对停产停业损失应依法给予补偿。当然,停产停业损失是指合法损失，亦即从事合法生产经营活动而可能获取的合法财产利益的损失；违法生产经营活动本为法律所不许，属依法应予取缔的范畴，因而不存在停产停业损失补偿的问题。

5. 补助与奖励

在国有土地上房屋征收的实践中，往往由房屋征收部门给予被征收人以一定的补助和奖励，以促使被征收人配合征收和搬迁工作。为此，《征收条例》吸收了实践中的成功做法，于第 17 条第 2 款规定："市、县级人民政府应当制定补助和奖励办法，对被征收人给予补助和奖励。"

6. "住改商"房屋的补偿问题

所谓"住改商"即指住宅房屋改变为非住宅用途的商业经营性房屋。对于"住改商"问题，《征收条例》未作专门规定。根据《物权法》第 77 条规定，业主不得违反法律、法规以及管理规约，将住宅改变为经营性用房。但在房屋征收实践中，大多数征收项目的实施都会遭遇"住改商"问题。对于"住改商"房屋，如果一律按照住宅房屋的补偿标准予以补偿，在实践中极易酿成纠纷，往往导致补偿协议难以达成，甚至会导致整个征收项目难以推进的不良后果。为应对这一问题，各地往往本着实事求是的原则，通过增加补偿的方式来解决这一问题。例如，《烟台市人民政府关于规范国有土地上房屋征收与补偿工作的意见》（烟政发〔2011〕54 号）文规定："被征收的住宅房屋用作营业用房的，按住宅补偿。取得工商营业执照、税务登记证，营业至房屋征收决定发布之日，且房屋所有权证书、营业执照和税务登记证注明的营业地点一致的，房屋征收部门应按 400 元/平方米的标准，支付被征收人利用住宅营业补助费。"我们认为，该规定的解决方案还是实事求是的，体现了对历史的尊重和对合理现状的认可，各地应结合当地实际，制定类似的解决方案。

（二）房屋征收补偿的方式

1. 货币补偿

货币补偿是指以人民币为计价货币单位的金钱补偿。在房屋征收中，货币补偿是可供被征收人选择的两种补偿方式之一，也往往是被征收人首选的补偿方式。当然，因为金钱并非万能，对于可计算的征收损失，可以选取货币补偿方式；对于一些不可量化为金钱的征收损失，就无法以货币补偿的方式予以填补。因此，《征收条例》在确立货币补偿的同时，还为被征收人提供了房屋产权调换的补偿方式，以供其依自己的意愿和偏好作出选择。理解货币补偿的概念须把握两点：一是计价的货币单位为人民币，任何外币都不得选作计价的货币单位；二是计价的数量单位为"元"，估价结果只要精确到"元"即可，角、分等通过四舍五入的方式处理。

2. 房屋产权调换

房屋产权调换是指被征收人不选择货币补偿，而选择由房屋征收部门提供用于产权调换的房屋的方式进行的补偿。在性质上，房屋产权调换是一种替代补偿方式。就房屋产权调换补偿，《征收条例》作了以下三个方面的重要规定：其一，《征收条例》第 18 条规定："征收个人住宅，被征收人符合住房保障条件的，作出房屋征收决定的市、县级人民政府应当优先给予住房保障。"依该规定，政府对符合住房保障条件的被征收人除给予补偿外，还应优先安排被征收人享受住房保障，使其不再等待轮候保障房。其二，《征收条例》第 21 条第 1 款规定："被征收人选择房屋产权调换的，市、县级人民政府应当提供用于产权调换的房屋，并与被征收人计算、结清被征收房屋价值与用于产权调换房屋价值的差价。"依该规定，选择房屋产权调换补偿方式的,须依法计算、结算房屋差价。差价计算、结算应在被征收房屋价值评估和用于产权调换房屋价值评估的基础上进行。其三,《征收条例》第21条第3款规定:"因旧城区改建征收个人住宅,被征收人选择在改建地段进行房屋产权调换的,作出房屋征收决定的市、县级人民政府应当提供改建地段或者就近地段的房屋。"该规定是关于"回迁"的规定,充分保障了被征收人的回迁选择权。

(三)被征收房屋价值的评估

价值评估是确定房屋征收补偿额的前提和基础。为规范国有土地上房屋征收评估活动,保证房屋征收评估结果客观公平,住建部于2011年6月3日发布了《国有土地上房屋征收评估办法》(建房〔2011〕77号,以下简称《征收评估办法》)。凡是评估国有土地上被征收房屋和用于产权调换房屋的价值,测算被征收房屋类似房地产的市场价格,以及对相关评估结果进行复核评估和鉴定,都要遵循《征收评估办法》的相关规定。

1. 房地产价格评估机构的确定

房地产价格评估机构简称房地产估价机构,是指依法设立并取得房地产估价机构资质,从事房地产估价活动的中介服务机构。《征收条例》第20条第1款规定:"房地产价格评估机构由被征收人协商选定;协商不成的,通过多数决定、随机选定等方式确定,具体办法由省、自治区、直辖市制定。"《征收评估办法》第4条第1款规定:"房地产价格评估机构由被征收人在规定时间内协商选定;在规定时间内协商不成的,由房屋征收部门通过组织被征收人按照少数服从多数的原则投标决定,或者采取摇号、抽签等随机方式确定。具体办法由省、自治区、直辖市制定。"以上两项规定确立了三种房地产估价机构的确定方式:一是协商选定,二是简单多数决决定,三是随机选定。省、自治区、直辖市人民政府在制定房地产价格评估机构的确定办法时,应注意各种确定方式的具体化。如应明确被征收人协商选定的程序,保证决策民主、程序正当、结果公开;应明确投票决定的具体程序,同时应明确是以被征收人的人数为基数还是以被征收房屋的面积等具体因素作为具体投票基数的确定依据;应明确可供选择的随机选定方式,如抽签、摇号等,同时应明确不同随机选定方式的具体操作方式和监督等。如根据《山东省国有土地上房屋征收补偿房地产价格评估机制选定办法》(鲁建发〔2011〕9号)的规定,房屋征收范围确定后,房屋征收部门应当将拟征收项目的名称、范围、房地产价格评估机构选定方式等相关事项在征收范围内予以公告,并告知被征收人有协商选定房地产价格评估机构的权力。被征收人协商选定房地产价格评估机构的期限为15日。被征收人在公告协商期内协商不成的,房屋征收部门可组织采取逐户征询或集中投票的方式,按照多数决定的原则选定房地产价格评估机构。逐户征询或者集中投标应当以书面形式进行。参与投票的被征收人占被征收人总人数比例过小的,房屋征收部门可以通过抽签、摇号等形式在公布的房地产价格评估机构名单中随机选定房地产价格评估机构。采取集中投票、抽签或者摇号等方式确定房地产价格评估机构时,房屋征收部门应当邀请被征收人、街道办事处、社区居委会代表等进行现场监督。房地产价格评估机构确定后,房屋征收部门应当将房地产价格评估机构名单在征收范围内公告,同时书面告知被选定的房地产价格评估机构,并与其签订书面房屋征收评估委托合同。

此外,根据《征收评估办法》第5条规定,同一征收项目的房屋征收评估工作,原则上由一家房地产价格评估机构承担。房屋征收范围较大的,可以由两家以上房地产价格评估机构共同承担。两家以上房地产价格评估机构承担的,应当共同协商确定一家房地产价格评估机构为牵头单位;牵头单位应当组织相关房地产价格评估机构就评估对象、评估时点、价值内涵、评估依据、评估假设、评估原则、评估技术路线、评估方法、重要参数选取、评估结果确定方式等进行沟通,统一标准。

2. 房地产价格评估机构的工作原则

《征收条例》第 20 条第 2 款规定:“房地产价格评估机构应当独立、客观、公正地开展房屋征收评估工作,任何单位和个人不得干预。”该规定确立的房地产价格评估机构的工作原则是独立、客观、公正。“独立、客观、公正”是提高被征收房屋评估价格可接受程度的基本要求。“独立”意指估价机构不受任何单位和个人的干预,能够独立自主地开展评估工作;“客观”意指评估过程、评估结果应当真实、符合客观情况,不主观随意化;“公正”意指评估结果应当不偏不倚、科学合理。

3. 被征收房屋价值的评估确定

《征收条例》第 19 条第 1 款规定:“对被征收房屋价值的补偿,不得低于房屋征收决定公告之日被征收房屋类似房地产的市场价格。被征收房屋的价值,由具有相应资质的房地产价格评估机构按照房屋征收评估办法评估确定。”依该规定,被征收房屋价值的确定要参照类似房地产的市场价格,由房地产价格评估机构评估确定。

被征收房屋的类似房地产,是指与被征收房屋处在同一供求范围内,并在用途、规模、建筑结构、新旧程度、档次、权利性质等方面相同或者相似的房地产。被征收房屋类似房地产的市场价格,是指被征收房屋的类似房地产在市场上的平均水平价格。在评估实践中,类似房地产的市场价格应当通过搜集评估时点近期类似房地产的实际成交价格,剔除偶然的和不正常的因素以后计算得出的价格。类似房地产的实际成交价格以真实成交、可以质证或者房地产交易登记的实际成交价格为依据。当然,对于存在类似房地产的被征收房屋可以通过类似房地产的市场价格评估方法求得其房屋价值,对于不存在类似房地产的被征收房屋,其价值就无法通过此种方法评估确定。

《征收评估办法》对房地产价格评估程序作了一系列的规定。例如,在房屋征收评估前,房屋征收部门应当组织有关单位对被征收房屋情况进行调查,明确评估对象;房地产价格评估机构应当安排注册房地产估价师对被征收房屋进行实地查勘,调查被征收房屋状况,拍摄反映被征收房屋内外部状况的照片等影像资料,做好实地查勘记录,并妥善保管;房地产价格评估机构应当向房屋征收部门提供分户初步评估结果,并在征收范围内向被征收人公示,公示期间,房地产价格评估机构应当安排注册房地产估价师对分户的初步评估结果进行现场说明解释;公示期满后,房地产估价机构应当向房屋征收部门提供整体评估报告和分户评估报告,房屋征收部门应当向被征收人转交分户评估报告。

对于评估方法,《征收评估办法》第 13 条规定:“注册房地产估价师应当根据评估对象和当地房地产市场状况,对市场法、收益法、成本法、假设开发法等评估方法进行适用性分析后,选用其中一种或者多种方法对被征收房屋价值进行评估。被征收房屋的类似房地产有交易的,应当选用市场法评估;被征收房屋或者其类似房地产有经济收益的,应当选用收益法评估;被征收房屋是在建工程的,应当选用假设开发法评估。可以同时选用两种以上评估方法评估的,应当选用两种以上评估方法评估,并对各种评估方法的测算结果进行校核和比较分析后,合理确定评估结果。”

4. 房地产价格评估机构的复核评估

复核评估是解决被征收房屋评估价值异议的方式,是指被征收人或者房屋征收部门对评估价值有异议的,自收到评估报告之日起一定的期限内,向房地产估价机构所申请的复核评估。根据《征收评估办法》的规定,被征收人或者房屋征收部门对评估结果有异议的,应当自收到评估报告之日起10日内,向房地产价格评估机构申请复核评估。申请复核评估的,应当向原房地产价格评估机构提出书面复核评估申请,并指出评估报告存在的问题。原房地产价格评估机构应当自收到书面复核评估申请之日起10日内对评估结果进行复核。复核后,改变原评估结果的,应当重新出具评估报告;评估结果没有改变的,应当书面告知复核评估申请人。复核评估费用由原房地产价格评估机构承担。

5. 房地产价格评估专家委员会的鉴定

鉴定是解决复核评估结果异议的方式,是指被征收人或者房屋征收部门对房地产估价机构的复核结果有异议的,自收到复核结果之日起一定的期限内,向被征收房屋所在地房地产价格评估专家委员会申请的鉴定。根据《征收评估办法》的规定,被征收人或者房屋征收部门对原房地产价格评估机构的复核结果有异议的,应当自收到复核结果之日起10日内,向被征收房屋所在地评估专家委员会申请鉴定。各省、自治区住房城乡建设主管理部门和设区城市的房地产管理部门应当组织成立评估专家委员会,对房地产价格评估机构做出的复核结果进行鉴定。评估专家委员会由房地产估价师及价格、房地产、土地、城市规划、法律等方面的专家组成。评估专家委员会应当选派成员组成专家组,对复核结果进行鉴定。专家组成员为3人以上单数,其中房地产估价师不得少于1/2。评估专家委员会应当自收到鉴定申请之日起10日内,对申请鉴定评估报告的评估程序、评估依据、评估假设、评估技术路线、评估方法选用、参数选取、评估结果确定方式等评估技术问题进行审核,出具书面鉴定意见。经评估专家委员会鉴定,评估报告不存在技术问题的,应当维持评估报告;评估报告存在技术问题的,出具评估报告的房地产价格评估机构应当改正错误,重新出具评估报告。鉴定费用由委托人承担,但鉴定改变原评估结果的,鉴定费用由原房地产价格评估机构承担。

(四) 违法建筑的调查、认定和处理

违法建筑是指在城乡规划区内,未取得建设工程规划许可证、乡村建设规划许可证、临时建设工程规划许可证或者未按照规划许可证的规定建造的建筑物以及超过批准期限未自行拆除的临时建筑物。违法建筑是不能进行初始登记的建筑,但须注意的是,并非所有的未进行初始登记的建筑都是违法建筑,有些未经登记的建筑是由于历史原因造成的,如果对这些未经登记的建筑也视同违法建筑一样一律不予任何的征收补偿,显然有失公平。正是为解决这一问题,《征收条例》第24条第2款规定:"市、县级人民政府作出房屋征收决定前,应当组织有关部门依法对征收范围内未经登记的建筑进行调查、认定和处理。对认定为合法建筑和未超过批准期限的临时建筑的,应当给予补偿;对认定为违法建筑和超过批准期限的临时建筑的,不予补偿。"

(五) 补偿协议的订立与履行

1. 补偿协议的订立

根据《征收条例》第25条第1款的规定,房屋征收部门应与被征收人依法就补偿方式、补偿金额和支付期限、用于产权调换房屋的地点和面积、搬迁费、临时安置费或者周转用房、停产停业损失、搬迁期限、过渡方式和过渡期限等事项,订立补偿协议。关于补偿协议的性质,在理论上存在着民事契约说和行政契约说的争论,我国相关立法倾向于采取行政契约说的观点。但即便将补偿协议定性为行政契约,其订立亦应遵循《合同法》上相关的合同订立要求。

2. 补偿协议的履行

补偿协议订立后,双方当事人应当依约履行合同。一方当事人不履行补偿协议约定的义务的,另一方当事人可以依法提起诉讼。由于《征收条例》采取了“先补偿、后搬迁”的制度设计,因此,当房屋征收部门不依约支付征收补偿费用时,被征收人可以依法行使先履行抗辩权,待房屋征收部门履行支付补偿费的义务后再履行自己的搬迁义务。根据最新《行政诉讼法》(2015 年 5 月 1 日起施行)第 12 条第 11 项的规定,认为行政机关不依法履行、未按照约定履行或者违法变更、解除土地房屋征收补偿协议的,公民、法人或者其他组织应依法提起行政诉讼。由此规定可见,我国《行政诉讼法》把征收补偿协议定性为行政契约,进而规定因其履行而引发的纠纷案件性质为行政案件,应循行政诉讼程序解决。[①]

(六) 补偿决定的作出与公告

1. 补偿决定的作出

通过签订补偿协议确定双方当事人之间的权利义务关系是实施房屋征收补偿的一种最佳方式,因为补偿协议是双方当事人意思自主与意思合致的结果,能最好地实现当事人的补偿意愿和利益偏好。但补偿协议的达成与签订必然会受制于一定的条件限制,有时当事人之间难以形成意思表示的一致,有时需要签订补偿协议的另一方当事人并不明确。为解决这一问题,《征收条例》第 26 条第 1 款规定:“房屋征收部门与被征收人在征收补偿方案确定的签约期限内达不成补偿协议,或者被征收房屋所有权人不明确的,由房屋征收部门报请作出房屋征收决定的市、县级人民政府依照本条例的规定,按照征收补偿方案作出补偿决定,并在房屋征收范围内予以公告。”依该条规定,当补偿协议无法签订时,则由市、县级人民政府依法作出补偿决定。

补偿决定与补偿协议有着根本的不同,前者是征收决定者单方意志的体现,而后者是双方当事人意思合致的结果。因此在性质上,补偿协议的达成是一种双方行为,而补偿决定的作出则是一种单方行政行为。但补偿决定虽是由征收决定者单方作出的,却不意味着对补偿决定的作出没有任何限制。除《征收条例》第 26 条第 1 款规定的可以作出补偿决定的两种情形的限制外,补偿决定还必须按照征收补偿方案作出。并且,该条例第 26 条第 2 款还规定:“补偿决定应当公平,包括本条例第 25 条第 1 款规定的有关补偿协议的事项。”该规定是对补偿决定内容的限制。依该规定,补偿决定要满足公平的要求,除须在内容上包括法定的补偿协议事项外,还应当尽可能地比照与其他最相类似的被征收人签订的补偿协议的权利义务内容,来设置补偿决定所针对的被征收人的权利义务内容。因此,补偿决定的作出不是一项任意行政行为,而是一项羁束行政行为。

2. 补偿决定的公告

补偿决定作出后,市、县级人民政府应当依法对补偿决定予以公告。依《征收条例》第

---

① 征收补偿协议的一方为政府(“官”),另一方为房屋所有权人(“民”),根据《行政诉讼法》第 2 条第 1 款的规定,行政案件的受案范围仅限于“民告官”的案件。就补偿协议的履行纠纷而言,如果是作为“民”的一方不履行补偿协议的,“官”要告“民”的话,其案件性质为何?就此问题,《行政诉讼法》《征收条例》等都未作规定。在解释上,当出现“官告民”的纠纷情形时,就只能作为民事案件循民事诉讼程序解决了。但在法理上,对于因同一纠纷事实而引发的案件,只是因起诉主体的不同而异其性质,是否妥当,尚有更进一步予以讨论的余地。

26条第1款的规定,补偿决定应“在房屋征收范围内予以公告”。从实践操作的角度来看,该规定尚嫌笼统。如果是针对被征收房屋所有权人不明确而作出的补偿决定,因被征收人不明,所以无法通过其他送达方式告知其补偿决定的作出,采用在房屋征收范围内公告的方式送达是恰当的。但如果是针对被征收人明确,只是在签约期限内不能达成补偿协议的被征收人,只通过在房屋征收范围内公告的方式送达,则并不恰当。于此情形,补偿决定机关除应依法公告外,还应当将补偿决定直接送达被征收人,由被征收人签收。只有这样,才能保证被征收人及时知晓补偿决定的内容,也才能保证其及时采取后续的救济措施。

(七) 对补偿决定不服的救济

既然补偿决定的作出是一项具体行政行为,那么针对这一具体行政行为的救济就只能是行政复议和行政诉讼。所以,《征收条例》第26条第3款明确规定:“被征收人对补偿决定不服的,可以依法申请行政复议,也可以依法提起行政诉讼。”而有关行政复议与行政诉讼的申请、提起和进行,应依据《行政复议法》和《行政诉讼法》操作。

(八) 自行搬迁

自行搬迁是指被征收人在作出房屋征收决定的市、县级人民政府对其给予补偿后,在补偿协议约定或者补偿决定确定的搬迁期限内自行完成搬迁。自行搬迁是国有土地上房屋征收搬迁的常态,是被征收人履行补偿协议的搬迁义务或者遵从补偿决定的搬迁义务而自愿完成的行为。须强调的是,自行搬迁以房屋征收部门或作出征收决定的市、县级人民政府遵从了“先补偿,后搬迁”的原则履行了自己的补偿义务为前提,未履行补偿义务的,被征收人没有义务自行搬迁。

暴力搬迁曾是我国国有土地上房屋征收实践中的一个突出问题。为解决这一问题,《征收条例》第27条第3款规定:“任何单位和个人不得采取暴力、威胁或者违反规定中断供水、供热、供气、供电和道路通行等非法方式迫使被征收人搬迁。”依该规定,不论是作出征收决定的市、县级人民政府,还是房屋征收部门、房屋征收实施单位以及其他的单位和个人,都无权在被征收人拒绝自行搬迁时采取暴力、威胁以及其他的非法方式强迫其搬迁。为保证该规定的落实,《征收条例》于第31条规定了严厉的法律责任:“采取暴力、威胁或者违反规定中断供水、供热、供气、供电和道路通行等非法方式迫使被征收人搬迁,造成损失的,依法承担赔偿责任;对直接负责的主管人员和其他直接责任人员,构成犯罪的,依法追究刑事责任;尚不构成犯罪的,依法给予处分;构成违反治安管理行为的,依法给予治安管理处罚。”

在《征收条例》施行前,征收国有土地上房屋的,建设单位是“拆迁人”。在利益驱动下,作为拆迁人的建设单位往往采取一些非法的方式推进拆迁进程,是暴力拆迁的主要肇事者。为彻底解决暴力搬迁问题,《征收条例》于第27条第3款还明确规定:“禁止建设单位参与搬迁活动。”

(九) 强制搬迁

强制搬迁是指被征收人在法定期限内不申请行政复议或者不提起行政诉讼,在补偿决定规定的期限内又不搬迁的,由作出房屋征收决定的市、县级人民政府依法申请人民法院强制执行。

在《征收条例》施行前,在国有土地上的房屋征收中,政府既可以责成有关部门强制拆迁,也可以申请法院强制拆迁。虽然行政强制拆迁占强制拆迁总数的比例很低,但行政强拆中出现的恶性事件影响极大,必须高度重视。为解决行政强拆导致的问题,《征收条例》明确取消了行政强拆,规定强制搬迁必须由人民法院依法强制执行。

在适用的范围上,强制搬迁针对的是补偿决定的强制执行,而不包括补偿协议的强制执行。被征收人不履行补偿协议约定的搬迁义务,房屋征收部门也可以申请人民法院强制执行,但此种强制执行针对的是违约责任的承担,不属强制搬迁的范畴。只有在市、县级人民政府依法作出补偿决定,而被征收人在补偿决定确定的搬迁期限内拒不搬迁,又在法定的期限内不行使行政复议权或行政诉讼权的,才可以申请法院强制搬迁。因此,人民法院通过强制执行实现强制搬迁,是行政责任的承担而非违约责任的承担。

"先补偿,后搬迁"的要求不仅针对自行搬迁适用,对强制搬迁也同样适用。因此,《征收条例》第28条第2款明确规定:"强制执行申请书应当附具补偿金额和专户存储账号、产权调换房屋和周转用房的地点和面积等材料。"强制执行申请书不附具这些材料的,实质上可推定为申请强制执行的市、县级人民政府没有履行"先补偿,后搬迁"的法定义务,人民法院不能受理,更不得强制执行。

为依法正确办理市、县级人民政府申请人民法院强制执行国有土地上房屋征收补偿决定案件,维护公共利益,保障被征收房屋所有权人的合法权益,最高人民法院制定发布了《关于办理申请人民法院强制执行国有土地上房屋征收补偿决定案件若干问题的规定》(法释〔2012〕4号)。依其规定,申请人民法院强制执行征收补偿决定案件,由房屋所在地基层人民法院管辖,高级人民法院可以根据本地实际情况决定管辖法院。申请机关向人民法院申请强制执行,除提供《征收条例》第28条规定的强制执行申请书及附具材料外,还应当提供下列材料:(1) 征收补偿决定及相关证据和所依据的规范性文件;(2) 征收补偿决定送达凭证、催告情况及房屋被征收人、直接利害关系人的意见;(3) 社会稳定风险评估材料;(4) 申请强制执行的房屋状况;(5) 被执行人的姓名或者名称、住址及与强制执行相关的财产状况等具体情况;(6) 法律、行政法规规定应当提交的其他材料。强制执行申请书应当由申请机关负责人签名,加盖申请机关印章,并注明日期。强制执行的申请应当自被执行人的法定起诉期限届满之日起3个月内提出;逾期申请的,除有正当理由外,人民法院不予受理。人民法院认为强制执行的申请符合形式要件且材料齐全的,应当在接到申请后5日内立案受理,并通知申请机关;不符合形式要件或者材料不全的应当限期补正,并在最终补正的材料提供后5日内立案受理;不符合形式要件或者逾期无正当理由不补正材料的,裁定不予受理。申请机关对不予受理的裁定有异议的,可以自收到裁定之日起15日内向上一级人民法院申请复议,上一级人民法院应当自收到复议申请之日起15日内作出裁定。人民法院应当自立案之日起30日内作出是否准予执行的裁定;有特殊情况需要延长审查期限的,由高级人民法院批准。人民法院在审查期间,可以根据需要调取相关证据、询问当事人、组织听证或者进行现场调查。征收补偿决定存在下列情形之一的,人民法院应当裁定不准予执行:(1) 明显缺乏事实根据;(2) 明显缺乏法律、法规依据;(3) 明显不符合公平补偿原则,严重损害被执行人合法权益,或者使被执行人基本生活、生产经营条件没有保障;(4) 明显违反行政目的,严重损害公共利益;(5) 严重违反法定程序或者正当程序;(6) 超越职权;(7) 法律、法规、规章等规定的其他不宜强制执行的情形。人民法院裁定不准予执行的,应当说明理由,并在5日内将裁定送达申请机关。申请机关对不准予执行的裁定有异议的,可以自收到裁定之日起15日内向上一级人民法院申请复议,上一级人民法院应当自收到复议申请之日起30日内作出裁定。人民法院裁定准予执行的,应当在5日内将裁定送达申请机关和被执行人,并可以根据实际情况建议申请机关依法采取必要措施,保障征收与补偿活动顺利实施。人民法院裁定准予执行的,一般由作出征收补偿决定的市、县级人民政府组织实施,也可以由人民法院执行。

(十) 补偿监督

1. 征收补偿档案的建立

根据《征收条例》第29条的规定,房屋征收部门应当依法建立房屋征收补偿档案。建立补偿档案的目的在于保存房屋征收补偿信息,而房屋征收与补偿信息是一种政府信息。所谓政府信息,是指行政机关在履行职责过程中制作或者获取的,以一定形式记录、保存的信息。因此,房屋征收部门应依《中华人民共和国政府信息公开条例》建立征收补偿档案。

2. 分户补偿情况的公布

为增加房屋征收补偿的透明度,《征收条例》要求应将分户补偿情况在房犀征收范围内向被征收人公布。当被征收人只是一户时,不存在分户补偿,也不存在其他被征收人的知情权问题。但当被征收人是两户以上时,就须分户补偿。为保证分户补偿的公开、公平、公正,就有必要将分户补偿情况公布。房屋征收部门不仅须公布分户补偿情况,其还有义务接受其他被征收人查询或申请公开分户补偿情况信息的请求,不得违法无故不予查询或拒绝公开。

3. 征收补偿费用的审计监督

《中华人民共和国审计法》(以下简称《审计法》)第2条规定:“国务院和县级以上地方人民政府设立审计机关。国务院各部门和地方各级人民政府及其各部门的财政收支,国有的金融机构和企业事业组织的财务收支,以及其他依照本法规定应当接受审计的财政收支、财务收支,依照本法规定接受审计监督。审计机关对前款所列财政收支或者财务收支的真实、合法和效益,依法进行审计监督。”《征收条例》第29条第2款规定:“审计机关应当加强对征收补偿费用管理和使用情况的监督,并公布审计结果。”结合上述两条规定,作出征收决定和补偿决定的市、县级人民政府的审计机关,应当依照《审计法》的规定,加强对征收补偿费用的管理和使用情况的审计监督。

第四节 房地产开发企业

一、房地产开发企业的设立条件

房地产开发企业是以营利为目的,从事房地产开发和经营的企业。依照《城市房地产管理法》第30条的规定,设立房地产开发企业,应当具备下列条件:

(一) 有自己的名称和组织机构

房地产开发企业是法人组织,应有自己的名称和组织机构。房地产开发企业的名称包括字号、行业和组织形式三方面的内容,如果设立有限责任公司和股份有限公司,还必须在公司名称中标明“有限责任”或“股份有限”字样。

房地产企业的组织机构是形成房地产企业意志,对内管理房地产企业事务,对外代表企业从事民事活动的组织。房地产组织机构因企业组织形式不同而不同,设立有限责任公司的,其组织机构包括股东会和董事会;采取股份有限公司形式时,其组织机构包括股东大会、董事会和监事会。

(二) 有固定的经营场所

房地产开发企业必须有固定场所,不能游动性地从事生产经营活动。法律作此规定是因为可以此为房地产开发企业的活动中心,以便房地产开发企业与各方面的联系,开展房地产开发经营活动,也有利于保护与房地产开发企业有经济往来的相对人。这里的场所并非住所,企业的固定经营场所通常并非一个,而住所只能有一个。依照《民法通则》第39条的规定,法人以它的主要办事机构所在地为住所。房地产企业的诸多固定经营场所中,以其主要的办事机构为住所。

(三) 有符合国务院规定的注册资本

房地产开发企业进行房地产开发经营活动必须拥有资本,注册资本的多少在一定程度上反映了企业的经济实力。为保证投资开发房地产的能力,房地产开发企业的注册资本必须适应房地产开企业的规模,不得低于最低限额。《城市房地产开发经营管理条例》第5条规定,设立房地产开发企业,必须有100万元以上的注册资本。此外,不同资质的房地产开发企业,有不同的注册资本的要求。国务院还授权省、自治区、直辖市人民政府可以根据本地方的实际情况,对设立房地产开发企业的注册资本提出高于100万元的要求。[1]

(四) 有足够的专业技术人员

房地产开企业除具有资金密集的特点外,还具有技术密集的特点。这就决定了房地产开发企业必须有足够的、具有相当技术水平的会计、统计、财务、营销等方面的经济管理人员和规划、设计、施工等方面的工程技术人员。《城市房地产开发经营管理条例》第5条规定,设立房地产开发企业,必须有4名以上持有资格证书的房地产专业、建筑工程专业的专职技术人员,2名以上持有资格证书的专职会计人员。省、自治区、直辖市人民政府还可以根据本地方的实际情况,对设立房地产开发企业的专业技术人员的条件作出更高要求的规定。

(五) 法律、行政法规规定的其他条件

房地产开企业的设立还要符合其他法律和行政法规的规定。如设立有限责任公司、股份有限公司,从事房地产开发经营的,应当执行公司法的有关规定;外商投资设立房地产开发企业的,应当依照外商投资企业法律、行政法规的规定,办理有关审批手续等。

二、房地产开发企业的设立程序

根据《城市房地产管理法》第30条规定,设立房地产开发企业,应当向工商行政管理部门申请设立登记。工商行政管理部门对符合规定的设立条件的,应当予以登记,发给营业执照;对不符合规定条件的,不予登记。设立有限责任公司、股份有限公司,从事房地产开发经

① 根据2013年12月28日第十二届全国人民代表大会常务委员会第六次会议《关于修改〈中华人民共和国海洋环境保护法〉等七部法律的决定》,修正后的《公司法》已经原则上取消了公司设立的最低注册资本制。如《公司法》第26条第1款规定:“有限责任公司的注册资本为在公司登记机关登记的全体股东认缴的出资额。”第80条第1、2两款规定:“股份有限公司采取发起设立方式设立的,注册资本为在公司登记机关登记的全体发起人认购的股本总额。在发起人认购的股份缴足前,不得向他人募集股份。股份有限公司采取募集方式设立的,注册资本为在公司登记机关登记的实收股本总额。”但对于房地产开发企业而言,最低注册资本制仍有其适用。《公司法》第26条第2款规定:“法律、行政法规以及国务院决定对有限责任公司注册资本实缴、注册资本最低限额另有规定的,从其规定。”《公司法》第80条第3款规定:“法律、行政法规以及国务院决定对股份有限公司注册资本实缴、注册资本最低限额另有规定的,从其规定。”因此,根据以上两条规定,《城市房地产开发经营管理条例》对房地产开发企业最低注册资本的要求,仍然有效。

营的,还应当执行《公司法》的有关规定。房地产开发企业在领取营业执照后的一个月内,应当到登记机关所在地的县级以上地方人民政府规定的部门备案。

《城市房地产开发经营管理条例》对上述规定进一步作了细化规定。该条例第7条规定:“设立房地产开发企业,应当向县级以上人民政府工商行政管理部门申请登记。工商行政管理部门对符合本条例第五条规定条件的,应当自收到申请之日起30日内予以登记;对不符合条件不予登记的,应当说明理由。工商行政管理部门在对设立房地产开发企业申请登记进行审查时,应当听取同级房地产开发主管部门的意见。”其第8条规定:“房地产开发企业应当自领取营业执照之日起30日内,持下列文件到登记机关所在地的房地产开发主管部门备案:(1)营业执照复印件;(2)企业章程;(3)验资证明;(4)企业法定代表人的身份证明;(5)专业技术人员的资格证书和聘用合同。”

此外,《中华人民共和国公司登记管理条例》(2014年修订,以下简称《公司登记管理条例》)还于第四章“设立登记”(第17—25条)中,就公司设立登记问题作了专门规定。对于以公司形式设立的房地产开发企业而言,在设立登记时,还须遵循《公司登记管理条例》的上述规定。

三、房地产开发企业的资质管理

依照《城市房地产开发经营管理条例》和《房地产开发企业资质管理规定》(建设部令〔2000〕第77号)的规定,房地产开发主管部门应当根据房地产开发企业的资产、专业技术人员和开发经营业绩等,对备案的房地产开发企业核定资质等级。房地产开发企业应当按照核定的资质等级,承担相应的房地产开发项目。未取得房地产开发资质等级证书(以下简称资质证书)的企业,不得从事房地产开发经营业务。

(一)房地产开发企业的资质等级

房地产开发企业按照企业条件分为一、二、三、四四个资质等级,各资质等级企业的条件如下:

一级资质企业的条件包括:(1)注册资本不低于5000万元;(2)从事房地产开发经营5年以上;(3)近3年房屋建筑面积累计竣工30万平方米以上,或者累计完成与此相当的房地产开发投资额;(4)连续5年建筑工程质量合格率达100%;(5)上一年房屋建筑施工面积15万平方米以上,或者完成与此相当的房地产开发投资额;(6)有职称的建筑、结构、财务、房地产及有关经济类的专业管理人员不少于40人,其中具有中级以上职称的管理人员不少于20人,持有资格证书的专职会计人员不少于4人;(7)工程技术、财务、统计等业务负责人具有相应专业中级以上职称;(8)具有完善的质量保证体系,商品住宅销售中实行了《住宅质量保证书》和《住宅使用说明书》制度;(9)未发生过重大工程质量事故。

二级资质企业的条件包括:(1)注册资本不低于2000万元;(2)从事房地产开发经营3年以上;(3)近3年房屋建筑面积累计竣工15万平方米以上,或者累计完成与此相当的房地产开发投资额;(4)连续3年建筑工程质量合格率达100%;(5)上一年房屋建筑施工面积10万平方米以上,或者完成与此相当的房地产开发投资额;(6)有职称的建筑、结构、财务、房地产及有关经济类的专业管理人员不少于20人,其中具有中级以上职称的管理人员不少于10人,持有资格证书的专职会计人员不少于3人;(7)工程技术、财务、统计等业务负责人具有相应专业中级以上职称;(8)具有完善的质量保证体系,商品住宅销售中实行了

《住宅质量保证书》和《住宅使用说明书》制度;(9) 未发生过重大工程质量事故。

三级资质企业的条件包括:(1) 注册资本不低于800万元;(2) 从事房地产开发经营2年以上;(3) 房屋建筑面积累计竣工5万平方米以上,或者累计完成与此相当的房地产开发投资额;(4) 连续2年建筑工程质量合格率达100%;(5) 有职称的建筑、结构、财务、房地产及有关经济类的专业管理人员不少于10人,其中具有中级以上职称的管理人员不少于5人,持有资格证书的专职会计人员不少于2人;(6) 工程技术、财务等业务负责人具有相应专业中级以上职称,统计等其他业务负责人具有相应专业初级以上职称;(7) 具有完善的质量保证体系,商品住宅销售中实行了《住宅质量保证书》和《住宅使用说明书》制度;(8) 未发生过重大工程质量事故。

四级资质企业的条件包括:(1) 注册资本不低于100万元;(2) 从事房地产开发经营1年以上;(3) 已竣工的建筑工程质量合格率达100%;(4) 有职称的建筑、结构、财务、房地产及有关经济类的专业管理人员不少于5人,持有资格证书的专职会计人员不少于2人;(5) 工程技术负责人具有相应专业中级以上职称,财务负责人具有相应专业初级以上职称,配有专业统计人员;(6) 商品住宅销售中实行了《住宅质量保证书》和《住宅使用说明书》制度;(7) 未发生过重大工程质量事故。

(二) 资质等级的申请、审批

1. 暂定资质证书

房地产开发主管部门在收到房地产企业的备案申请后30日内,向符合条件的企业核发《暂定资质证书》。《暂定资质证书》有效期1年。房地产开发主管部门可以视企业经营情况延长《暂定资质证书》有效期,但延长期限不得超过2年。自领取《暂定资质证书》之日起1年内无开发项目的,《暂定资质证书》有效期不得延长。申请《暂定资质证书》的条件不得低于四级资质企业的条件。临时聘用或者兼职的管理、技术人员不得计入企业管理、技术人员总数。

2. 资质等级的申请

房地产开发企业应当在《暂定资质证书》有效期满前1个月内向房地产开发主管部门申请核定资质等级。房地产开发主管部门应当根据其开发经营业绩核定相应的资质等级。申请核定资质等级的房地产开发企业,应当提交下列证明文件:(1) 企业资质等级申报表;(2) 房地产开发企业资质证书(正、副本);(3) 企业资产负债表和验资报告;(4) 企业法定代表人和经济、技术、财务负责人的职称证件;(5) 已开发经营项目的有关证明材料;(6) 房地产开发项目手册及《住宅质量保证书》《住宅使用说明书》执行情况报告;(7) 其他有关文件、证明。

3. 资质等级的分级审批

房地产开发企业资质等级实行分级审批:一级资质由省、自治区、直辖市人民政府建设行政主管部门初审,报国务院建设行政主管部门审批。二级资质以下企业的审批办法由省、自治区、直辖市人民政府建设行政主管部门制定。经资质审查合格的企业,由资质审批部门发给相应等级的资质证书。资质证书由国务院建设行政主管部门统一制作。资质证书分为正本和副本,资质审批部门可以根据需要核发资质证书副本若干份。任何单位和个人不得涂改、出租、出借、转让、出卖资质证书。企业遗失资质证书,必须在新闻媒体上声明作废后,方可补领。

(三) 各资质等级企业承担的房地产项目范围

一级资质的房地产开发企业承担房地产项目的建设规模不受限制,可以在全国范围承揽房地产开发项目。二级资质以下的房地产开发企业可以承担建筑面积25万平方米以下的开发建设项目,承担业务的具体范围由省、自治区、直辖市人民政府建设行政主管部门确定。各资质等级企业应当在规定的业务范围内从事房地产开发经营业务,不得越级承担任务。

(四) 资质等级证书的年检

房地产开发企业的资质实行年检制度。对于不符合原定资质条件或者有不良经营行为的企业,由原资质审批部门予以降级或者注销资质证书。一级资质房地产开发企业的资质年检由国务院建设行政主管部门或者其委托的机构负责。二级资质以下房地产开发企业的资质年检由省、自治区、直辖市人民政府建设行政主管部门制定办法。房地产开发企业无正当理由不参加资质年检的,视为年检不合格,由原资质审批部门注销资质证书。房地产开发主管部门应当将房地产开发企业资质年检结果向社会公布。

(五) 资质等级证书的变更、注销、吊销、降级和收回

企业变更名称、法定代表人和主要管理、技术负责人,应当在变更30日内,向原资质审批部门办理变更手续。

有以下情形时,应注销原资质等级证书:(1) 企业发生分立、合并的,应当在向工商行政管理部门办理变更手续后的30日内,到原资质审批部门申请办理资质证书注销手续,并重新申请资质等级;(2) 企业破产、歇业或者因其他原因终止业务时,应当在向工商行政管理部门办理注销营业执照后的15日内,到原资质审批部门注销资质证书。

有下列情形时,应当吊销资质证书:(1) 企业超越资质等级从事房地产开发经营的,由县级以上地方人民政府房地产开发主管部门责令限期改正,逾期不改正的,由原资质审批部门吊销资质证书,并提请工商行政管理部门吊销营业执照;(2) 企业开发建设的项目工程质量低劣,发生重大工程质量事故的,由原资质审批部门降低资质等级,情节严重的吊销资质证书,并提请工商行政管理部门吊销营业执照。

企业在商品住宅销售中不按照规定发放《住宅质量保证书》和《住宅使用说明书》的,由原资质审批部门予以警告、责令限期改正、降低资质等级。

企业有下列行为之一的,由原资质审批部门公告资质证书作废,收回证书:(1) 隐瞒真实情况、弄虚作假骗取资质证书的;(2) 涂改、出租、出借、转让、出卖资质证书的。

第五节　房地产开发项目的实施与管理

一、房地产开发项目建设前的准备

(一) 编制项目建议书

建设单位应当根据城市社会经济发展计划、城市总体规划和分区规划、城市建设和住宅发展计划等的要求提出项目建议书,并取得计划行政管理部门的批准。项目建议书一般包括以下内容:项目名称、主办单位和负责人、项目的必要性、项目的规模和地点、投资额、进度以及效益的初步分析等。项目建议书是行政管理部门审批房地产开发项目各种

事项的主要依据。

(二) 可行性研究

可行性研究即建设项目设计任务书,是运用技术经济学的基本原理,对工程项目从技术、经济上论证其可行性,预测工程项目建成后的经济效果,并选择出最优的方案。可行性研究是项目决策的依据,也是筹集资金、申请建设执照等的依据。可行性研究包括以下三方面的内容:市场需求和资源供给研究、工艺和操作技术研究、财务和经济效果研究。

(三) 建设项目用地预申请

根据《建设项目用地预审管理办法》(国土资源部令〔2008〕第42号)的规定,需要审批的建设项目在可行性研究阶段,由建设用地单位提出预审申请;需要核准的建设项目在项目申请报告核准前,由建设单位提出用地预审申请;需要备案的建设项目在办理备案手续后,由建设单位提出用地预审申请;涉密军事项目和国务院批准的特殊建设项目用地,建设用地单位可直接向国土资源部提出预审申请。应当由国土资源部负责预审的输电线塔基、钻探井位、通讯基站等小面积零星分散建设项目用地,由省级国土资源管理部门预审,并报国土资源部备案。

已批准项目建议书的审批类建设项目与需备案的建设项目申请用地预审的,应当提交下列材料:(1) 建设项目用地预审申请表;(2) 建设项目用地预审申请报告,内容包括拟建项目的基本情况、拟选址占地情况、拟用地面积确定的依据和适用建设用地指标情况、补充耕地初步方案、征地补偿费用和矿山项目土地复垦资金的拟安排情况等;(3) 项目建议书批复文件或者项目备案批准文件;(4) 单独选址建设项目拟选址位于地质灾害防治规划确定的地质灾害易发区内的,提交地质灾害危险性评估报告;(5) 单独选址建设项目所在区域的国土资源管理部门出具是否压覆重要矿产资源的证明材料。直接审批可行性研究报告的审批类建设项目与需核准的建设项目,申请用地预审的不提交前述第(2)、(4)、(5)项材料。直接审批可行性研究报告的审批类建设项目与需核准的建设项目,项目单位应当在用地预审完成后,申请用地审批前,依据相关法律法规的规定,办理地质灾害危险性评估与矿产资源压覆情况证明等手续。

对于符合规定条件的预审申请和初审转报件,国土资源管理部门应当受理和接收。不符合的,应当场或在5日内书面通知申请人和转报人,逾期不通知的,视为受理和接收。受国土资源部委托负责初审的国土资源管理部门应当自受理之日起20日内完成初审工作,并转报国土资源部。预审应当审查以下内容:(1) 建设项目选址是否符合土地利用总体规划,是否符合国家供地政策和土地管理法律、法规规定的条件;(2) 建设项目用地规模是否符合有关建设用地指标的规定;(3) 建设项目占用耕地的,补充耕地初步方案是否可行;(4) 征地补偿费用和矿山项目土地复垦资金的拟安排情况;(5) 属《土地管理法》第26条规定情形,建设项目用地需修改土地利用总体规划的,规划的修改方案、规划修改对规划实施影响评估报告等是否符合法律、法规的规定。国土资源管理部门应当自受理预审申请或者收到转报材料之日起20日内,完成审查工作,并出具预审意见。20日内不能出具预审意见的,经负责预审的国土资源管理部门负责人批准,可以延长10日。

预审意见是有关部门审批项目可行性研究报告、核准项目申请报告的必备文件。建设项目用地预审文件有效期为2年,自批准之日起计算。已经预审的项目,如需对土地用途、建设项目选址等进行重大调整的,应当重新申请预审。未经预审或者预审未通过的,不得批复可行性研究报告、核准项目申请报告;不得批准农用地转用、土地征收,不得办理供地手续。预审审查的相关内容在建设用地报批时,未发生重大变化的,不再重复审查。

(四)取得建设项目选址意见书

根据《城乡规划法》第36条规定,按照国家规定需要有关部门批准或者核准的建设项目,以划拨方式提供国有土地使用权的,建设单位在报送有关部门批准或者核准前,应当向城乡规划主管部门申请核发选址意见书,除此以外的建设项目不需要申请选址意见书。依照原建设部、国家计委1991年联合发布的《建设项目选址规划管理办法》的规定,在项目建议书阶段,城市规划行政主管部门应当了解选址工作;在可行性研究阶段,城市规划行政主管部门应当参加选址工作,并且应当对确定安排在城市规划区内的建设项目从城市规划方面提出选址意见书。

建设项目选址意见书应当包括下列内容:(1)建设项目的基本情况,主要包括建设项目名称和性质,用地与建设规模,供水与能源的需求量,采取的运输方式与运输量,以及废水、废气、废渣的排放方式和排放量等。(2)建设项目规划选址的主要依据,包括:经批准的项目建议书;建设项目与城市规划布局的协调;建设项目与城市交通、通讯、能源、市政、防灾规划的衔接与协调;建设项目配套的生活设施与城市生活居住及公共设施规划的衔接与协调;建设项目对于城市环境可能造成的污染影响,以及与城市环境保护规划和风景名胜、文物古迹保护规划的协调。(3)建设项目选址、用地范围和具体规划要求。

建设项目选址意见书,按建设项目计划审批权限实行分级规划管理。县人民政府计划行政主管部门审批的建设项目,由县人民政府城市规划行政主管部门核发选址意见书;地级、县级市人民政府计划行政主管部门审批的建设项目,由该市人民政府城市规划行政主管部门核发选址意见书;直辖市、计划单列市人民政府计划行政主管部门审批的建设项目,由直辖市、计划单列市人民政府城市规划行政主管部门核发选址意见书;省、自治区人民政府计划行政主管部门审批的建设项目,由项目所在地县、市人民政府城市规划行政主管部门提出审查意见,报省、自治区人民政府城市规划行政主管部门核发选址意见书;中央各部门、公司审批的小型和限额以下的建设项目,由项目所在地县、市人民政府城市规划行政主管部门核发选址意见书;国家审批的大中型和限额以上的建设项目,由项目所在地县、市人民政府城市规划行政主管部门提出审查意见,报省、自治区、直辖市、计划单列市人民政府城市规划行政主管部门核发选址意见书,并报国务院城市规划行政主管部门备案。此外,原建设部《关于〈建设项目选址规划管理办法〉有关问题的复函》(建规字〔1992〕第533号)对建设项目选址意见书的审批核发问题,还作了以下补充性规定:(1)由地区行署计划行政主管部门审批的建设项目,其选址意见书,除地方法规规定由地区行署城市规划行政主管部门核发的外,应当由建设项目所在地县、市人民政府城市规划行政主管部门核发。由地区行署城市规划行政主管部门核发选址意见书前,应当先由建设项目所在地县、市人民政府城市规划行政主管部门提出审查意见。(2)省、自治区计划行政主管部门和省、自治区级其他主管部门依法审批的建设项目,其选址意见书应当由省、自治区人民政府城市规划行政主管部门核发。由省、自治区城市规划行政主管部门核发选址意见书前,应当先由建设项目所在地县、市人民政府城市规划行政主管部门提出审查意见。(3)省、自治区人民政府计划行政主管部门审批的建设项目和国家审批的大中型和限额以上的建设项目,除地方法规规定需要由地区行署城市规划行政主管部门提出审查意见的外,由建设项目所在地县、市人民政府城市规划行政主管部门提出审查意见，报省、自治区人民政府城市规划行政主管部门核发选址意见书，其中国家审批的大中型和限额以上的建设项目，还需要报国务院城市规划行政主管部门备案。(4) 地级市人民政府和计划单列市人民政府的城市规划行政主管部门在核发选址意见书前，应当征求建设项目所在地县、市人民政府城市规划行政主管部门的意见。

(五) 取得建设项目用地规划许可证

从规划部门获得建设用地规划许可证是获得建设用地使用权的前置条件。依照原建设部《关于统一实行建设用地规划许可证和建设工程规划许可证的通知》(建规字〔1990〕第66号)的规定，申请建设用地规划许可证一般按照以下程序进行：(1) 用地单位提出申请；(2) 城市规划行政主管部门根据用地项目的性质、规模等，按照城市规划的要求，初步选定用地项目的具体位置和界限；(3) 根据需要，征求有关行政主管部门对用地位置和界限的具体意见；(4) 城市规划行政主管部门根据城市规划的要求向用地单位提供规划设计条件；(5) 审核用地单位提供的规划设计总图；(6) 核发建设用地规划许可证。建设用地规划许可证还应当包括标有建设用地具体界限的附图和明确具体规划要求的附件。附图和附件是建设用地规划许可证的配套证件，具有同等的法律效力。附图和附件由发证单位根据法律、法规规定和实际情况制定。

根据《城乡规划法》第37—39条规定，在城市、镇规划区内以划拨方式提供国有土地使用权的建设项目，经有关部门批准、核准、备案后，建设单位应当向城市、县人民政府城乡规划主管部门提出建设用地规划许可申请，由城市、县人民政府城乡规划主管部门依据控制性详细规划核定建设用地的位置、面积、允许建设的范围，核发建设用地规划许可证。建设单位在取得建设用地规划许可证后，方可向县级以上地方人民政府土地主管部门申请用地，经县级以上人民政府审批后，由土地主管部门划拨土地。在城市、镇规划区内以出让方式提供国有土地使用权的，在国有土地使用权出让前，城市、县人民政府城乡规划主管部门应当依据控制性详细规划，提出出让地块的位置、使用性质、开发强度等规划条件，作为国有土地使用权出让合同的组成部分。未确定规划条件的地块，不得出让国有土地使用权。以出让方式取得国有土地使用权的建设项目，在签订国有土地使用权出让合同后，建设单位应当持建设项目的批准、核准、备案文件和国有土地使用权出让合同，向城市、县人民政府城乡规划主管部门领取建设用地规划许可证。城市、县人民政府城乡规划主管部门不得在建设用地规划许可证中，擅自改变作为国有土地使用权出让合同组成部分的规划条件。规划条件未纳入国有土地使用权出让合同的，该国有土地使用权出让合同无效；对未取得建设用地规划许可证的建设单位批准用地的，由县级以上人民政府撤销有关批准文件；占用土地的，应当及时退回；给当事人造成损失的，应当依法给予赔偿。

(六) 取得建设用地使用权

建设单位在取得建设用地规划许可证后，可以向国土资源管理部门申请建设用地许可。依照《建设用地审查报批管理办法》(国土资源部令〔2010〕第49号)的规定，建设单位提出用地申请时，应当填写《建设用地申请表》，并附具以下材料：(1) 建设单位有关资质证明；(2) 项目可行性研究报告批复或者其他有关批准文件；(3) 国土资源管理部门出具的建设项目用地预审报告；(4) 初步设计或者其他有关批准文件；(5) 建设项目总平面布置图；(6) 占用耕地的，必须提出补充耕地方案；(7) 建设项目位于地质灾害易发区的，应当提供地质灾害危险性评估报告。

建设用地的具体批准机关如下:(1) 具体建设项目需要占用土地利用总体规划确定的城市建设用地范围内的国有建设用地的,由市、县人民政府国土资源管理部门审查,拟订供地方案,报市、县人民政府批准。(2) 在土地利用总体规划确定的城市和村庄、集镇建设用地规模范围内,为实施该规划而将农用地转为建设用地的,按土地利用年度计划分批次由原批准土地利用总体规划的机关批准。在已批准的农用地转用范围内,具体建设项目用地可以由市、县人民政府批准。(3) 具体建设项目需要占用土地利用总体规划确定的国有未利用地的,按照省、自治区、直辖市的规定办理。但是,国家重点建设项目、军事设施和跨省、自治区、直辖市行政区域的建设项目以及国务院规定的其他建设项目用地,应当报国务院批准。具体建设项目需要使用土地的,建设单位应当根据建设项目的总体设计一次申请,办理建设用地审批手续;分期建设的项目,可以根据可行性研究报告确定的方案分期申请建设用地,分期办理建设用地有关审批手续。

建设单位的申请获得批准后,由市、县人民政府向建设单位颁发建设用地批准书。有偿使用国有土地的,由市、县人民政府国土资源管理部门与土地使用者签订国有土地有偿使用合同;划拨使用国有土地的,由市、县人民政府国土资源管理部门向土地使用者核发国有土地划拨决定书。土地使用者在依法申请土地登记后取得建设用地使用权。

另外,依照《城市房屋开发经营管理条例》的规定,建设用地使用权出让或者划拨前,县级以上地方人民政府城市规划行政主管部门和房地产开发主管部门应当对下列事项提出书面意见,作为建设用地使用权出让或者划拨的依据之一:(1) 房地产开发项目的性质、规模和开发期限;(2) 城市规划设计条件;(3) 基础设施和公共设施的建设要求;(4) 基础设施建成后的产权界定;(5) 项目拆迁补偿、安置要求。

(七) 申领建设工程规划许可证

根据《城乡规划法》第 40 条规定,在城市、镇规划区内进行建筑物、构筑物、道路、管线和其他工程建设的,建设单位或者个人应当向城市、县人民政府城乡规划主管部门或者省、自治区、直辖市人民政府确定的镇人民政府申请办理建设工程规划许可证。申请办理建设工程规划许可证,应当提交使用土地的有关证明文件、建设工程设计方案等材料。需要建设单位编制修建性详细规划的建设项目,还应当提交修建性详细规划。对符合控制性详细规划和规划条件的,由城市、县人民政府城乡规划主管部门或者省、自治区、直辖市人民政府确定的镇人民政府核发建设工程规划许可证。

依照《关于统一实行建设用地规划许可证和建设工程规划许可证的通知》的规定,申请建设工程规划许可证一般按照以下程序进行:(1) 用地单位持有关批准文件向城市规划行政主管部门提出建设申请;(2) 城市规划行政主管部门根据城市规划提出建设工程规划设计要求;(3) 城市规划行政主管部门征求并综合协调有关行政主管部门对建设工程设计方案的意见,审定建设工程初步设计方案;(4) 城市规划行政主管部门审核建设单位或个人提供的工程施工图后,核发建设工程规划许可证。

建设工程规划许可证所包括的附图和附件,按照建筑物、构筑物、道路、管线以及个人建房等不同要求,由发证单位根据法律、法规规定和实际情况制定。附图和附件是建设工程规划许可证的配套证件,具有同等法律效力。

二、房地产开发项目建设管理

依照《城市房地产管理法》和《城市房地产开发经营管理条例》的规定，房地产开发企业开发建设的房地产项目，应当符合有关法律、法规的规定和建筑工程勘察、设计、施工的技术规范以及合同的约定。

（一）勘察设计管理

建设工程勘察是指根据建设工程的要求，查明、分析、评价建设场地的地质地理环境特征和岩土工程条件，编制建设工程勘察文件的活动。建设工程设计是指根据建设工程的要求，对建设工程所需的技术、经济、资源、环境等条件进行综合分析、论证，编制建设工程设计文件的活动。

为规范建设工程的勘察设计，我国制定了一系列的勘察设计管理方面的法律、法规和规章，主要有《建筑法》《建设工程勘察设计管理条例》（国务院令〔2000〕第293号）、《工程勘察设计收费管理规定》（计价格〔2002〕10号）、《建设工程勘察设计资质管理规定》（建设部令〔2006〕第160号）、《工程建设项目勘察设计招标投标办法》（国家发改委等八部委令〔2003〕第2号，2013年修订）、《勘察设计注册工程师管理规定》（建设部令〔2005〕第137号）等。

1. 勘察设计单位的资质资格管理

我国对从事建设工程勘察、设计活动的单位，实行资质管理制度。依照《建设工程勘察设计资质管理规定》的要求，从事建设工程勘察、工程设计活动的企业，应当按照其拥有的注册资本、专业技术人员、技术装备和勘察设计业绩等条件申请资质，经审查合格，取得建设工程勘察、工程设计资质证书后，方可在资质许可的范围内从事建设工程勘察、工程设计活动。工程勘察资质分为工程勘察综合资质、工程勘察专业资质、工程勘察劳务资质。工程勘察综合资质只设甲级；工程勘察专业资质设甲级、乙级，根据工程性质和技术特点，部分专业可以设丙级；工程勘察劳务资质不分等级。取得工程勘察综合资质的企业，可以承接各专业（海洋工程勘察除外）、各等级工程勘察业务；取得工程勘察专业资质的企业，可以承接相应等级相应专业的工程勘察业务；取得工程勘察劳务资质的企业，可以承接岩土工程治理、工程钻探、凿井等工程勘察劳务业务。工程设计资质分为工程设计综合资质、工程设计行业资质、工程设计专业资质和工程设计专项资质。工程设计综合资质只设甲级；工程设计行业资质、工程设计专业资质、工程设计专项资质设甲级、乙级。根据工程性质和技术特点，个别行业、专业、专项资质可以设丙级，建筑工程专业资质可以设丁级。取得工程设计综合资质的企业，可以承接各行业、各等级的建设工程设计业务；取得工程设计行业资质的企业，可以承接相应行业相应等级的工程设计业务及本行业范围内同级别的相应专业、专项（设计施工一体化资质除外）工程设计业务；取得工程设计专业资质的企业，可以承接本专业相应等级的专业工程设计业务及同级别的相应专项工程设计业务（设计施工一体化资质除外）；取得工程设计专项资质的企业，可以承接本专项相应等级的专项工程设计业务。

2. 勘察设计人员执业资格注册管理

国家对从事建设工程勘察、设计活动的专业技术人员，实行执业资格注册管理制度。依照《勘察设计注册工程师管理规定》的规定，从事建设工程勘察设计活动必须取得注册工程师资格。所谓注册工程师，是指经考试取得注册工程师资格证书，并依照法律规定注册，取得中华人民共和国注册工程师注册执业证书和执业印章，从事建设工程勘察、设计及有关业务活动的专业技术人员。注册工程师按专业类别设置，除注册结构工程师分为一级和二级外，其他专业注册工程师不分级别。未经注册的建设工程勘察、设计人员，不得以注册执业人员的名义从事建设工程勘察、设计活动。建设工程勘察、设计注册执业人员和其他专业技术人员只能受聘于一个建设工程勘察、设计单位。未受聘于建设工程勘察、设计单位的，不得从事建设工程的勘察、设计活动。

3. 建设工程勘察设计发包与承包

建设工程勘察、设计发包依法实行招标发包或者直接发包。建设工程勘察、设计应当依照《招标投标法》《工程建设项目勘察设计招标投标办法》《工程建设项目招标范围和规模标准规定》(国家计委令〔2000〕第3号)的有关规定进行。

从原则上说，符合《工程建设项目招标范围和规模标准规定》规定的范围和标准的建设工程勘察设计，必须进行招标。下列建设工程的勘察、设计，经有关主管部门批准，可以不进行招标：(1) 涉及国家安全、国家秘密的；(2) 抢险救灾的；(3) 主要工艺、技术采用特定的专利或者专有技术的；(4) 技术复杂或专业性强，能够满足条件的勘察设计单位少于三家，不能形成有效竞争的；(5) 已建成项目需要改、扩建或者技术改造，由其他单位进行设计影响项目功能配套性的。

4. 建设工程勘察设计文件的编制与实施

(1) 建设工程文件的编制。编制依据包括：项目批准文件；城市规划；工程建设强制性标准；国家规定的建设工程勘察、设计深度要求。铁路、交通、水利等专业建设工程，还应当以专业规划的要求为依据。编制要求包括：编制建设工程勘察文件，应当真实、准确，满足建设工程规划、选址、设计、岩土治理和施工的需要；编制方案设计文件，应当满足编制初步设计文件和控制概算的需要；编制初步设计文件，应当满足编制施工招标文件、主要设备材料订货和编制施工图设计文件的需要；编制施工图设计文件，应当满足设备材料采购、非标准设备制作和施工的需要，并注明建设工程合理使用年限；设计文件中选用的材料、构配件、设备，应当注明其规格、型号、性能等技术指标，其质量要求必须符合国家规定的标准。除有特殊要求的建筑材料、专用设备和工艺生产线等外，设计单位不得指定生产厂、供应商。

(2) 建设工程勘察设计文件的实施。建设工程勘察、设计单位应当在建设工程施工前，向施工单位和监理单位说明建设工程勘察、设计意图，解释建设工程勘察、设计文件。建设工程勘察、设计单位应当及时解决施工中出现的勘察、设计问题。建设工程勘察、设计文件中规定采用的新技术、新材料，可能影响建设工程质量和安全，又没有国家技术标准的，应当由国家认可的检测机构进行试验、论证，出具检测报告，并经国务院有关部门或者省、自治区、直辖市人民政府有关部门组织的建设工程技术专家委员会审定后，方可使用。

(二) 施工管理

依照《城市房地产管理法》和《城市房地产开发经营管理条例》对房地产开发项目的施工提出的基本要求，房地产施工必须符合法律、法规规定，并符合相应的质量安全标准和技术规范。《城市房地产开发经营管理条例》还规定，房地产开发项目的开发建设应当统筹安排配套基础设施，并根据先地下、后地上的原则实施。

为规范房地产开发项目的施工，建设项目的施工除要符合《城市房地产管理法》《建筑法》《城市房地产开发经营管理条例》的规定外，还要符合以下法规和规章的要求：《工程建设项目施工招标投标办法》(国家发改委等七部委令〔2003〕第30号,2013年修订)、《建筑工程施工许可管理办法》(住建部令〔2014〕第 18 号)、《建设工程施工发包与承包价格管理暂行规定》(建标〔1999〕1 号)等。

1. 施工企业资质管理

根据住建部《建筑业企业资质等级标准》(建市〔2014〕159 号)的规定,建筑业企业资质分为施工总承包、专业承包和施工劳务三个序列,每个序列一般设特级、一级、二级、三级四个等级。具备法人资格的企业申请建筑业企业资质的,应当具备以下基本条件:(1) 具有满足要求的资产;(2) 具备满足要求的注册建造师以及其他注册技术人员、工程技术人员、施工现场管理人员和技术工作;(3) 具备要求的工程业绩;(4) 具备必要的技术装备。《建筑业企业资质等级标准》对不同等级的企业的资质等级标准、承包工程范围作出了详细的分类规定。

2. 施工单位的确定

对于符合《工程建设项目招标范围和规模标准规定》规定的范围和标准的建设项目,原则上必须通过招标选择施工单位。但下列项目除外:(1) 涉及国家安全、国家秘密、抢险救灾或者属于利用扶贫资金实行以工代赈需要使用农民工等特殊情况,不适宜进行招标;(2) 施工主要技术采用不可替代的专利或者专有技术;(3) 已通过招标方式选定的特许经营项目投资人依法能够自行建设;(4) 采购人依法能够自行建设;(5) 在建工程追加的附属小型工程或者主体加层工程,原中标人仍具备承包能力,并且其他人承担将影响施工或者功能配套要求;(6) 国家规定的其他情形。

建设工程施工招标分为公开招标和邀请招标。所谓公开招标,是指招标人以招标公告的方式邀请不特定的法人或其他组织投标;所谓邀请招标,是指招标人以投标邀请书的方式邀请特定的法人或其他组织投标。依法必须进行公开招标的项目,有下列情形之一的,可以邀请招标:(1) 项目技术复杂或有特殊要求,或者受自然地域环境限制,只有少量潜在投标人可供选择;(2) 涉及国家安全、国家秘密或者抢险救灾,适宜招标但不宜公开招标;(3) 采用公开招标方式的费用占项目合同金额的比例过大。全部使用国有资金投资或者国有资金投资占控股或者主导地位的并需要审批的工程建设项目的邀请招标,应当经项目审批部门批准,但项目审批部门只审批立项的,由有关行政监督部门批准。

3. 建筑工程施工许可

根据《建筑法》和《建筑工程施工许可管理办法》的相关规定,原则上,在我国境内从事各类房屋建筑及其附属设施的建造、装修装饰和与其配套的线路、管道、设备的安装,以及城镇市政基础设施工程的施工,建设单位在开工前应当依法向工程所在地的县级以上地方人民政府住房城乡建设主管部门申请领取施工许可证。但在以下例外情形,无需申领施工许可证:(1) 工程投资额在 30 万元以下或者建筑面积在 300 平方米以下的建筑工程,可以不申请办理施工许可证。(2) 按照国务院规定的权限和程序批准开工报告的建筑工程,不再领取施工许可证。应当申请领取施工许可证的建筑工程未取得施工许可证的,一律不得开工。

建设单位申请领取施工许可证,应当具备下列条件,并提交相应的证明文件:(1) 依法应当办理用地批准手续的,已经办理该建筑工程用地批准手续。(2) 在城市、镇规划区的建筑工程,已经取得建设工程规划许可证。(3) 施工场地已经基本具备施工条件,需要征收房屋的,其进度符合施工要求。(4) 已经确定施工企业。按照规定应当招标的工程没有招标,应当公开招标的工程没有公开招标,或者肢解发包工程,以及将工程发包给不具备相应资质条件的企业的,所确定的施工企业无效。(5) 有满足施工需要的技术资料,施工图设计文件已按规定审查合格。(6) 有保证工程质量和安全的具体措施。施工企业编制的施工组织设计中有根据建筑工程特点制定的相应质量、安全技术措施。建立工程质量安全责任制并落实到人。专业性较强的工程项目编制了专项质量、安全施工组织设计,并按照规定办理了工程质量、安全监督手续。(7) 按照规定应当委托监理的工程已委托监理。(8) 建设资金已经落实。建设工期不足一年的,到位资金原则上不得少于工程合同价的50%,建设工期超过一年的,到位资金原则上不得少于工程合同价的30%。建设单位应当提供本单位截至申请之日无拖欠工程款情形的承诺书或者能够表明其无拖欠工程款情形的其他材料,以及银行出具的到位资金证明,有条件的可以实行银行付款保函或者其他第三方担保。(9) 法律、行政法规规定的其他条件。

(三) 监理管理

工程建设监理是指监理单位受项目法人的委托,依据国家批准的工程项目建设文件、有关工程建设的法律、法规和工程建设监理合同及其他工程建设合同,对工程建设实施的监督管理。工程建设监理除要符合《建筑法》《城市房地产管理法》等法律外,还要遵守下列法规和规章:《工程建设监理规定》(建监〔1995〕第737号)、《注册监理工程师管理规定》(建设部令〔2005〕第147号)、《工程监理企业资质管理规定》(建设部令〔2007〕第158号)等。

1. 工程监理单位及注册监理工程师

从事建设工程监理活动的企业,应当按照《工程监理企业资质管理规定》取得工程监理企业资质,并在工程监理企业资质证书许可的范围内从事工程监理活动。工程监理企业资质分为综合资质、专业资质和事务所资质。其中,专业资质按照工程性质和技术特点划分为若干工程类别;综合资质、事务所资质不分级别;专业资质分为甲级、乙级。其中,房屋建筑、水利水电、公路和市政公用专业资质可设立丙级。

注册监理工程师是指经考试取得中华人民共和国监理工程师资格证书,并按照《注册监理工程师管理规定》注册,取得中华人民共和国注册监理工程师注册执业证书和执业印章,从事工程监理及相关业务活动的专业技术人员。注册监理工程师实行注册执业管理制度。取得资格证书的人员,经过注册后方能以注册监理工程师的名义执业。未取得注册证书和执业印章的人员,不得以注册监理工程师的名义从事工程监理及相关业务活动。

2. 工程建设监理范围及内容

工程建设监理的范围包括:大、中型工程项目;市政、公用工程项目;政府投资兴建和开发建设的办公楼、社会发展事业项目及住宅工程项目;外资、中外合资、国外贷款、赠款、捐款建设的工程项目。依照《建设工程质量管理条例》(国务院令〔2000〕第279号)和《建设工程监理范围和规模标准规定》的规定,下列建设工程必须实行监理:(1) 国家重点建设工程;(2) 大中型公用事业工程;(3) 成片开发建设的住宅小区工程;(4) 利用外国政府或者国际组织贷款,援助资金的工程;(5) 国家规定必须实行监理的其他工程。

工程建设监理的主要内容是控制工程建设的投资、建设工期和工程质量;进行工程建设合同管理,协调有关单位间的工作关系。

3. 工程建设监理合同与监理程序

项目法人一般通过招标投标方式择优选定监理单位。监理单位承担监理业务,应当与项目法人签订书面工程建设监理合同,其内容包括:监理的范围和内容、双方的权利与义务、监理费的计取与支付、违约责任、双方约定的其他事项。实施监理前,项目法人应当将委托的监理单位、监理的内容、总监理工程师姓名及所赋予的权限,书面通知被监理单位;总监理工程师应当将其授权监理工程师的权限,书面通知被监理单位。监理单位应根据所承担的监理任务,组建工程建设监理机构。监理机构一般由总监理工程师、监理工程师和其他监理人员组成。承担工程施工阶段的监理、监理机构应进驻施工现场。在工程建设监理过程中,被监理单位应当按照与项目法人签订的工程建设合同的规定接受监理。

工程建设监理一般应按下列程序进行:编制工程建设监理规划;按工程建设进度、分专业编制工程建设监理细则;按照建设监理细则进行建设监理;参与工程竣工预验收,签署建设监理意见;建设监理业务完成后,向项目法人提交工程建设监理档案资料。

4. 外资、中外合资和国外贷款、赠款、捐款建设的工程建设监理

国外公司或社团组织在中国境内独立投资的工程项目建设,如果需要委托国外监理单位承担建设监理业务时,应当聘请中国监理单位参加,进行合作监理。中国监理单位能够监理的中外合资的工程建设项目,应当委托中国监理单位监理。若有必要,可以委托与该工程项目建设有关的国外监理机构或者聘请监理顾问。国外贷款的工程项目建设,原则上应由中国监理单位负责建设监理。如果贷款方要求国外监理单位参加的,应当与中国监理单位进行合作监理。国外赠款、捐款建设的工程项目,一般由中国监理单位承担建设监理业务。

三、房地产开发项目质量管理

依照《城市房地产管理法》和《城市房地产开发经营管理条例》的规定,房地产开发企业开发建设的房地产项目,应当符合有关法律、法规的规定和建筑工程质量、安全标准以及合同的约定。房地产开发项目竣工,经验收合格后,方可交付使用。为进一步规范房地产开发项目的质量管理,我国还颁布了《建设工程质量管理条例》《房屋建筑工程和市政基础设施工程竣工验收规定》(建质〔2013〕第171号)、《房屋建筑和市政基础设施工程竣工验收备案管理办法》(住建部令〔2009〕第2号)等一系列法规和规章。

(一) 竣工验收

工程竣工验收由建设单位负责组织实施。工程符合下列要求方可进行竣工验收:(1) 完成工程设计和合同约定的各项内容。(2) 施工单位在工程完工后对工程质量进行了检查,确认工程质量符合有关法律、法规和工程建设强制性标准,符合设计文件及合同要求,并提出工程竣工报告。工程竣工报告应经项目经理和施工单位有关负责人审核签字。(3) 对于委托监理的工程项目,监理单位对工程进行了质量评估,具有完整的监理资料,并提出工程质量评估报告。工程质量评估报告应经总监理工程师和监理单位有关负责人审核签字。(4) 勘察、设计单位对勘察、设计文件及施工过程中由设计单位签署的设计变更通知书进行了检查,并提出质量检查报告。质量检查报告应经该项目勘察、设计负责人和勘察、设计单位有关负责人审核签字。(5) 有完整的技术档案和施工管理资料。(6) 有工程使用的主要建筑材料、建筑构配件和设备的进场试验报告,以及工程质量检测和功能性试验资料。(7) 建设单位已按合同约定支付工程款。(8) 有施工单位签署的工程质量保修书。(9) 对于住宅工程,进行分户验收并验收合格,建设单位按户出具《住宅工程质量分户验收表》。(10) 建设主管部门及工程质量监督机构责令整改的问题全部整改完毕。(11) 法律、

法规规定的其他条件。

工程竣工验收应当按以下程序进行：

1. 工程完工后，施工单位向建设单位提交工程竣工报告，申请工程竣工验收。实行监理的工程，工程竣工报告须经总监理工程师签署意见。

2. 建设单位收到工程竣工报告后，对符合竣工验收要求的工程，组织勘察、设计、施工、监理等单位组成验收组，制定验收方案。对于重大工程和技术复杂工程，根据需要可邀请有关专家参加验收组。

3. 建设单位应当在工程竣工验收7个工作日前将验收的时间、地点及验收组名单书面通知负责监督该工程的工程质量监督机构。

4. 建设单位组织工程竣工验收。工作内容包括：(1) 建设、勘察、设计、施工、监理单位分别汇报工程合同履约情况和在工程建设各个环节执行法律、法规和工程建设强制性标准的情况；(2) 审阅建设、勘察、设计、施工、监理单位的工程档案资料；(3) 实地查验工程质量；(4) 对工程勘察、设计、施工、设备安装质量和各管理环节等方面作出全面评价，形成经验收组人员签署的工程竣工验收意见。参与工程竣工验收的建设、勘察、设计、施工、监理等各方不能形成一致意见时，应当协商提出解决的方法，待意见一致后，重新组织工程竣工验收。

工程竣工验收合格后，建设单位应当及时提出工程竣工验收报告。工程竣工验收报告主要包括工程概况，建设单位执行基本建设程序情况，对工程勘察、设计、施工、监理等方面的评价，工程竣工验收时间、程序、内容和组织形式，工程竣工验收意见等内容。工程竣工验收报告还应附有下列文件：(1) 施工许可证；(2) 施工图设计文件审查意见；(3) 工程竣工报告、工程质量评估报告、质量检查报告、工程质量保修书；(4) 验收组人员签署的工程竣工验收意见；(5) 法规、规章规定的其他有关文件。

建设单位应当自工程竣工验收合格之日起15日内，向工程所在地的县级以上地方人民政府建设主管部门备案。根据《房屋建筑和市政基础设施工程竣工验收备案管理办法》的规定，建设单位办理工程竣工验收备案应当提交下列文件：(1) 工程竣工验收备案表；(2) 工程竣工验收报告。竣工验收报告应当包括工程报建日期，施工许可证号，施工图设计文件审查意见，勘察、设计、施工、工程监理等单位分别签署的质量合格文件及验收人员签署的竣工验收原始文件，市政基础设施的有关质量检测和功能性试验资料以及备案机关认为需要提供的有关资料；(3) 法律、行政法规规定应当由规划、环保等部门出具的认可文件或者准许使用文件；(4) 法律规定应当由公安消防部门出具的对大型的人员密集场所和其他特殊建设工程验收合格的证明文件；(5) 施工单位签署的工程质量保修书；(6) 法规、规章规定必须提供的其他文件。住宅工程还应当提交《住宅质量保证书》和《住宅使用说明书》。

(二) 质量保修

建设工程承包单位在向建设单位提交工程竣工验收报告时，应当向建设单位出具质量保修书。质量保修书应当明确建设工程的保修范围、保修期限和保修责任等。

依照《建设工程质量管理条例》的规定，在正常使用条件下，建设工程最低保修期限为：(1) 基础设施工程、房屋建筑的地基基础工程和主体结构工程，为设计文件规定的该工程合理使用年限；(2) 屋面防水工程、有防水要求的卫生间、房间和外墙面的防渗漏，为5年；(3) 供热与供冷系统，为2个采暖期、供冷期；(4) 电气管道、供排水管道、设备安装和装修工程，为2年。其他项目的保修期限由发包方与承包方约定。建设工程的保修期，自竣工验收合格之日起计算。

建设工程在各个范围和保修期限内发生质量问题的，施工单位应当履行保修义务，并对造成的损失承担赔偿责任。建设工程在超过合理使用年限后需要继续使用的，产权所有人应当委托有相应资质等级的勘察、设计单位鉴定，并根据鉴定结果采取加固、维修等措施，重新界定使用期。

四、房地产开发项目资金管理和项目转让

（一）项目资金管理

依照《城市房地产管理法》第31条的规定，房地产开发企业的注册资本与投资总额的比例应当符合国家有关规定。所谓注册资本，是指房地产开发企业在登记管理机关登记的资本总额；所谓投资总额，是指房地产开发企业根据合同规定的项目规模需要投入的基本建设资金和生产开发流动资金总和。注册资本为自有资本，投资总额除自有资本外，还包括借贷资本等。《城市房地产开发经营管理条例》第13条规定，房地产开发项目应当建立资本金制度，资本金（注册资本金）占项目总投资的比例不得低于20%。

《城市房地产管理法》第31条还规定，房地产开发企业分期开发房地产的，分期投资额应当与项目规模相适应，并按照建设用地使用权出让合同的约定，按期投入资金，用于项目建设。

（二）项目转让

依照《城市房地产开发经营管理条例》的规定，作为房地产经营方式的一种，房地产开发项目可以转让。房地产开发项目转让的核心是建设用地使用权的转让，因而，房地产开发项目的转让必须符合建设用地使用权转让的规定。依照《城市房地产管理法》的规定，以出让方式取得建设用地使用权的，转让房地产时，应当符合下列条件：（1）按照出让合同约定已经支付全部建设用地使用权出让金，并取得建设用地使用权证书；（2）按照出让合同约定进行投资开发，属于房屋建设工程的，完成开发投资总额的25%以上，属于成片开发土地的，形成工业用地或者其他建设用地条件。转让房地产时房屋已经建成的，还应当持有房屋所有权证书。以划拨方式取得土地使用权的，转让房地产时，应当按照国务院规定，报有批准权的人民政府审批。有批准权的人民政府准予转让的，应当由受让人办理建设用地使用权出让手续，并依照国家有关规定缴纳建设用地使用权出让金。以划拨方式取得建设用地使用权的，转让房地产报批时，有批准权的人民政府按照国务院规定决定可以不办理建设用地使用权出让手续的，转让人应当按照国务院规定将转让房地产所获收益中的土地收益上缴国家或者作其他处理。

转让房地产开发项目，转让人和受让人应当自建设用地使用权变更登记手续办理完毕之日起30日内，持房地产开发项目转让合同到房地产开发主管部门备案。转让人和受让人须办理两个手续：一个是到国土资源管理部门办理建设用地使用权变更登记手续，一个是到房地产开发主管部门备案。

本章讨论案例

1. 原告某建材公司与甲村委会签订了"场地有偿使用协议书",约定甲村将其所有的土地35亩租赁给原告建设大型超级建材市场,租期为50年。租赁期满后,原告投资建盖的财产:动产部分由原告自行处理,不动产部分无偿归甲村所有。该合同签订后,原告即与被告某汽车有限责任公司协商,双方共同投资建设建材市场。在建材市场建成后,因原告与被告在产权确认上发生争议,双方诉至法院。

问:本案的场地有偿使用协议是否有效?

2. 原告某市海洋实业公司经市建设规划部门批准,在原办公地点兴建高层商用办公楼,并领取了建设用地规划许可证。该规划批准之后,原告考虑到单位职工的住房普遍很紧张,便研究决定将商业办公楼改成商品住宅楼。因资金不足,便与被告该市银河房地产开发公司签订了一份合作建房协议,约定由原告出地,被告出资,合作建设2万平方米商品住宅楼。在施工过程中,因资金发生困难无法继续施工,被告遂提出终止合同,并要求原告返还已投入的资金,原告不同意,双方发生纠纷。原告向法院提起诉讼,要求被告继续履行合建合同。

问:原告将商用办公楼改为商品住宅楼的行为是否合法?

3. 某纺织厂原为国有企业,1990年经S市政府批准,通过划拨方式取得一宗工业用地使用权,建成厂房和职工宿舍。2000年,该企业改制成有限公司,土地资产进行处置后,补办了土地出让手续。2013年,该企业因经营不善处于停产状态。企业处于S市中心城区,地理位置较好,周边已进行商业和房地产开发。该纺织厂到S市规划部门查询得知,现在该宗土地规划用途是住宅用地。于是,该纺织厂向国土资源部门提交申请改变土地用途,拟进行房地产开发。国土资源部门接到申请后告知纺织厂,要对该宗地进行招拍挂,价高者得。纺织厂担心自己拿不到该宗地土地使用权,不同意招拍挂,认为按照规定补交土地差价就可以。

问:S市国土资源部门的答复于法有据吗?纺织厂想通过补交土地差价的方式直接改变土地用途的意愿能否实现?

4. 某市国土资源管理局作为出让方与某房地产开发公司签订了一份《国有土地使用权预约协议书》,就拟出让土地的宗地位置、宗地面积、宗地四至、建设项目、土地用途、出让年限、土地出让金单价与总价、综合开发费、土地出让金支付期限与支付方式、供地条件、违约责任等内容作了明确约定。协议签订后,房地产开发公司依约缴清了全部的土地出让金。但事后,该市国土资源管理局反悔,主张其与该房地产开发公司之间签订的只是一份预约合同,而非正式的国有土地使用出让合同,因而拒绝履约。

问:当事人之间是否已经成立了国有建设用地使用权出让合同关系?

5. 2003年1月6日,某市国土资源局与A公司签订《国有土地使用权出让合同》。该合同第3条约定:市国土资源局出让给A公司的宗地位于沙子口街道办事处段家埠村,宗地面积186235平方米,其中出让土地面积为152702平方米。第4条约定:出让土地用途为住宅;第6条约定:出让年期为50年;第7条约定:出让金为每平方米369.15元,总额为56369943.3元;第15条约定:A公司在按本合同约定支付全部土地使用权出让金之日起30日内,应持本合同和土地使用权出让金支付凭证,按规定向该市国土资源局申请办理土地登记,领取《国有土地使用权证》,取得出让土地使用权。市国土资源局应在受理土地登记申请之日起30日内,依法为A公司办理出让土地使用权登记,颁发《国有土地使用权证》。第40条第2款约定:本合同项下宗地出让方案尚需经S省人民政府批准,本合同自S省人民政府批准之日起生效。合同签订后,A公司依约全面履行了合同义务,但该市国土资源局以合同未生效为由拒绝为A公司办理国有土地使用权证,从而引发诉讼。

问:涉案合同是否为附生效条件合同?涉案合同第40条第2款约定对合同效力有无影响?A公司是否已经取得国有建设用地使用权?

6. 2012年5月9日,某市发改委根据该市建设银行的申请,经审查同意该建设银行在原有的营业综合大数东南侧扩建营业用房建设计划。该项目为三层结构,其中一层为单位用车库,二、三层为银行营业用房。因该项目建设需拆迁邻近的一栋居民楼,故该市建设局于5月21日作出了《房屋征收决定》,直接决定每平方米给予房价补偿1000元,限期1个月内腾迁完毕。其后,住户张三拒绝搬迁。6月25日,该市建设局组织了相关人员,对张三的房屋予以强制拆除。

问:涉案项目建设是否符合公共利益需要的要求?该市建设局是适格的房屋征收决定主体吗?房屋补偿价格的确定程序合法吗?该市建设局有强制执行权吗?本案的征收补偿程序还存在着哪些方面的问题?

第五章

房地产转让法律制度

第一节　房地产转让概述

一、房地产转让的概念和特点

房地产转让是最为典型且最为主要的房地产交易形式。依照《城市房地产管理法》第37条的规定,房地产转让是指房地产权利人通过买卖、赠与或者其他合法方式将其房地产转移给他人的行为。房地产转让具有以下主要特点:

(一) 房地产转让的当事人之间具有平等性

房地产转让的一方当事人是房地产权利人,另一方当事人是房地产受让人,双方当事人处于平等的法律地位,当事人可根据自己意愿决定是否从事及与何人从事房地产转让行为,并且可以就房地产的质量、价款、履行期限等进行平等的协商。因此,房地产转让是平等主体之间进行的一种民事行为。

(二) 房地产转让的客体具有特殊性

房地产转让的客体是房地产,这里的房地产主要包括建设用地使用权、土地承包经营权、地上建筑物或者其他附着物的所有权等。地役权在特定情况下,也可以成为房地产转让的从属性客体。可见,房地产转让的客体是不动产或者不动产权利。

(三) 房地产转让为要式行为

《城市房地产管理法》第41条规定:"房地产转让,应当签订书面转让合同,合同中应当载明土地使用权取得的方式。"《城市房地产转让管理规定》(建设部令〔2001〕第96号)第7条第1项规定:房地产转让当事人应当签订书面转让合同。可见,房地产转让属于要式行为。但须注意的是,以上两条关于要式的规定,其性质属于管理性的强制性规定,对其违反并不导致房地产合同无效。

二、房地产转让的形式

依照《城市房地产管理法》第37条的规定,房地产转让的形式包括买卖、赠与以及其他合法形式。

(一) 买卖

房地产买卖是指出让人将房地产转移给受让人,受让人取得房地产权利并支付相应价款的民事行为。房地产买卖不同于普通商品的买卖,房地产买卖的客体可以是不动产,也可以是不动产权利。由于土地与房屋的不可分离性,因此,在大多数情形下,房地产买卖是房屋所有权与土地使用权(建设用地使用权、宅基地使用权)的一同买卖。

（二）赠与

房地产赠与是指赠与人将其房地产无偿地转移给受赠人的民事行为。房地产赠与也涉及房地产权属的转移,因而也是一种房地产转让行为。

关于房地产赠与,应当注意以下几个问题:第一,房地产赠与合同为诺成合同。《合同法》第185条规定:"赠与合同是赠与人将自己的财产无偿给予受赠人,受赠人表示接受赠与的合同。"该规定明确了赠与合同的诺成性。第二,房地产赠与合同成立后,赠与人应当履行赠与合同的标的物交付及权属转移的义务。但是,在赠与人的经济状况显著恶化,严重影响其生产经营或者家庭生活时,可以不再履行赠与义务(《合同法》第195条)。第三,房地产赠与合同为无偿合同,法律赋予赠与人在房地产权属转移前,可以撤销赠与的权利。但是,具有救灾、扶贫等社会公益、道德义务性质的房地产赠与合同或者经过公证的房地产赠与合同不得任意撤销(《合同法》第186条第2款)。第四,房地产权属转移后,赠与不得撤销,但受赠人具有下列情形之一时,赠与人可以撤销房地产赠与:严重侵害赠与人或者赠与人的近亲属;对赠与人有扶养义务而不履行;不履行赠与合同约定的义务。撤销权人撤销赠与的,可以向受赠人要求返还赠与的房地产。赠与人的撤销权,自知道或者应当知道撤销原因之日起1年内行使。因受赠人的违法行为致使赠与人死亡或者丧失民事行为能力的,赠与人的继承人或者法定代理人可以撤销赠与。赠与人的继承人或者法定代理人的撤销权,自知道或者应当知道撤销原因之日起6个月内行使(《合同法》第192—194条)。

（三）其他形式

依照《城市房地产转让管理规定》第3条的规定,房地产转让的其他合法形式包括:以房地产作价入股、与他人成立企业法人,房地产权属发生变更的;一方提供建设用地使用权,另一方提供资金,合资、合作开发经营房地产,而使房地产权属发生变更的;因企业被收购、兼并或合并,房地产权属随之转移的;以房地产抵债的;法律、法规规定的其他情形,如互换等。

三、房地产转让的原则

（一）房产与地产一体处分原则

如前所述,我国在房产与地产的关系上采取了分别主义,它们分别属于独立的不动产(权利)。但是,基于房产与地产的物理属性,在房地产转让时,应当实行房产与地产一体处分原则,具体表现为"房随地走"和"地随房走"两项规则。对此,《物权法》第146条规定:"建设用地使用权转让、互换、出资或者赠与的,附着于该土地上的建筑物、构筑物及其附属设施一并处分。"第147条规定:"建筑物、构筑物及其附属设施转让、互换、出资或者赠与的,该建筑物、构筑物及其附属设施占用范围内的建设用地使用权一并处分。"

（二）价格管理原则

为加强宏观调控,国家对房地产转让实行价格管理原则,主要有如下几种制度:

1. 房地产价格指导制度

《城市房地产管理法》第33条规定:"基准地价、标定地价和各类房屋的重置价格应当定期确定并公布。具体办法由国务院规定。"根据这一规定,政府定期确定并公布基准地价、标定地价和各类房屋的重置价格。基准地价是指在一定时期内按照不同的土地区域、土地级别、土地用途，经评定测算出来的建设用地使用权单位面积的平均价格，其可反映地价总体变化趋势，是一定区域的平均价格。标定地价是指为满足建设用地使用权出让、转让、抵押等房地产交易而确定的具体地价，根据市场行情、地块面积、地貌特征、容积率、微观区位、土地使用年限来综合评定。根据《国家标准房地产估价规范》(GB/T50291-1999)第2.0.21条规定，建筑物(房屋)的重置价格是指采用估价时点的建筑材料和建筑技术，按估价时点的价格水平，重新建造与估价对象具有同等功能效用的全新状态的建筑物的正常价格。

2. 房地产价格评估制度

《城市房地产管理法》第34条规定："国家实行房地产价格评估制度。房地产价格评估，应当遵循公正、公平、公开的原则，按照国家规定的技术标准和评估程序，以基准地价、标定地价和各类房屋的重置价格为基础，参照当地的市场价格进行评估。"房地产价格评估属于一种房地产中介服务，其主要目的在于为交易当事人提供房地产价格的参考标准，并不能取代当事人对成交价格的自主协商确定，不具有强制性。

3. 成交价格申报制度

《城市房地产管理法》第35条规定："国家实行房地产成交价格申报制度。房地产权利人转让房地产，应当向县级以上地方人民政府规定的部门如实申报成交价，不得瞒报或者作不实的申报。"房地产转让的成交价格是交易当事人向国家缴纳税费的依据。成交价格明显低于正常市场价格的，以评估价格作为缴纳税费的依据。

(三) 公示原则

我国实行房地产权属登记发证制度。依照《城市房地产管理法》第36条的规定，房地产转让、抵押，当事人应当办理权属登记。房地产转让当事人应于房地产转让合同签订后90日内持房地产权属证书、当事人的合法身份证明、转让合同等有关文件向县级以上地方人民政府房产管理部门申请房产变更登记，并凭变更后的房屋所有权证书向同级人民政府国土资源管理部门申请建设用地使用权变更登记，经同级人民政府国土资源管理部门核实，由同级人民政府更换或者更改建设用地使用权证书。

我国房地产物权的变动除要求具备债权合意之外，还需要进行登记，才能产生物权变动的效力。对于房地产转让来说，不论是建设用地使用权的转让，还是房屋所有权的转让，当事人在订立了书面合同后，还需要到国土资源、房屋登记主管部门办理产权登记或者变更登记手续，即只有在办理了过户手续后受让人才能取得相应的房地产权利。

四、房地产转让合同

(一) 房地产转让合同的有效要件

1. 当事人主体适格

房地产转让的当事人应具备相应的民事行为能力。当事人一方为法人或其他组织的，通常应具有订立合同的民事行为能力。不过，在一些情形下，法律往往对非自然人的当事人从事房地产转让行为有特别规定，法律有特别规定时，非自然人的当事人应遵守该规定。例如，《商品房销售管理办法》(建设部令〔2001〕第88号)第7条规定，现售商品房的房地产开发企业应当具有企业法人营业执照和房地产开发企业资质证书。

当事人一方为自然人的，要求其必须具有相应的民事行为能力，通常应具备完全民事行为能力。由于房地产的交易额都是大额的,限制民事行为能力人订立房地产转让合同的,须由限制民事行为能力人的法定代理人事前同意或者事后追认,否则合同不能生效。当然,如果采取赠与方式转让房地产的,受赠人没有民事行为能力的,不影响房地产赠与合同的效力。

2. 意思表示真实

只有意思表示真实,合同才能发生相应的效力。一方当事人以欺诈、胁迫的手段订立合同,损害国家利益的,该房地产转让合同无效;一方当事人通过欺诈、胁迫、乘人之危等手段与对方订立合同的,该房地产转让合同为可变更、撤销的合同,经对方当事人行使变更权或撤销权,房地产转让合同可被变更或溯及既往地归于无效。

3. 不得违反法律、政策和社会公德

从事房地产转让活动,必须遵守国家法律,符合国家房地产政策,并不得损害社会公德。对于违背国家法律政策规定和违反公共道德而进行的房地产转让活动,其行为无效。

(二) 房地产转让合同的内容和形式

依照《城市房地产转让管理规定》第 8 条的规定,房地产转让合同应包括下列主要内容:双方当事人的姓名或者名称、住所;房地产权属证书名称和编号;房地产坐落位置、面积、四至界限;土地宗地号、建设用地使用权取得的方式及年限;房地产的用途或使用性质;成交价格及支付方式;房地产交付使用的时间;违约责任;双方约定的其他事项。应当注意的是,《城市房地产转让管理规定》中有关房地产转让合同内容的规定并非强行性规定,只是例示性的规定,当事人可以不约定其中的某些内容,也可以增加某些内容,只要决定合同性质的条款具备,房地产转让合同就可以有效成立。

由于房地产交易额通常价值巨大,而且事关国计民生,因而法律规定,房地产转让合同应采取书面形式。《城市房地产管理法》第 40 条规定:“房地产转让,应当签订书面转让合同,合同中应当载明土地使用权取得的方式。”《商品房销售管理办法》第 16 条规定:“商品房销售时,房地产开发企业和买受人应当订立书面商品房买卖合同。”

五、禁止转让的房地产

依照《城市房地产管理法》第 38 条与《城市房地产转让管理规定》第 6 条的规定,下列房地产,不得转让:

(一) 以出让方式取得建设用地使用权而不符合转让条件的

所谓不符合转让条件,是指:(1) 未按照建设用地使用权出让合同约定支付全部出让金并取得建设用地使用权证书的;(2) 未按照建设用地使用权出让合同约定进行投资开发,包括属于房屋建设工程的,未完成开发投资总额的 25% 以上,属于成片开发土地的,未形成工业用地或者其他建设用地条件的;(3) 转让房地产时房屋已经建成,但未持有房屋所有权证书的。

(二) 司法机关和行政机关依法裁定、决定查封或者以其他形式限制房地产权利的

作为转让对象的房地产权利,必须具有流通性。如果房地产在某一段时期内被限制流通,则房地产在该时期内是禁止转让的。例如,被司法机关采取诉讼保全的房地产、被税务机关采取税收保全措施的房地产等,在实施保全措施期间,该房地产不能转让。

（三）依法收回建设用地使用权的

在出现法定事由时，国家可以收回建设用地使用权。例如，根据《土地管理法》第58条、《物权法》第148条、《城市房地产管理法》第20条、《征收条例》第13条的规定，国家有权根据社会公共利益需要提前收回建设用地使用权；土地使用者逾期开发土地的，国家有权收回建设用地使用权。在建设用地使用权被依法收回时，土地使用者不再是该项房地产的权利主体，当然无权利再转让该项房地产。

（四）共有房地产而未经其他共有人书面同意的

房地产的共有包括共同共有和按份共有。不论是共同共有还是按份共有，共有财产的处理对全体共有人都有很大影响，为避免发生争议，保护其他共有人的权利，在转让共有房地产时，必须征得其他共有人的书面同意。结合《物权法》第97条规定，如房地产共有为按份共有的，转让房地产时，须经占份额2/3以上的按份共有人书面同意；如房地产共有为共同共有的，转让房地产时，须经全体共同共有人书面同意。

（五）权属有争议的

房地产权属有争议，意味着谁是房地产的真正权利人还不确定，为使真正权利人免于受损害，法律规定有权属争议的房地产不得转让。

（六）未依法登记领取权属证书的

登记和发证是确认房地产权属的法律依据，没有登记领取权属证书，就无法确认转让人是否为房地产权利人，房地产当然也就无从转让。①

（七）法律、行政法规规定禁止转让的其他情形

根据我国有关法律的规定，某些具有特殊情况的房地产也是不能转让的。例如，根据《中华人民共和国文物保护法》（2013年修订）的规定，国有不可移动文物不得转让、抵押（第24条）；非国有不可移动文物不得转让、抵押给外国人（第25条）。

六、房地产转让的程序

依照《城市房地产转让管理规定》第7条的规定，房地产转让，应当按照下列程序办理：

1. 房地产转让当事人签订书面转让合同；

2. 房地产转让当事人在房地产转让合同签订后90日内持房地产权属证书、当事人的合法证明、转让合同等有关文件向房地产所在地的房地产管理部门提出申请，并申报成交价格；

3. 房地产管理部门对提供的有关文件进行审查，并在7日内作出是否受理申请的书面答复，7日内未作书面答复的，视为同意受理；

4. 房地产管理部门核实申报的成交价格，并根据需要对转让的房地产进行现场查勘和评估；

5. 房地产转让当事人按照规定缴纳有关税费；

6. 房地产管理部门办理房屋权属登记手续，核发房地产权属证书。

---

① 虽然《城市房地产管理法》第38条规定了未经登记领取权属证书的房地产不得转让，但在我国现行法上，若体系化地理解，对该规定的适用范围应予限缩解释，对予未登记的房地产，法律未必一律限制其处分。如根据《物权法》第31条规定："依照本法第二十八条至第三十条规定享有不动产物权的，处分该物权时，依照法律规定需要办理登记的，未经登记，不发生物权效力。"该规定就并不限制未登记不动产物权的处分（当然包括为转让的处分），只是其未经登记不发生物权变动的效力而已。

第二节 建设用地使用权转让

一、建设用地使用权转让的概念和特点

《城镇国有土地使用权出让和转让暂行条例》第19条规定:"土地使用权转让是指土地使用者将土地使用权再转移的行为,包括出售、交换和赠与。"《城市房地产管理法》第37条规定:"房地产转让,是指房地产权利人通过买卖、赠与或者其他合法方式将其房地产转移给他人的行为。"《城市房地产转让管理规定》第3条规定:"本规定所称房地产转让,是指房地产权利人通过买卖、赠与或者其他合法方式将其房地产转移给他人的行为。"《物权法》第143条规定:"建设用地使用权人有权将建设用地使用权转让、互换、出资、赠与或者抵押,但法律另有规定的除外。"可见,建设用地使用权转让是指建设用地使用权人通过出售、赠与或者其他合法方式将建设用地使用权转移给他人的行为。建设用地使用权的转让具有如下特点:

(一)建设用地使用权的转让原则上具有有偿性

建设用地使用权的转让是权利人将建设用地使用权转移给他人,原则上受让人应支付相应的对价,因此,建设用地使用权转让原则上是一种有偿行为。只是在建设用地使用权赠与的情况下,建设用地使用权的转让才为无偿行为。

(二)建设用地使用权的转让具有要式性

依照我国现行法的规定,建设用地使用权转让的,当事人应当采取书面形式订立合同。因此,建设用地使用权转让是一种要式行为。

(三)建设用地使用权转让合同的期限受出让合同的限制

《物权法》第144条中规定:建设用地使用权转让合同的"使用期限由当事人约定,但不得超过建设用地使用权的剩余期限"。即建设用地使用权转让后,其建设用地使用权的使用年限为原建设用地使用权出让合同约定的使用年限减去原建设用地使用权人已经使用年限后的剩余年限。

(四)建设用地使用权转让具有严格的程序性

由于建设用地使用权转让涉及的问题很复杂,事关当事人的重大利益,因此,法律对建设用地使用权转让设定了严格的程序,从而使建设用地使用权转让具有严格的程序性。

二、建设用地使用权转让的条件

从我国现行法的规定来看,出让建设用地使用权原则上允许自由转让,而划拨建设用地使用权原则上禁止转让。因此,这两类建设用地使用权转让的条件是不同的。

(一)出让建设用地使用权的转让条件

综合《城市房地产管理法》第39条、《城市房地产转让管理规定》第10条的规定,出让建设用地使用权的转让须符合下列条件:(1)按照出让合同约定已经支付全部建设用地使用权出让金,并取得建设用地使用权证书。(2)按照出让合同约定进行投资开发,属于房屋建设工程的,应完成开发投资总额的25%以上;属于成片开发土地的,依照规划对土地进行开发建设,完成供排水、供电、供热、道路交通、通信等市政基础设施、公用设施的建设,达到

场地平整,形成工业用地或者其他建设用地条件。

如果建设用地使用权人未按照规定完成土地开发投资即转让建设用地使用权的,其效力应如何认定,最高人民法院《关于土地转让方未按规定完成土地的开发投资即签订土地使用权转让合同的效力问题的答复》(法函〔2003〕34号)作了明确解释:依照《城市房地产管理法》的规定,以出让方式取得建设用地使用权的,转让房地产时,应当符合两个条件:(1)按照出让合同约定已经支付全部建设用地使用权出让金,并取得建设用地使用权证书;(2)按照出让合同约定进行投资开发,属于房屋建设工程的,完成开发投资总额的25%以上。因此,未同时具备上述两个条件而进行转让的,其转让合同无效。以出让方式取得建设用地使用权后转让房地产的,转让方已经支付全部建设用地使用权出让金,并且转让方和受让方前后投资达到完成开发投资总额的25%以上,已经办理了登记手续,或者虽然没有办理登记手续,但当地有关主管部门同意补办建设用地使用权转让手续的,转让合同可以认定有效。

(二)划拨建设用地使用权转让的条件

划拨建设用地使用权原则上不得转让,只能在符合法律所规定的特殊条件时,才能进行转让。法律严格限制划拨建设用地使用权转让的主要理由,在于保障国家获取土地收益的所有人权益。因此,如果转让人与受让人在满足支付出让金等法定条件后,划拨建设用地使用权应允许转让。依照《城镇国有土地使用权出让和转让暂行条例》第45条的规定,只有在符合下列条件的情形下,经市、县人民政府国土资源管理部门和房地产管理部门的批准,其划拨土地使用权方可转让:(1)建设用地使用权人为公司、企业、其他经济组织和个人;(2)领有建设用地使用权证;(3)具有地上建筑物、其他附着物合法的产权证明;(4)签订建设用地使用权出让合同,向当地市、县人民政府补交建设用地使用权出让金或者以转让所获收益抵交建设用地使用权出让金。

《城市房地产管理法》第40条对划拨建设用地使用权的转让作了如下限制性规定:“以划拨方式取得土地使用权的,转让房地产时,应当按照国务院规定,报有批准权的人民政府审批。有批准权的人民政府准予转让的,应当由受让方办理土地使用权出让手续,并依照国家有关规定缴纳土地使用权出让金。以划拨方式取得土地使用权的,转让房地产报批时,有批准权的人民政府按照国务院规定决定可以不办理土地使用权出让手续的,转让方应当按照国务院规定将转让房地产所获收益中的土地收益上缴国家或者作其他处理。”《城市房地产转让管理规定》第11条规定:“以划拨方式取得土地使用权的,转让房地产时,按照国务院的规定,报有批准权的人民政府审批。有批准权的人民政府准予转让的,除符合本规定第12条所列的可以不办理土地使用权出让手续的情形外,应当由受让方办理土地使用权出让手续,并依照国家有关规定缴纳土地使用权出让金。”依该规定第12条规定,以划拨方式取得建设用地使用权的,转让房地产时,属于下列情形之一的,经有批准权的人民政府批准,可以不办理建设用地使用权出让手续,但应当将转让房地产所获收益中的土地收益上缴国家或者作其他处理。土地收益的缴纳和处理的办法按照国务院规定办理。(1)经城市规划行政主管部门批准,转让的土地用于建设《城市房地产管理法》第24条规定的项目的;(2)私有住宅转让后仍用于居住的;(3)按照国务院住房制度改革有关规定出售公有住宅的;(4)同一宗土地上部分房屋转让而建设用地使用权不可分割转让的;(5)转让的房地产暂时难以确定建设用地使用权出让用途、年限和其他条件的;(6)根据城市规划建设用地使用权不宜出让的;(7) 县级以上人民政府规定暂时无法或不需要采取建设用地使用权出让方式的其他情形。

根据最高人民法院《关于审理涉及国有土地使用权合同纠纷案件适用法律问题的解释》第11—13条的规定,关于划拨建设用地使用权的转让应当注意如下几种情况:(1) 建设用地使用权人未经有批准权的人民政府批准,与受让人订立合同转让划拨建设用地使用权的,应当认定合同无效。但起诉前经有批准权的人民政府批准办理建设用地使用权出让手续的,应当认定合同有效。(2) 建设用地使用权人与受让人订立合同转让划拨建设用地使用权,起诉前经有批准权的人民政府同意转让,并由受让人办理了建设用地使用权出让手续的,建设用地使用权人与受让人订立的合同可以按照补偿性质的合同处理。(3) 建设用地使用权人与受让人订立合同转让划拨建设用地使用权,起诉前经有批准权的人民政府决定不办理建设用地使用权出让手续,并将该划拨建设用地使用权直接划拨给受让人使用的,建设用地使用权人与受让人订立的合同可以按照补偿性质的合同处理。

三、建设用地使用权转让的效力

建设用地使用权转让后,主要发生如下效力:

(一) 建设用地使用权转让时,建设用地使用权出让合同所载明的权利义务随之转移

《城镇国有土地使用权出让和转让暂行条例》第21条规定:"土地使用权转让时,土地使用权出让合同和登记文件中所载明的权利、义务随之转移。"《城市房地产管理法》第42条规定:"房地产转让时,土地使用权出让合同载明的权利、义务随之转移。"可见,在建设用地使用权转让后,建设用地使用权出让合同对受让人仍有约束力。也就是说,建设用地使用权转让并不是单纯的权利转让,而是将建设用地使用权出让合同规定的全部权利、义务一并转移给受让人。

(二) 建设用地使用权转让时,地上建筑物、构筑物及其他附属设施一并转让

《物权法》第146条规定:"建设用地使用权转让、互换、出资或者赠与的,附着于该土地上的建筑物、构筑物及其附属设施一并处分。"这就是通常所说的"房随地走"原则。《物权法》第147条规定:"建筑物、构筑物及其附属设施转让、互换、出资或者赠与的,该建筑物、构筑物及其附属设施占用范围内的建设用地使用权一并处分。"这就是通常所称的"地随房走"原则。

(三) 建设用地使用权转让价格明显低于市场价格的,市、县人民政府有优先购买权

《城镇国有土地使用权出让和转让暂行条例》第26条规定:建设用地使用权转让价格明显低于市场价格的,市、县人民政府有优先购买权。2001年5月30日国务院发布的《关于加强国有土地资产管理的通知》中指出:"国有土地使用权转让,转让双方必须如实申报成交价格。土地行政主管部门要根据基准地价、标定地价对申报价格进行审核和登记。申报土地转让价格比标定地价低20%以上的,市、县人民政府可行使优先购买权。"

(四) 建设用地使用权人就同一建设用地使用权订立数个有效转让合同的处理

依照最高人民法院《关于审理涉及国有土地使用权合同纠纷案件适用法律问题的解释》第10条的规定,建设用地使用权人作为转让人就同一出让建设用地使用权订立数个转让合同,在转让合同都有效的情况下,受让人均要求履行合同的,按照以下情形分别处理:(1) 已经办理建设用地使用权变更登记手续的受让人,请求转让人履行交付土地等合

同义务的,应予支持;(2) 均未办理建设用地使用权变更登记手续,已先行合法占有投资开发的土地的受让人请求转让人履行建设用地使用权变更登记等合同义务的,应予支持;(3) 均未办理建设用地使用权变更登记手续,又未合法占有投资开发土地,先行支付土地转让款的受让人请求转让人履行交付土地和办理建设用地使用权变更登记等合同义务的,应予支持;(4) 转让合同均未履行,依法成立在先的合同受让人请求履行合同的,应予支持。

(五) 建设用地使用权转让的,当事人应当向登记机构申请变更登记

建设用地使用权转让的,属于物权变动,当事人应当申请办理变更登记。对此,《物权法》第145条规定:"建设用地使用权转让、互换、出资或者赠与的,应当向登记机构申请变更登记。"但应当指出的是,根据《物权法》第15条和最高人民法院《关于审理涉及国有土地使用权合同纠纷案件适用法律问题的解释》第8条的规定,在建设用地使用权转让合同签订后,当事人一方不得以双方之间未办理建设用地使用权变更登记手续为由,请求确认合同无效。

四、建设用地使用权转让与出让的区别

在建设用地使用权中,转让与出让是两种十分重要的制度,尽管都涉及建设用地使用权,但这是两种完全不同的法律制度,必须将它们区分开来。一般地说,建设用地使用权的转让与出让存在如下主要区别:

第一,主体不同。在建设用地使用权出让中,出让人只能是代表国家行使所有权的市、县级国土资源管理部门,其他任何组织、个人都不能成为出让人;在建设用地使用权转让中,转让人是已经取得建设用地使用权的权利人,而不是政府的国土资源管理部门。因此,建设用地使用权出让属于土地一级市场中的交易行为,而建设用地使用权转让则属于土地二级市场中的交易行为。

第二,取得方式的性质不同。尽管出让与转让都是建设用地使用权的取得方式,但这两种取得方式在性质上是不同的。建设用地使用权的出让属于创设的继受取得,因此,当事人所进行的登记为权利设立登记;而建设用地使用权的转让属于转移的继受取得,因此,当事人所进行的登记为权利变更登记。

第三,客体不同。在建设用地使用权出让中,权利客体是国有土地,即出让人将国有土地的使用权出让给建设用地使用权人;而在建设用地使用权转让中,权利客体是建设用地使用权本身,而不是国有土地。如果建设用地使用权所占用的土地范围内有建筑物、构筑物及其他附属设施的,权利客体也包括建筑物、构筑物及其他附属设施。

第四,支付费用的性质不同。建设用地使用权出让与转让都是有偿行为,都须支付一定的对价,但建设用地使用权出让所支付的是出让金,而建设用地使用权转让所支付的是转让费。同时,建设用地使用权出让后,取得建设用地使用权的人须支付土地使用税;而建设用地使用权转让的,转让人须支付土地增值税。

第五,期限不同。通过出让方式所取得的建设用地使用权,其期限由出让人与受让人在法律规定的范围内确定,但不得超过法律所规定的最高年限;而通过转让方式所取得的建设用地使用权,其期限只能是建设用地使用权出让合同所约定的年限减去原建设用地使用权人已经使用年限后的剩余年限。

第三节　商品房现售

一、商品房现售的概念和条件

商品房现售是指房地产开发企业将竣工验收合格的商品房出售给买受人,并由买受人支付房价款的行为。

依照《商品房销售管理办法》第7条的规定,商品房现售应当符合以下条件:

(一)现售商品房的房地产开发企业应当具有企业法人营业执照和房地产开发企业资质证书

这一条件主要是为了确保现售商品房的房地产开发企业主体资格合法,没有营业执照和资质证书的企业不能从事商品房销售业务。

(二)取得建设用地使用权证书或者使用土地的批准文件

这一条件主要是为了确保现售商品房的用地合法,避免买受人受领商品房之后不能办理建设用地使用权证。所谓"使用土地的批准文件",是指已经交付全部建设用地使用权出让金的证明文件或划拨土地的批准文件。

(三)持有建设工程规划许可证和施工许可证

这一条件主要是为了确保现售商品房的规划、建设手续合法。建设项目在申请办理开工手续之前,应当取得一书两证:选址意见书、建设用地规划许可证、建设工程规划许可证。

(四)已通过竣工验收

这一条件主要是为了确保现售商品房符合工程建设质量标准,建设工程经验收合格,方可交付使用。同时,是否通过竣工验收也是区别现售与预售的主要条件。

(五)拆迁安置已经落实

这一条件主要是为了充分保障被拆迁人的合法权益,防止房地产开发项目竣工销售后被拆迁人的权益仍未得到落实。

(六)供水、供电、供热、燃气、通讯等配套基础设施具备交付使用条件,其他配套基础设施和公共设施具备交付使用条件或者已确定施工进度和交付日期

这一条件主要是为了确保现售商品房能够达到基本的使用条件。对于按照国家及地方的有关规定,没有或不需要配备供热、燃气、通讯等配套基础设施和公共设施的,不在此限。

(七)物业管理方案已经落实

物业管理是买受人购买商品房的重要选择因素之一。要求物业管理方案已经落实,主要是为了避免售房后产生纠纷。物业管理方案,主要包括物业管理的区域范围、物业服务企业的选聘等。

二、商品房销售广告

商品房的出卖人往往通过商品房销售广告促销商品房。为了提高销售价格与销售量,出卖人所作的商品房销售广告往往极尽颂扬之能事,很多买受人在订立买卖合同之后才发现所购商品房的真实情况与广告差距甚大,使买受人的权益受损。因此,《房地产广告发布暂行规定》(国家工商行政管理局令〔1998〕第86号)严格限定了发布广告的房地产范围,要

求广告必须真实、合法、科学、准确,不得欺骗与误导公众。

（一）商品房销售广告的法律属性

商品房销售广告是指房地产开发企业、房地产中介服务机构通过一定媒介和形式直接或者间接地介绍自己所推销的商品房的商业广告。

根据《合同法》第15条的规定,广告一般视为要约邀请,即邀请对方向出卖人发出订立买卖合同的要约,但如商业广告的内容符合要约规定的,则视为要约。最高人民法院《关于审理商品房买卖合同纠纷案件适用法律若干问题的解释》第3条规定:“商品房的销售广告和宣传资料为要约邀请,但是出卖人就商品房开发规划范围内的房屋及相关设施所作的说明和允诺具体确定,并对商品房买卖合同的订立以及房屋价格的确定有重大影响的,应当视为要约。该说明和允诺即使未载入商品房买卖合同,亦应当视为合同内容,当事人违反的,应当承担违约责任。”

可见,商品房销售广告一般应定性为要约邀请。但是,如果商品房销售广告内容符合要约的条件,即内容具体确定(如在广告中说明了商品房销售许可证号、商品房的地理位置、环境、面积、质量、物业管理情况,此说明对买受人订立买卖合同等具有重大影响),并且表明经受要约人承诺,要约人即受该意思表示约束,那么该销售广告构成要约,买受人因之而作出购买之意思表示构成承诺,达成意思合致,合同成立生效,广告内容即成为合同内容。

（二）虚假广告引起的法律责任

在商品房销售广告构成要约时,买受人的购买意思表示构成承诺,合同成立生效。如果商品房实际情况与广告不符,则出卖人应向买受人承担违约责任,买受人可以请求更换商品房、减少价款等,甚至可主张解除合同、赔偿损失。

在商品房销售广告仅为要约邀请时,买受人因信赖广告的真实性而发出要约,与出卖人订立买卖合同,但又发现真实情况与广告不符的,由于广告内容并不能成为合同内容,导致买受人无法追究出卖人的违约责任。但是,这并不意味着出卖人可以随意发布虚假广告。《商品房销售管理办法》第14条规定:“房地产开发企业、房地产中介服务机构发布商品房销售宣传广告,应当执行《中华人民共和国广告法》《房地产广告发布暂行规定》等有关规定,广告内容必须真实、合法、科学、准确。”依照《广告法》第56条第1款的规定,发布虚假广告,欺骗、误导消费者,使购买商品或者接受服务的消费者的合法权益受到损害的,由广告主依法承担民事责任。广告经营者、广告发布者不能提供广告主的真实名称、地址和有效联系方式的,消费者可以要求广告经营者、广告发布者先行赔偿。

因此,房地产开发企业等作为广告主发布虚假的商品房销售广告,除应依《广告法》《房地产广告发布暂行规定》等承担行政责任外,还须向受有损害的买受人承担民事责任。我们认为,这种民事责任应界定为缔约过失责任。这是因为,出卖人发布虚假广告,隐瞒事实真相或陈述虚假事实的行为构成欺诈,买受人因受欺诈而作出违背其内心真实意思的意思表示,所订立之买卖合同为可变更、撤销的合同,合同虽已成立,但在一定期间内买受人可主张变更或撤销。如果买受人愿意接受合同,则合同继续有效,不产生民事责任问题;如果买受人请求变更合同,则合同按照变更后的内容发生效力,一般也不会产生民事责任问题;如果买受人请求撤销合同,则合同溯及既往地归于无效,因出卖人的过错而致合同无效,须向买受人承担缔约过失责任,赔偿信赖利益损失。

但是,通过追究出卖人的缔约过失责任往往不能充分保障买受人的利益与实现其预期目的,为确保所购商品房符合预期目的,买受人应与出卖人协商,将商品房销售广告内容订入合同,以保障自己的合法权益。《商品房销售管理办法》第15条规定:“房地产开发企业、房地产中介服务机构发布的商品房销售广告和宣传资料所明示的事项,当事人应当在商品房买卖合同中约定。”

三、商品房现售合同

(一) 商品房现售合同的主要内容

依照《商品房销售管理办法》第16条的规定,商品房买卖合同主要内容包括:(1) 当事人名称或者姓名和住所;(2) 商品房基本状况;(3) 商品房的销售方式;(4) 商品房价款的确定方式及总价款、付款方式、付款时间;(5) 交付使用条件及日期;(6) 装饰、设备标准承诺;(7) 供水、供电、供热、燃气、通讯、道路、绿化等配套基础设施和公共设施的交付承诺和有关权益、责任;(8) 公共配套建筑的产权归属;(9) 面积差异的处理方式;(10) 办理产权登记有关事宜;(11) 解决争议的方法;(12) 违约责任;(13) 双方约定的其他事项。

(二) 商品房买卖合同示范文本

为规范房地产交易行为,有关主管部门制定有商品房买卖合同示范文本,使用这些示范文本,可以减少双方当事人为协商而花费的时间和精力。商品房买卖合同示范文本对于不具有专业知识,处于弱势地位的购房人来说是有利的,所以《商品房销售管理办法》第23条规定,房地产开发企业应当在订立商品房买卖合同之前向买受人明示《商品房买卖合同示范文本》。但是,应当注意,该条规定并非要求当事人必须依照该文本签订购房合同,这些示范文本只具有示范作用,并不排除当事人另外签订合同,或排除示范文本中的某些条款,或就示范文本中没有规定的条款进行协商。

四、商品房的计价方式与面积计算

依照《商品房销售管理办法》第18条的规定,商品房销售中的计价方式可以采取按套(单元)、套内建筑面积或按建筑面积等三种方式进行。其中,建筑面积由套内面积和分摊的共有建筑面积组成。按套(单元)计价的现售房屋,当事人在对现售房屋实地勘测后,可以在合同中直接约定总价款。但是,商品房的所有权登记方式应按建筑面积方式进行。商品房计价方式用于确定商品房销售的总价款,按套(单元)、按套内建筑面积计价并不影响使用建筑面积进行所有权登记。

为减少不必要的纠纷,保护当事人的合法权益,当事人在签订合同时应当约定商品房面积的计算方法。按套内建筑面积或者建筑面积计价的,当事人应当在合同中约定合同约定面积与产权登记面积发生误差的处理方式。如果按建筑面积计价的,当事人还应当在合同中约定套内建筑面积和分摊的共有建筑面积,并约定建筑面积不变而套内建筑面积发生误差以及建筑面积与套内建筑面积均发生误差时的处理方式。

按套内建筑面积或者建筑面积计价时,经常会发生约定面积与登记面积不符的情况,如果当事人在合同中没有约定,事后也没有达成补充协议,依照《商品房销售管理办法》第20条、最高人民法院《关于审理商品房买卖合同纠纷案件适用法律若干问题的解释》第14条的规定,可以按照以下规则来处理:

(1) 面积误差比绝对值在3%以内(含3%)的,按合同约定的价格据实结算房价款,买受人不得要求解除合同。

(2) 面积误差比绝对值超出3%,买受人有权请求解除合同、返还已付购房款及利息。买受人同意继续履行合同,房屋实际面积大于合同约定面积的,面积误差比在3%以内(含3%)部分的房价款由买受人按照约定的价格补足,面积误差比超出3%部分的房价款由出卖人承担,所有权归买受人;房屋实际面积小于合同约定面积的,面积误差比在3%以内(含3%)部分的房价款及利息由出卖人返还买受人,面积误差比超过3%部分的房价款由出卖人双倍返还买受人。

面积误差比按如下公式计算:

$$\text{面积误差比} = \frac{\text{产权登记面积} - \text{合同约定面积}}{\text{合同约定面积}} \times 100\%$$

五、商品房保修

房地产开发企业应当对所售商品房承担质量保修责任,当事人应当就保修范围、保修期限、保修责任等作出约定。

(一) 住宅质量保证书

《商品房销售管理办法》第32条规定,销售商品住宅时,房地产开发企业应当向买受人提供《住宅质量保证书》。《住宅质量保证书》是房地产开发企业对销售的商品住宅承担质量责任的法律文件,是对购房人最低限度的保障。在当事人没有特别约定时,房地产开发企业应当根据质量保证书承担保修责任。

依照《商品住宅实行住宅质量保证书和住宅使用说明书制度的规定》(建房〔1998〕第102号)的规定,《住宅质量保证书》应当包括以下内容:工程质量监督部门核验的质量等级;地基基础和主体结构在合理使用寿命年限内承担保修;正常使用情况下各部位、部件保修内容与保修期;用户报修的单位,答复和处理的时限;商品住宅售出后,房地产开发企业委托物业服务企业等单位维修的,所委托的单位的名称等具体情况。

(二) 保修期限

保修期限应当由当事人在合同中约定。为防止房地产开发企业利用优势地位约定较短的保修期限,法律规定了商品房的最低保修期限。商品住宅不得低于以下最低的保修期限:屋面防水3年;墙面、厨房和卫生间地面、地下室、管道渗漏1年;墙面、顶棚抹灰层脱落1年;地面空鼓开裂、大面积起砂1年;门窗翘裂、五金件损坏1年;管道堵塞2个月;供热、供冷系统和设备1个采暖期或供冷期;卫生洁具1年;灯具、电器开关6个月;其他部位、部件的保修期限,由房地产开发企业与用户自行约定。如果建设工程承包单位出具的质量保修书约定保修的存续期高于上述期限,以其出具的质量保修书的存续期为最低保修期限。非住宅商品房的保修期限不得低于建设工程承包单位向建设单位出具的质量保修书约定保修期的存续期。当事人可以约定高于上述最低期限的保修期,如果约定的保修期低于最低期限的,以法律规定的最低期限为准。保修期从交付之日起计算。

(三) 保修义务的履行及保修责任的免除

在保修期限内发生的属于保修范围的质量问题,房地产开发企业应当履行保修义务。因房地产开发企业对商品房进行维修,致使房屋原使用功能受到影响,给购买人造成损失的,应当依法承担赔偿责任。出卖人拒绝修复或者在合理期限内拖延修复的,买受人可以自行或者委托他人修复。修复费用及修复期间造成的其他损失由出卖人承担。

在以下情形,房地产开发企业免除保修责任:因用户使用不当或擅自改动结构、设备位置和不当装修等造成的质量问题的;因不可抗力造成损坏的。

六、商品房的交付

（一）设置样板房的商品房的交付

依照《商品房销售管理办法》第31条规定,房地产开发企业销售商品房时设置样板房的,应当说明实际交付的商品房质量、设备及装修与样板房是否一致,未作说明的,实际交付的商品房应当与样板房一致。

（二）交付的商品房的质量

房地产开发商应当保证交付的商品房质量合格,交付的商品房质量不合格的,除应承担保修责任外,如果因房屋主体结构质量不合格不能交付使用,或者房屋交付使用后,房屋主体结构质量经核验确属不合格,或因房屋质量问题严重影响正常居住使用,买受人有权要求解除合同并赔偿损失。

（三）商品房的风险负担

当事人可以约定商品房的风险负担,如果没有约定,依照如下规则处理:房屋毁损、灭失的风险,在交付使用前由出卖人承担,交付使用后由买受人承担;买受人接到出卖人的书面交房通知,无正当理由拒绝接收的,房屋毁损、灭失的风险自书面交房通知确定的交付使用之日起由买受人承担。当事人如果没有特别约定,对房屋的转移占有,视为房屋的交付使用。

（四）销售方逾期交付商品房及办理房屋权属证书的违约责任

依照最高人民法院《关于审理商品房买卖合同纠纷案件适用法律若干问题的解释》的相关规定,在下列情况下,销售方应当承担逾期交付商品房及办理房屋权属证书的违约责任:

1. 销售方逾期交付使用房屋的,应当按照商品房买卖合同约定的违约金数额或者损害赔偿计算方法,支付违约金或损失赔偿额。如果合同没有约定的,应当按照逾期交付使用房屋期间有关主管部门公布或者有资格的房地产评估机构评定的同地段同类房屋租金标准确定。

2. 由于出卖人的原因,买受人在下列期限届满未能取得房屋权属证书的,除当事人有特殊约定外,出卖人应当按照合同约定承担支付违约金或赔偿损失的违约责任:(1)商品房买卖合同约定的办理房屋所有权登记的期限;(2)商品房买卖合同的标的为已竣工房屋的,自合同订立之日起90日。如果合同没有约定违约金或者损失赔偿额计算方法,可以按照已付房款总额,参照中国人民银行规定的金融机构计收逾期贷款利息的标准计算。

3. 商品房买卖合同约定或者《城市房地产开发经营管理条例》第33条[①]规定的办理房屋所有权登记的期限届满后超过1年,由于出卖人的原因,导致买受人无法办理房屋所有权登记,买受人有权请求解除合同和赔偿损失。

---

① 《城市房地产开发经营管理条例》第33条规定:“预售商品房的购买人应当自商品房交付使用之日起90日内,办理土地使用权变更和房屋所有权登记手续;现售商品房的购买人应当自销售合同签订之日起90日内,办理土地使用权变更和房屋所有权登记手续。房地产开发企业应当协助商品房购买人办理土地使用权变更和房屋所有权登记手续,并提供必要的证明文件。”

第四节 商品房预售

一、商品房预售的概念和特点

商品房预售俗称“卖楼花”,是指房地产开发企业将正在建设中的商品房预先出售给买受人,并由买受人支付定金或者房价款的行为。相对于一般的现房买卖,商品房预售被称为期房买卖,出卖人被称为预售人,买受人被称为预购人。商品房预售尽管在性质上还有一些争议,但其本质上仍属于房屋买卖。因此,商品房预售除具有一般买卖的双务性、有偿性、诺成性的特点外,还具有如下特点:

(一)商品房预售是以将来的房屋所有权为标的的特殊买卖

由于商品房预售是在合同标的物尚未建成时便予出售,预售的是将来的标的物所有权,因此其区别于通常的以现房的所有权作为标的的买卖合同,但商品房预售的本质仍然是买卖,其合同仍然为买卖合同。与通常的房屋买卖相比,商品房预售为一种非即时买卖,从预售合同订立到房屋的最终交付往往需要经过一段甚至几年的时间,这意味着合同对于标的物的交付具有远期交货的性质,是一种非即时的买卖。

(二)商品房预售目的具有复合性

从预购人的角度来看,其购买预售房的目的除了用于将来居住外,也会有保值、投资等目的。而对于房地产开发企业而言,其预售未建成之商品房,可以获得预购人的资金以兴建房屋,解决资金不足的困窘,加快开发建设速度,还可以规避市场价格波动造成的风险。

(三)商品房预售具有较强的国家干预性

在商品房预售法律关系中,购房者处于弱势地位。首先,由于商品房预售合同订立时,作为标的的房屋还没有建筑完成,因而,开发商能否按照约定履行买卖合同还是一个未知数;对于购房人来说,购房款已经支付了,将来能否得到约定品质的房屋还面临着巨大风险。其次,在绝大多数情况下,房地产开发商无论是在技术上、信息上还是经济实力上都要强于购房者。为保护购房者的利益,国家加强了对商品房预售的干预,法律上有许多强制性规定,如商品房预售要符合法律规定的要件、预售所得款项必须用于与该房地产开发有关的工程建设、商品房预售实施许可制度等。

二、商品房预售与相关制度的比较

(一)商品房预售与预约

预约是与本约相对应的概念。预约是为将来订立合同的合同,而本约则为履行该预约而订立的合同。确认商品房预售合同为预约还是本约,对于双方当事人利益影响重大。如果认定商品房预售合同为预约,在预售人出现违约时,预购人仅得请求预售人履行订立本约的义务,不能径行依预定之内容请求履行,即预购人不得请求预售人交付房屋、转移房屋所有权。我们认为,商品房预售合同是本约而不是预约,这是因为:在商品房预售合同中,预售人与预购人关于房屋的位置与面积、价款的支付、房屋的交付期限、房屋的质量、违约责任等都进行了明确的约定,双方也无须在将来房屋建成之后再另行订立一个房屋买卖合同,可以直接按照商品房预售合同交付房屋并办理房屋权属转移登记手续。因此,商品房预售合同为本约,如果预购人届期不履行合同,则预售人可以直接诉请强制预购人交付房屋、转移所有权。商品房预售合同与商品现售合同的区别仅在于,后者为现存物的买卖,前者为未来物的买卖,因而不能错误地将商品预售合同定性为预约。

(二) 商品房预售与分期付款买卖

在分期付款买卖中,标的物应当于合同生效时交付给预购人,属于预售人对预购人融资;而在商品房预售中,预售人在合同生效时无法将标的物交付于预购人,属于预购人对预售人融资。并且,分期付款买卖往往与所有权保留结合在一起,而商品房预售不可能与所有权保留相结合,因为预售时尚不存在现实的所有权。在分期付款买卖中,预购人是在接受标的物后才付款,且根据最高人民法院《关于审理买卖合同纠纷案件适用法律问题的解释》(法释〔2012〕8 号)第 37 条第 1 款的规定,买受人将应付的总价款在一定期间内至少分三次向出卖人支付。而在商品房预售合同中,预购人是在取得标的物之前付款,并且其既可以在取得房屋前一次性支付全部价款,也可以在取得房屋前分期支付价款,这同分期付款买卖中的分期付款是不同的。

三、商品房预售的条件

从签订预售合同到实际交付房屋、转移所有权往往需要经过较长的周期,为了防止房地产开发企业经营不善或者恶意炒作而给买受人造成损害,法律规定了商品房预售的严格条件。依照《城市房地产管理法》和《城市商品房预售管理办法》(建设部令〔2014〕第 131 号)的规定,商品房预售应当符合下列条件:

(一) 预售人已交付全部建设用地使用权出让金,取得建设用地使用权证书

基于房产与地产一体处分原则,房屋转让必涉及建设用地使用权的转让,因此,只有在预售人已经取得了建设用地使用权的前提下,才有权转让建设用地使用权。预售人取得建设用地使用权的表征就是其已经交付了全部的建设用地使用权出让金,并取得了建设用地使用权证书。

(二) 预售人持有建设工程规划许可证和施工许可证

城市基础建设须符合城市规划的要求,每项建设工程在开工前都应获得许可,取得建设工程规划许可证和施工许可证,否则便有可能被强制拆除。

(三) 按提供预售的商品房计算,投入开发建设的资金达到工程建设总投资的 25% 以上,并已经确定施工进度和竣工交付日期

为制止恶意"炒卖地皮"的现象发生,抑制投机行为,法律要求预售人必须已经投入工程建设总投资的 25% 以上的资金。同时,为了保护预购人的利益,预售人在预售商品房时应当确定施工进度与竣工交付的日期,以避免预售人长期占用预购人的资金。

(四) 预售人向房地产管理部门申请了预售许可,取得了"商品房预售许可证"

我国实行商品房预售许可制度,未取得"商品房预售许可证"的,不得进行商品房预售。依照最高人民法院《关于审理商品房买卖合同纠纷案件适用法律若干问题的解释》第 2 条的规定,出卖人未取得商品房预售许可证明,与买受人订立的商品房预售合同,应当认定无效,但在起诉前取得商品房预售许可证明的,可以认定有效。

此外,根据《商品房销售管理办法》第 11 条和第 12 条的规定,房地产开发企业不得采取下列方法销售商品房:(1) 返本销售或者变相返本销售。所谓返本销售,是指房地产开发企

业以定期向买受人返还购房款的方式销售商品房的行为。(2) 售后包租或者变相售后包租。所谓售后包租,是指房地产开发企业以在一定期限内承租或者代为出租买受人所购该企业商品房的方式销售商品房的行为。(3) 分割拆零销售。所谓分割拆零销售,是指房地产开发企业以将成套的商品住宅分割为数部分分别出售给买受人的方式销售商品住宅的行为。

四、"商品房预售许可证"的取得条件和许可程序

(一)"商品房预售许可证"的取得条件

依照《城市商品房预售管理办法》第 7 条的规定,在办理预售登记时,预售人应提交下列文件:(1) 商品房预售许可申请表;(2) 开发企业的"营业执照"和资质证书;(3) 建设用地使用权证、建设工程规划许可证、施工许可证;(4) 投入开发建设的资金占工程建设总投资的比例符合规定条件的证明;(5) 工程施工合同及关于施工进度的说明;(6) 商品房预售方案。预售方案应当说明预售商品房的位置、面积、竣工交付日期等内容,并应当附预售商品房分层平面图。

(二)"商品房预售许可证"的许可程序

依照《城市商品房预售管理办法》第 8 条的规定,商品房预售许可依下列程序办理:

1. 受理

房地产开发企业按《城市商品房预售管理办法》第 7 条的规定提交有关材料,材料齐全的,房地产管理部门应当当场出具受理通知书;材料不齐的,应当当场或者 5 日内一次性书面告知需要补充的材料。

2. 审核

房地产管理部门对房地产开发企业提供的有关材料是否符合法定条件进行审核,房地产开发企业对所提交材料实质内容的真实性负责。

3. 许可

经审查,房地产开发企业的申请符合法定条件的,房地产管理部门应当在受理之日起 10 日内,依法作出准予预售的行政许可书面决定,发送房地产开发企业,并自作出决定之日起 10 日内向房地产开发企业颁发、送达"商品房预售许可证"。经审查,房地产开发企业的申请不符合法定条件的,房地产管理部门应当在受理之日起 10 日内,依法作出不予许可的书面决定。书面决定应当说明理由,告知房地产开发企业享有依法申请行政复议或者提起行政诉讼的权利,并送达房地产开发企业。商品房预售许可决定书、不予商品房预售许可决定书应当加盖房地产管理部门的行政许可专用印章,"商品房预售许可证"应当加盖房地产管理部门的印章。

4. 公示

房地产管理部门作出的准予商品房预售许可的决定,应当予以公开,公众有权查阅。

五、商品房预售认购书

在商品房预售中,房地产开发企业经常在订立正式商品房买卖合同前,先与购房人签订一份认购书,就商品房有关事宜进行初步确认,并收取一定数量的定金作为订立商品房买卖合同的担保。

依照最高人民法院《关于审理商品房买卖合同纠纷案件适用法律若干问题的解释》第 4 条、第 5 条的规定，认购书具有如下法律效力：(1) 出卖人通过认购、订购、预订等方式向买受人收受定金作为订立商品房买卖合同担保的，如果因当事人一方原因未能订立商品房买卖合同，应当按照法律关于定金的规定处理；因不可归责于当事人双方的事由，导致商品房买卖合同未能订立的，出卖人应当将定金返还买受人。(2) 商品房的认购、订购、预订等协议具备商品房买卖合同的主要内容，并且出卖人已经按照约定收受购房款的，该协议应当认定为商品房买卖合同。

六、商品房预售登记

依照《城市商品房预售管理办法》第 10 条的规定，预售商品房时，房地产开发企业应当与承购人签订商品房预售合同，且预售人应当在签约之日起 30 日内持商品房预售合同向县级以上人民政府房地产管理部门和国土资源管理部门办理登记备案手续。

商品房预售合同没有办理登记备案手续的，不影响预售合同的效力。依照最高人民法院《关于审理商品房买卖合同纠纷案件适用法律若干问题的解释》第 6 条的规定，当事人以商品房预售合同未按照法律、行政法规规定办理登记备案手续为由，请求确认合同无效的，不予支持。如果当事人约定以办理登记备案手续为商品房预售合同生效条件的，应从其约定。但是，即使约定以办理登记备案手续为商品房预售合同生效条件的，如当事人一方已经履行主要义务，对方接受的，也可以认定预售合同有效。

商品房预售合同的登记备案带有预告登记的性质，办理了登记备案手续的商品房预售合同可以产生对抗第三人的效力。对此，《物权法》第 20 条规定："当事人签订买卖房屋或者其他不动产物权的协议，为保障将来实现物权，按照约定可以向登记机构申请预告登记。预告登记后，未经预告登记的权利人同意，处分该不动产的，不发生物权效力。"

七、商品房预售后规划、设计的变更

依照《商品房销售管理办法》第 24 条的规定，房地产开发企业应当按照批准的规划、设计建设商品房。商品房销售后，房地产开发企业不得擅自变更规划、设计。

经规划部门批准的规划变更、设计单位同意的设计变更导致商品房的结构型式、户型、空间尺寸、朝向变化，以及出现合同当事人约定的其他影响商品房质量或者使用功能情形的，房地产开发企业应当在变更确立之日起 10 日内，书面通知买受人。

买受人有权在通知到达之日起 15 日内作出是否退房的书面答复。买受人在通知到达之日起 15 日内未作书面答复的，视同接受规划、设计变更以及由此引起的房价款的变更。房地产开发企业未在规定时限内通知买受人的，买受人有权退房；买受人退房的，由房地产开发企业承担违约责任。

八、预售商品房的转让

预售商品房的转让是指预购人在预售登记后、商品房竣工前将预售商品房转让于第三人的行为。商品房预售被称为"卖楼花"，购得预售商品房后进行转让则通常被称为"炒楼花"。预购人在与预售人签订预售合同后，在预售商品房竣工之前再行转让的目的不外乎两个：或者是非营利的，如生活产生困难、资金周转不灵，不得不转让以获取资金；或者是营利的,由于在健康的、良性的房地产市场中,购买房地产本就具备投资的性质。从境外的经验来看,适度的"炒楼花"有助于调节房地产市场以及资金市场。在《城市房地产管理法》颁布之前,我国司法实践承认预售商品房屋的转让。1996年最高人民法院《关于审理房地产管理法施行前房地产开发经营案件若干问题的解答》第29条规定:"商品房预售合同的双方当事人,经有关主管部门办理了有关手续后,在预售商品房尚未实际交付前,预购方将购买的未竣工的预售商品房转让他人,办理了转让手续的,可认定转让合同有效;没有办理转让手续的,在一审诉讼期间补办了转让手续,也可以认定转让合同有效。"《城市房地产管理法》第46条规定:"商品房预售的,商品房预购人将购买的未竣工的预售商品房再行转让的问题,由国务院规定。"

在《城市房地产管理法》颁布后,国务院一直没有关于预售商品房再行转让的明确规定,各地的做法也不一致。直到2005年4月30日原建设部等七部委联合发布了《关于做好稳定住房价格工作的意见》,后国务院办公厅转发了该意见,这个问题才有定论。该意见规定:根据《城市房地产管理法》有关规定,国务院决定,禁止商品房预购人将购买的未竣工的预售商品房再行转让。在预售商品房竣工交付、预购人取得房屋所有权证之前,房地产主管部门不得为其办理转让等手续;房屋所有权申请人与登记备案的预售合同载明的预购人不一致的,房屋权属登记机关不得为其办理房屋权属登记手续。

九、销售方违约的惩罚性赔偿

关于商品房买卖合同是否适用《消费者权益保护法》,在理论界和实务界产生了重大分歧,这一分歧随着最高人民法院《关于审理商品房买卖合同纠纷案件适用法律若干问题的解释》出台最终尘埃落定。从该解释的精神看,商品房买卖不能直接适用《消费者权益保护法》,但可以要求惩罚性赔偿。依照最高人民法院《关于审理商品房买卖合同纠纷案件适用法律若干问题的解释》第8条、第9条的规定,在下列五种情形下,可以适用惩罚性赔偿:(1)商品房买卖合同订立后,出卖人未告知买受人又将该房屋抵押给第三人;(2)商品房买卖合同订立后,出卖人又将该房屋出卖给第三人;(3)故意隐瞒没有取得商品房预售许可证明的事实或者提供虚假商品房预售许可证明;(4)故意隐瞒所售房屋已经抵押的事实;(5)故意隐瞒所售房屋已经出卖给第三人或者为拆迁补偿安置房屋的事实。这五种情形导致合同目的不能实现、合同无效或者被撤销、解除的,买受人可以请求返还已付购房款及利息、赔偿损失,并可以请求出卖人承担不超过已付购房款一倍的赔偿责任。上述惩罚性赔偿,也适用于商品房现房销售。

本章讨论案例

1. 原告湖南岳阳A置业有限公司(以下简称A公司)与被告湖南城陵矶开发区B实业总公司(以下简称B公司)讼争的土地位于湖南省岳阳市城陵矶经济技术开发区琵琶王新立交桥东南侧。原湖南城陵矶经济技术开发区C总公司(以下简称C公司)于1993年3月16日与岳阳市国土局签订土地使用权出让合同,办理有关手续后,取得了位于岳阳市琵琶王新立交桥东南侧土地使用权,面积为98792平方米。C公司于1993年4月28日与A公司签订了土地使用权转让合同书,约定:C公司转让位于岳阳市琵琶王新立交桥东南侧13500

平方米土地(折合20.25亩),每亩地价为21万元;C公司于1993年7月30日前完成居民拆迁、土地的平整、地下水管道及电源线接通等工作,延误交付土地,按月利率15‰承担预付款的利息,超过一个月则按月利率20‰计息;A公司于合同签订后,六日内预付地价款的80%,余款于7月31日付清,延误付款,一天罚款5000元。同时,对转让土地的四至、交付手续等均作了具体规定。由于合同中约定转让的土地有部分是岳阳市邮电局享有使用权,C公司遂于1993年5月6日又与A公司签订了补充协议,约定转让土地面积为15600平方米(折合23.4亩),预付款人民币388万元;如果7月30日交付土地时,C公司与其他有关部门未办妥地块调整手续,为履行合同,双方同意将土地整块西移,保持临街面积150平方米和23.4亩面积不变。同日,A公司依照补充协议的约定付给C公司人民币388万元。1993年7月30日,C公司因市场情况变化等因素未能履约交付土地。1993年9月,C公司分立,C公司在土地使用权转让合同和补充协议中应承担的权利和义务,由B公司承担。1993年10月,岳阳市国土局因C公司未依法交足土地出让金,依法将该地使用权证收回。A公司对此不知情,后又曾多次找B公司协调,无果,便于同年11月8日向其发出"催地通知书"催要土地,B公司对此未作答复。另外,补充协议对西移土地的四至亦未作具体约定,没有红线图,双方亦未到有关部门办理土地使用权变更登记手续,双方当事人对西移土地的四至指认不一,在履行中发生争议,经协议未能达成一致意见。A公司于1993年12月18日向湖南省高级人民法院提起诉讼,请求判令B公司返还已付本金,赔偿利息损失62万余元,并终止协议履行。①

问:本案当事人签订的合同是否有效?

2. 2001年5月13日,原告陈某与被告上海J房地产开发公司就被告开发的J大厦B单元1601室即坐落于上海市浦东新区张家浜路37弄2号1601室房屋签订《J大厦购房预定协议书》一份,约定原告向被告预定上述房屋,双方明确约定了单价及总价数额,并约定原告于签订协议书时向被告支付定金人民币1万元,原告于签订协议书之日起21日内(2001年6月3日前)付清第一期房款(房价的20%,金额人民币92137元其中包含定金),同时双方签订预售合同;协议书一经双方签字,户别、价格自行锁定,任何一方不得擅自更改,自协议书签订之日起的有效期限内,被告不得擅自将该房屋出售给第三方,否则被告须双倍返还原告定金;若原告未能在有效期限内付清第一期房款,被告有权视同原告自动放弃该房屋的购房权利,并可将该房屋另行出售给第三方,原告所付之定金概不退还。协议书签订后,原告于5月27日曾至被告处,但未付款。8月16日,原告至被告处,在被告提供的合同条款已齐备(包括补充条款、附件等)的预售合同文本上签字盖章后交给被告,但被告未在该合同文本上签字盖章。该合同文本附件(一)付款方式和付款期限内容为:原告于2001年8月18日支付房款人民币117650元;余款人民币320000元按揭、公积金组合贷款;8月20日被告收取了原告交来的117650元房款并出具了房款发票。8月22日,被告致函原告,称按协议书所定日期,原告应于6月3日来被告处签订《预售合同》,由于已超过应签合同日期,原《预定协议书》视作无效协议,并通知原告一周内领取已付款项。原告接函后委托律师于2001年8

---

① 本案摘编自最高人民法院中国应用法学研究所编:《人民法院案例选——民法卷(上)》,中国法制出版社2002年版,第396—397页。

月28日致函被告表示了异议。因协商未果,原告向浦东新区人民法院提起诉讼。①

问:本案的商品房预售合同是否成立?

3. 1996年11月29日,原告苏某与被告上海甲国际置业有限公司签订了《上海市内销商品房预售合同》一份,约定:原告向被告购买位于上海市闵行区的"绿茵苑"一号幢四单元底层B室(即报春路558号"绿茵苑"18号102室),房屋建筑面积为83平方米,总房款为人民币287429元;被告于1997年3月31日前将该物业交付给原告使用,如未按期交付,原告有权按已交付的价款向被告追索违约利息,违约利息按合同规定的最后交付期限第二天起算至实际交付日止,日利息按上海市人民银行固定资产贷款利率计算;被告交付的物业必须经上海市的建筑工程质量监督站检验合格,并符合本合同附件(三)规定的建筑结构、装修和设备标准。该合同附件(三)有二份:一是"装修和设备标准",在该栏内载明"结构:采用钢筋混凝土结构";二是"建筑结构、装修和设备标准",该栏仅载明毛坯房交房。

双方签约后,原告按约向被告交付了购房款,被告也向原告交付了上述商品房。1997年4月4日,原、被告又签订了一份《出售合同预备书》,载明:上述商品房的实测建筑面积为85.01平方米;在签订本预备书之前,双方已签有预售合同,其中相应有关条款将全部转入签订在出售合同中,该类内容将不在签订本预备书时讨论范围之内;被告将在50日内与原告签订正式的商品房出售合同。然被告直到1998年4月才通知原告前去签订出售合同。原告因上述房屋的花园面积不足30平方米,要求被告予以扩大而未获解决,故原告拒绝与被告签订出售合同。

1997年3月18日,上海市闵行区住宅发展局向被告出具了上述商品房之"上海市新建住宅交付使用许可证",上海市房屋土地管理局于1997年11月17日颁发的"上海市房地产权证"载明上述商品房的建筑结构为砖混结构。

被告广告中的"绿茵苑首期预售房型面积表"及"绿茵苑一、二期预售加收系数总表"载明一号楼一、二单元的一层A、B室的花园面积为30平方米,花园加收系数2%。但是,上述资料未作为合同附件。②

问:商品房预售广告与商品房的实际状况不符,被告应否承担责任?

---

① 本案摘编自国家法官学院、中国人民大学法学院编:《中国审判案例要览》(2003年民事审判案例卷),中国人民大学出版社、人民法院出版社2004年版,第21—22页。

② 本案摘编自上海高级人民法院编:《人民法院裁决文书选》,法律出版社2001年版,第162—164页。

第六章

房地产抵押法律制度

第一节　房地产抵押概述

一、房地产抵押的概念和特点

依照《城市房地产管理法》第 47 条和《城市房地产抵押管理办法》(建设部令〔2001〕第 98 号)第 3 条的规定,房地产抵押是指抵押人以其合法的房地产以不转移占有的方式向抵押权人提供债务履行担保的行为。债务人不履行债务时,抵押权人有权依法以抵押的房地产拍卖所得的价款优先受偿。

房地产抵押属于担保物权的范畴,因此,房地产抵押具有如下特点:

(一) 房地产抵押的客体是房地产且不转移占有

在房地产抵押中,抵押人是以房地产设定抵押的,因此,抵押权的客体是房地产。在抵押权设立后,抵押人不需要转移房地产的占有。因此,抵押权不能以转移占有的方式进行公示,而是需要以登记方式进行公示。

(二) 房地产抵押具有从属性

房地产抵押与其所担保的债权形成主从关系,受抵押权担保的债权为主权利,房地产抵押权为从权利,房地产抵押权从属于其所担保的债权。房地产抵押权的从属性表现在以下几个方面:(1) 存在上的从属性。房地产抵押权是从属于主债权而存在的,因而,必须有主债权存在,才能有房地产抵押权的存在。(2) 转移上的从属性。《物权法》第 192 条规定:"抵押权不得与债权分离而为单独转让或者作为其他债权的担保。债权转让的,担保该债权的抵押权一并转让,但法律另有规定或者当事人另有约定的除外。"(3) 消灭上的从属性。主债权消灭的,房地产抵押也归于消灭。《担保法》第 52 条规定:"抵押权与其担保的债权同时存在,债权消灭的,抵押权也消灭。"

(三) 房地产抵押具有不可分性

房地产抵押权的不可分性是指房地产的分割、部分灭失或转让,或者被担保债权的分割或部分转让,均不影响房地产抵押权的完整性,房地产抵押权人仍然能够完整的行使其抵押权。依照最高人民法院《关于适用〈中华人民共和国担保法〉若干问题的解释》(以下简称《担保法解释》)的规定,房地产抵押权的不可分性表现在以下几个方面:(1) 抵押的房地产被分割或者部分转让的,抵押权人可以就分割或者转让后的房地产行使抵押权;(2) 房地产部分灭失的,房地产抵押权仍存在于未灭失部分之上,未灭失的房地产仍担保全部债权;(3) 主债权未受全部清偿的,抵押权人可以就抵押物的全部行使其抵押权;(4) 主债权被分割或者部分转让的,各债权人可以就其享有的债权份额行使抵押权;(5) 主债务被分割或者部分转让的,抵押人仍以其抵押物担保数个债务人履行债务。

(四) 房地产抵押具有物上代位性

房地产抵押的物上代位性是指在抵押房地产发生原有形态变化时,房地产抵押权的效力及于该抵押房地产的代位物。房地产抵押的代位物表现为因房地产毁损、灭失或者被征收,房地产权利人由此获得的保险金、赔偿金、补偿金等。对此,《物权法》第 174 条对担保物权的物上代位性作了统一规定:“担保期间,担保财产毁损、灭失或者被征收等,担保物权人可以就获得的保险金、赔偿金或者补偿金等优先受偿。被担保债权的履行期未届满的,也可以提存该保险金、赔偿金或者补偿金等。”

(五) 房地产抵押具有特定性

房地产抵押的特定性表现为两个方面:一方面,房地产抵押的客体必须特定,即用于抵押的房地产必须是特定的;另一方面,房地产抵押所担保的债权必须特定。只有确定债权的范围,才能明确房地产抵押担保的债权限度。同时,抵押物与抵押担保债权的特定,也是维护交易安全的需要。

(六) 房地产抵押具有优先受偿性

在债务人不履行到期债务时,抵押权人有权依照法律的规定,以用作抵押的房地产,按照法定程序进行拍卖,抵押权人可以就拍卖所得价款优先获得清偿。

(七) 房地产抵押具有期限性

依照《物权法》第 202 条的规定,抵押权人应当在主债权诉讼时效期间行使抵押权;未行使的,人民法院不予保护。应当指出的是,抵押权的存续期间届满后,抵押权本身并不消灭,抵押权人丧失的只是受人民法院保护的权利。如果抵押人自愿履行担保义务的,抵押权人仍可以行使抵押权。

二、房地产抵押的形态

从我国现行法的规定来看,房地产抵押有如下两种形态:

(一) 无地上定着物的土地使用权抵押

在国有土地上所设定的建设用地使用权包括出让建设用地使用权和划拨建设用地使用权。依照《担保法》和《物权法》的规定,出让建设用地使用权可以抵押,法律并未对其设定太多的限制,只要不违反禁止性的规定,抵押人与抵押权人签订书面形式的抵押合同、办理抵押登记手续,即可以在出让建设用地使用权之上设定抵押权。对于划拨建设用地使用权而言,我国现行法原则上也不禁止以其设定抵押,但须满足法定的要件。根据《划拨土地使用权管理暂行办法》第 3 条的规定,划拨土地使用权不仅可以转让、出租,而且可以抵押。2003 年,最高人民法院在《关于破产企业国有划拨土地使用权应否列入破产财产等问题的批复》(法释〔2003〕6 号)中也只是规定:“企业对其以划拨方式取得的国有土地使用权无处分权,以该土地使用权为标的物设定抵押,除依法办理抵押登记手续外,还应经具有审批权限的人民政府或土地行政管理部门批准。否则,应认定抵押无效。”由上述规定可见,我国现行法原则上并不禁止以划拨建设用地使用权设定抵押的行为,只是以其设定抵押时应予行政审批前置而已。而关于审批问题,国土资源部于《关于国有划拨土地使用权抵押登记有关问题的通知》(国土资发〔2004〕9号,2010年修订)中规定:“以国有划拨土地使用权为标的物设定抵押,土地行政管理部门依法办理抵押登记手续,即视同已经具有审批权限的土地行政管理部门批准,不必再另行办理土地使用权抵押的审批手续。”此后,最高人民法院在《关于转发国土资源部〈关于国有划拨土地使用权抵押登记有关问题的通知〉的通知》(法发〔2004〕11号)中明确规定:“在《通知》发布之日起,人民法院尚未审结的涉及国有划拨土地使用权抵押经过有审批权限的土地行政管理部门依法办理抵押登记手续的案件,不以国有划拨土地使用权抵押未经批准而认定抵押无效。”综上所述,我们认为,在我国现行法上,不论是出让建设用地使用权还是划拨建设用地使用权,凡是已经办理了抵押权设立登记的,抵押权都有效设立,而不再区分是出让建地还是划拨建地而有法律效果认定上的差别。

(二) 房屋与建设用地使用权一并抵押

房屋与建设用地使用权一并抵押是房产与地产一体处分原则的具体体现。房屋与建设用地使用权一并抵押,既可以是房屋与国有土地上的建设用地使用权一并抵押,也可以是房屋与集体土地上的建设用地使用权一并抵押。关于前者,《担保法》第36条中规定:“以依法取得的国有土地上的房屋抵押的,该房屋占用范围内的国有土地使用权同时抵押。以出让方式取得的国有土地使用权抵押的,应当将抵押时该国有土地上的房屋同时抵押。”《物权法》第182条规定:“以建筑物抵押的,该建筑物占用范围内的建设用地使用权一并抵押。以建设用地使用权抵押的,该土地上的建筑物一并抵押。”“抵押人未依照前款规定一并抵押的,未抵押的财产视为一并抵押。”关于后者,《担保法》第36条中规定:“乡(镇)、村企业的土地使用权不得单独抵押。以乡(镇)、村企业的厂房等建筑物抵押的,其占用范围内的土地使用权同时抵押。”《物权法》第183条规定:“乡镇、村企业的建设用地使用权不得单独抵押。以乡镇、村企业的厂房等建筑物抵押的,其占用范围内的建设用地使用权一并抵押。”

第二节　房地产抵押权的设定

一、房地产抵押合同

房地产抵押合同是当事人在自愿、平等、意思表示真实的基础上设立房地产抵押权的协议。《物权法》第185条规定:“设立抵押权,当事人应当采取书面形式订立抵押合同。”

(一) 房地产抵押合同的当事人

1. 抵押人

抵押人是指以依法取得的房地产设定抵押,作为本人或者第三人履行债务担保的自然人、法人或者其他组织。可见,房地产抵押人既可以是债务人本人,也可以是债务人之外的第三人。在房地产抵押中,抵押人必须对房地产有处分权,如果没有处分权或者处分能力,即使是房地产所有权人,也不能设定抵押权。

2. 抵押权人

抵押权人是接受房地产抵押作为债务人履行债务担保的自然人、法人或者其他组织。

在房地产抵押中,抵押权人是抵押权所担保的债权的债权人。这里的债权人,既可以是现存的有效债权的债权人,也可以是未来债权的债权人。同时,债权人也不受是否具有民事行为能力的限制。

(二) 房地产抵押合同的形式

依照《担保法》第38条和《物权法》第185条第1款的规定,当事人应当以书面形式订立房地产抵押合同。因此,房地产抵押合同为要式合同。

(三) 房地产抵押合同的内容

依照《城市房地产抵押管理办法》第26条的规定,房地产抵押合同应当载明下列主要内容:(1) 抵押人、抵押权人的名称或者个人姓名、住所;(2) 主债权的种类、数额;(3) 抵押房地产的处所、名称、状况、建筑面积、用地面积以及四至等;(4) 抵押房地产的价值;(5) 抵押房地产的占用管理人、占用管理方式、占用管理责任以及意外损毁、灭失的责任;(6) 债务人履行债务的期限;(7) 抵押权灭失的条件;(8) 违约责任;(9) 争议解决方式;(10) 抵押合同订立的时间与地点;(11) 双方约定的其他事项。

二、房地产抵押的标的物

房地产抵押的标的物是房地产,而且必须是合法的房地产。值得注意的是,同一房地产设定两个以上抵押权的,抵押人应当将已经设定过的抵押情况告知抵押权人;以两宗以上房地产设定同一抵押权的,视为同一抵押房地产;以享受国家优惠政策购买的房地产抵押的,其抵押额以房地产权利人可以处分和收益的份额比例为限;以具有土地使用年限的房地产设定抵押的,所担保债务的履行期限不得超过建设用地使用权出让合同规定的使用年限减去已经使用年限后的剩余年限;设定房地产抵押时,抵押房地产的价值可以由抵押当事人协商议定,也可以由房地产价格评估机构评估确定。

(一) 可以抵押的房地产

依照《担保法》第34条和《物权法》第180条的规定,下列房地产可以抵押:(1) 建筑物即房屋;(2) 建设用地使用权;(3) 正在建造的建筑物。

(二) 不得抵押的房地产

依照《城市房地产抵押管理办法》的规定,下列房地产不得设定抵押:(1) 权属有争议的房地产;(2) 用于教育、医疗、市政等公共福利事业的房地产;(3) 列入文物保护的建筑物和有重要纪念意义的其他建筑物;(4) 已依法公告列入拆迁范围的房地产;(5) 被依法查封、扣押、监管或者以其他形式限制的房地产;(6) 依法不得抵押的其他房地产。例如,《担保法》《物权法》均规定,土地所有权不得抵押;耕地、宅基地、自留地、自留山等集体所有的土地使用权不得抵押(法律另有规定的除外)。以法律禁止抵押的房地产设定抵押的,抵押无效。

三、房地产抵押登记

(一) 房地产抵押登记的程序

房地产抵押登记是指将抵押房地产上的抵押权状态登记于不动产登记簿上。由于房地产抵押登记是在不动产登记簿上登记抵押房地产上的抵押权状况,所以又称为房地产抵押权登记。

依照《城市房地产抵押管理办法》第 30 条的规定，抵押当事人应当自房地产抵押合同签订之日起 30 日内，到房地产所在地的房地产管理部门办理房地产抵押登记。办理房地产抵押登记，一般依照申请、受理、审核、登簿的程序进行。

（二）房地产抵押登记的效力

在房地产抵押登记问题上，我国现行法采取了登记生效主义，即以抵押登记作为房地产抵押权成立的条件。未经登记的，房地产抵押权不能设立。对此，《物权法》第 187 条规定，以建筑物、建设用地使用权、正在建造的建筑物抵押的，应当办理抵押登记，抵押权自登记时设立。

第三节 房地产抵押权的效力

一、房地产抵押权担保的债权范围

依照《担保法》第 46 条和《物权法》第 173 条的规定，除当事人另有约定外，房地产抵押权担保的债权范围包括主债权及利息、违约金、损害赔偿金和实现抵押权的费用。主债权是指于房地产抵押权设定时当事人决定为之担保的债权；利息为原本债权的法定孳息，包括约定利息、法定利息与迟延利息；违约金是债务人不履行债务时依法律规定或者合同的约定应向债权人一方支付的一定数额的款项；损害赔偿金是债务人违反合同而给债权人造成损失时，应向债权人支付的赔偿款项；实现抵押权的费用是指为依法实现抵押权所支出的费用，如抵押物的拍卖费用、抵押物的评估费用等。

二、房地产抵押权效力所及的标的物范围

房地产抵押权效力所及的标的物范围，是指于抵押权依法实现时抵押权人得以变价的标的物的范围。在房地产抵押权成立后，抵押权的效力不仅及于用于设定抵押权的物即抵押原物，而且还可及于抵押物的从物、从权利、附合物以及孳息等。

（一）抵押原物

在房地产抵押权中，抵押原物是设定抵押时抵押人供为抵押担保的房地产。抵押原物须为符合法律规定可用于抵押的房地产，具体范围应以抵押登记为准。

（二）抵押物的从物

若抵押当事人无另外的约定，房地产抵押权的效力及于抵押权设定时的抵押物的从物。《担保法解释》第 63 条规定："抵押权设定前为抵押物的从物的，抵押权的效力及于抵押物的从物。但是，抵押物与其从物为两个以上的人分别所有时，抵押权的效力不及于抵押物的从物。"

（三）抵押物的从权利

抵押权的效力既及于抵押物的从物，也就应及于抵押物的从权利。例如，以建设用地使用权抵押的，该建设用地上存在地役权时，抵押权的效力及于该地役权。应当指出的是，依我国现行法的规定，建筑物与建设用地使用权是一并抵押的，因此，抵押建筑物的效力及于建设用地使用权的情形，不属于抵押权的效力及于从权利的情形。

（四）抵押物的附合物

在房地产抵押权中，抵押物的附合物只能是因不动产与动产的附合而产生的添附物，不包括因混合、加工而形成的添附物。因此，房地产抵押权的效力只能及于抵押房地产的附合物。

（五）抵押物的孳息

依照《担保法》第47条和《物权法》第197条的规定，自抵押房地产被扣押之日起，抵押权人有权收取抵押人就抵押物可以收取的法定孳息，但抵押权人未将扣押抵押物的事实通知应当清偿法定孳息的义务人的，抵押权的效力不及于该法定孳息。抵押权人有权收取的法定孳息，应当首先充抵收取孳息的费用，其次用于清偿主债权的利息，最后用于清偿主债权。

（六）抵押物的代位物

如前所述，抵押权具有物上代位性。因此，房地产抵押权的效力当然应及于抵押物的代位物。

三、房地产抵押人的权利

抵押人的权利，是抵押权对抵押人的效力。在房地产抵押权中，抵押人主要享有如下权利：

（一）抵押物的处分权

房地产抵押权成立后，抵押人并没有丧失对房地产的所有权，其仍为抵押房地产的所有人。因此，抵押人享有对抵押物的处分权，但这里的处分只能是法律上的处分，而不能是事实上的处分，因为事实上的处分会导致抵押物价值的灭失。

《物权法》第191条第2款规定："抵押期间，抵押人未经抵押权人同意，不得转让抵押财产，但受让人代为清偿债务消灭抵押权的除外。"可见，依照《物权法》的规定，只有经抵押权人同意的，抵押人才能处分抵押物。

（二）抵押物的设定担保权

抵押物的设定担保权，是指抵押人于抵押权设定后再以同一财产设定担保物权。在房地产抵押权设立后，抵押人有权就同一房地产再设立抵押权。抵押人在同一房地产上设立两个以上抵押权时，应当按照抵押登记的先后顺序确定各抵押权的清偿顺位。

（三）抵押物的出租权

抵押物的出租权，是指抵押人于设定抵押权后得将抵押物出租的权利。房地产抵押权设立后，抵押人有权将用于抵押的房地产出租。在这种情况下，同一房地产上就存在着抵押权和租赁权两种权利。对此，《物权法》第190条规定："抵押权设立后抵押财产出租的，该租赁关系不得对抗已登记的抵押权。""订立抵押合同前抵押财产已出租的，原租赁关系不受该抵押权的影响。"

（四）抵押物上用益物权的设定权

抵押物上用益物权的设定权是指抵押人于抵押权设定后，抵押人可以在抵押物上设定用益物权的权利。例如，在建设用地使用权设立抵押权后，建设用地使用权人有权在建设用地上设立地役权。在抵押物上设立用益物权的情况下，应当依照物权的效力规则确定它们的先后顺序。由于抵押权成立在先，故后设立的用益物权，在效力上不能优于先设立的抵押权。就是说，在抵押权实现时，于房地产抵押后设定的用益物权应归于消灭。

（五）抵押物的占有权

抵押物的占有权是指抵押人于抵押权设定后仍得占有抵押物的权利。房地产抵押权是不转移房地产占有的担保物权，因此，抵押人于抵押权设定后，有权对抵押物继续为占有、使用、收益。抵押人不仅可以自己占有抵押物，而且也可让他人占有抵押物。

四、房地产抵押权人的权利

抵押权人的权利，是抵押权对抵押权人的效力，这是抵押权的主要效力。在房地产抵押权成立后，抵押权人的权利主要有以下几项：

（一）抵押权的保全权

抵押权的保全权是指在抵押期间于抵押物的价值受到侵害时，抵押权人享有的保全其抵押权的权利，亦即抵押权受到侵害时抵押权人得采取的救济措施。对此，《物权法》第193条规定："抵押人的行为足以使抵押财产价值减少的，抵押权人有权要求抵押人停止其行为。抵押财产价值减少的，抵押权人有权要求恢复抵押财产的价值，或者提供与减少的价值相应的担保。抵押人不恢复抵押财产的价值也不提供担保的，抵押权人有权要求债务人提前清偿债务。"

（二）抵押权的处分权

在房地产抵押权中，抵押权人的处分权主要有如下几项：

1. 抵押权的抛弃

在房地产抵押权中，抵押权人抛弃抵押权的，应向抵押人为抛弃的意思表示，并应办理注销登记。如果债务人以自己的房地产设定抵押，抵押权人放弃抵押权的，则其他担保人在抵押权人丧失优先受偿权益的范围内免除担保责任，但其他担保人承诺仍然提供担保的除外（《物权法》第194条）。

2. 抵押权的转让

抵押权具有从属性，因此，抵押权不能与主债权分离而为转让。《物权法》第192条规定："抵押权不得与债权分离而单独转让或者作为其他债权的担保。债权转让的，担保该债权的抵押权一并转让，但法律另有规定或者当事人另有约定的除外。"依照这一规定，抵押权可以与债权一同转让或者作为其他债权的担保。但是，在法律另有规定或者当事人另有约定时，抵押权并不随债权一并转让。

3. 抵押权顺位的抛弃

抵押权顺位的抛弃就是指抵押权人放弃其顺序利益。与抵押权抛弃不同的是，抵押权顺位抛弃后，抵押权人仍享有抵押权，只不过其抵押权位于抛弃前已有的各抵押权的最后顺序。因此，抵押权顺位的抛弃对于抵押权顺位抛弃后设定的抵押权不生效力。

如果债务人以自己的房地产设定抵押，抵押权人放弃抵押权顺位的，则其他担保人在抵押权人丧失优先受偿权益的范围内免除担保责任，但其他担保人承诺仍然担保的除外（《物权法》第194条）。

（三）优先受偿权

抵押权人的优先受偿权是指于债务人不履行债务时，抵押权人得以抵押物的变价优先受清偿。抵押权人的优先受偿权是抵押权的根本效力，是抵押权的基本权能。一般地说，抵押权人的优先受偿权主要表现为以下几个方面：

1. 有抵押权的债权优先于无担保权担保的债权，即抵押权人优先于一般债权人受清偿。

2. 抵押权优先于执行权。《担保法解释》第55条规定："已经设定抵押权的财产被采取查封、扣押等保全或者执行措施的，不影响抵押权的效力。"

3. 抵押权人享有别除权。在抵押人被宣告破产时，抵押财产不列入破产财产，抵押权人有别除权，得就抵押物的变价于其受担保的债权额内受偿，而不是与其他债权人按比例受偿。

4. 先顺位抵押权优先于后顺位抵押权。在同一房地产上设定有数个抵押权的，各个抵押权之间有顺序性，即顺位在先的抵押权人得就抵押物的变价优先于顺位在后的抵押权人受偿，后顺位抵押权人只能就前一顺位的抵押权人就担保债权额受偿后的余额受偿，同一顺位抵押权人只能按其被担保的债权额比例受偿(《物权法》第199条)。

第四节　房地产抵押权的实现

一、房地产抵押权的实现条件

房地产抵押权的实现是指债务人不履行到期债务或者发生当事人约定的实现抵押权的情形时，抵押权人依照法律规定的程序直接处分抵押的房地产，以抵押的房地产变价并从中优先受偿其债权的法律现象。抵押权的实现使抵押权设立的目的达到，抵押权归于消灭。

《物权法》第195条中规定："债务人不履行到期债务或者发生当事人约定的实现抵押权的情形，抵押权人可以与抵押人协议以抵押财产折价或者以拍卖、变卖该抵押财产所得的价款优先受偿。"依照上述规定，房地产抵押权的实现条件包括两个：一是债务人不履行到期债务；二是发生了当事人约定的实现抵押权的情形。

依照《城市房地产抵押管理办法》第40条的规定，有下列情况之一的，抵押权人有权要求处分抵押的房地产：(1) 债务履行期满，抵押权人未受清偿的，债务人又未能与抵押权人达成延期履行协议的；(2) 抵押人死亡或者被宣告死亡而无人代为履行到期债务的，或者抵押人的合法继承人、受遗赠人拒绝履行到期债务的；(3) 抵押人被依法宣告解散或者破产的；(4) 抵押人违反《城市房地产抵押管理办法》的有关规定，擅自处分抵押房地产的；(5) 抵押合同约定的其他情况。

二、房地产抵押权的实现方式

依照《担保法》和《物权法》的规定，抵押权的实现方式包括折价、拍卖和变卖三种。抵押物的折价是抵押权人与抵押人协商由抵押权人以确定的价格取得抵押房地产的所有权。抵押物的拍卖是指以公开竞价的形式，将抵押物转让给最高应价者的买卖方式。抵押物的变卖是以拍卖以外的方式出卖抵押物。

在房地产抵押权实现时，具体采取哪种方式应由抵押权人与抵押人协商确定。如果抵押权人与抵押人未就抵押权实现方式达成协议的，抵押权人可以请求人民法院拍卖、变卖抵押财产(《物权法》第195条)。

三、房地产抵押权实现的中止

依照《城市房地产抵押管理办法》第46条的规定,抵押权人实现抵押权时,出现下列情况之一的,抵押权的实现应当中止:(1) 抵押权人请求中止的;(2) 抵押人申请愿意并证明能够及时履行债务,并经抵押权人同意的;(3) 发现被拍卖抵押物有权属争议的;(4) 诉讼或仲裁中的抵押房地产;(5) 其他应当中止的情况。在中止情况消除以后,抵押权人可以继续实现抵押权。

四、房地产抵押权实现的清偿顺序

在房地产抵押权实现后,处分抵押房地产所得的金额,应当依下列顺序分配:(1) 支付处分抵押房地产的费用;(2) 扣除抵押房地产应缴纳的税款;(3) 偿还抵押权人债权本息及支付的违约金;(4) 赔偿因债务人违反合同而对抵押权人造成的损害;(5) 剩余金额交还抵押人。如果处分抵押房地产所得金额不足以支付债务和违约金、赔偿金时,抵押权人有权向债务人追索不足部分。《物权法》第198条规定:"抵押财产折价或者拍卖、变卖后,其价款超过债权数额的部分归抵押人所有,不足部分由债务人清偿。"

五、房地产抵押权实现的特殊要求

(一) 建设用地使用权抵押后,该土地上新增房屋的处理

依照房地产的一体处分原则,以房屋抵押的,该房屋占有范围内的建设用地使用权一并抵押;以建设用地使用权抵押的,该土地上的房屋一并抵押。即使抵押人未将房屋与建设用地使用权一并抵押的,未抵押的房地产视为一并抵押(《物权法》第182条)。但是,在建设用地使用权抵押后,对于该土地上新增的房屋,由于不在抵押合同约定的抵押财产范围内,因此,该房屋不属于抵押财产。由于我国法实行房屋与建设用地使用权不得异其主体原则,尽管在建设用地使用权抵押后于土地上新增的房屋不属于抵押财产,但在实现抵押权时,应将抵押的建设用地使用权与在土地上新增的房屋一并处分,但新增房屋所得的价款,抵押权人没有优先受偿权。对此,我国多部法律、法规中都有所规定。《担保法》第55条第1款规定:"城市房地产抵押合同签订后,土地上新增的房屋不属于抵押物。需要拍卖该抵押的房地产时,可以依法将该土地上新增的房屋与抵押物一同拍卖,但对拍卖新增房屋所得,抵押权人无权优先受偿。"《城市房地产管理法》第52条规定:"房地产抵押合同签订后,土地上新增的房屋不属于抵押物。需要拍卖该抵押的房地产时,可以依法将该土地上新增的房屋与抵押物一同拍卖,但对拍卖新增房屋所得,抵押权人无权优先受偿。"《城市房地产抵押管理办法》第51条规定:"房地产抵押合同签订后,土地上新增的房屋不属于抵押财产。需要拍卖该抵押的房地产时,可以依法将土地上新增的房屋与抵押财产一同拍卖,但对拍卖新增房屋所得,抵押权人无权优先受偿。"《物权法》第200条规定:"建设用地使用权抵押后,该土地上新增的建筑物不属于抵押财产。该建设用地使用权实现抵押权时,应当将该土地上新增的建筑物与建设用地使用权一并处分,但新增建筑物所得的价款,抵押权人无权优先受偿。"

（二）房屋抵押后，该房屋占有范围内划拨建设用地使用权的处理

《担保法》第56条规定："拍卖划拨的国有土地使用权所得的价款，在依法缴纳相当于应缴纳的土地使用权出让金的款额后，抵押权人有优先受偿权。"依此规定，抵押权人就拍卖划拨建设用地使用权所得的价款无权优先受偿，该价款应先用于缴纳建设用地使用权出让金。只有在缴纳出让金还有剩余时，抵押权人才有优先受偿权。

（三）集体土地使用权抵押后，在实现抵押权时不得改变土地所有权的性质和用途

依照《物权法》第201条的规定，依法以土地承包经营权抵押，或者以乡镇、村企业的厂房等建筑物占用范围内的建设用地使用权一并抵押的，在实现抵押权后，未经法定程序，不得改变土地所有权的性质和用途。

第五节　房地产抵押权的消灭

房地产抵押权的消灭是指抵押权的不复存在，不仅抵押权人不再享有抵押权，而且其他人也不能取得抵押权。依照《物权法》第177条及《担保法》的相关规定，引起房地产抵押权消灭的原因主要包括如下几种：

一、主债权消灭

基于抵押权的从属性，若抵押权所担保的主债权消灭，则抵押权自无存在的根据。因此，主债权消灭的，抵押权归于消灭。对此，《担保法》第52条规定："抵押权与其担保的债权同时存在，债权消灭的，抵押权也消灭。"应当指出的是，只有主债权全部消灭的，抵押权才归于消灭，而无论主债权的消灭原因如何。但是，如果主债权仅是部分消灭的，则基于抵押权的不可分性，抵押权仍然存在。

二、抵押权实现

如前所述，在债务人不履行到期债务或者发生当事人约定的实现抵押权的情形时，抵押权人有权实现抵押权。抵押权人实现抵押权意味着抵押权人的权利实现，其担保的目的达到，故抵押权应归于消灭。

三、债权人放弃抵押权

抵押权属于财产权，抵押权人有权加以处分。如前所述，抵押权人放弃抵押权，是抵押权人的一种权利。在抵押权人放弃抵押权时，抵押权归于消灭。

四、抵押物灭失

抵押权是一种物权，而物权的客体灭失是物权消灭的一种原因。因此，当作为抵押权客体的抵押物灭失时，抵押权应归于消灭。但应当指出的是，基于抵押权的物上代位性，如果抵押物灭失而存在代位物的，则抵押权不消灭，仍存在于代位物之上。

五、其他原因

依照我国现行法的规定，抵押权人也可以基于其他原因而消灭。例如，当第三人提供房

地产抵押时,若债权人许可债务人转让债务而未经抵押人书面同意的,抵押人就未经其同意转让的债务,不再承担担保责任(《担保法解释》第72条)。抵押人不承担担保责任,即意味着抵押权消灭。再如,在同一债权上有债务人提供的担保物权与抵押人提供的抵押权并存时,如果债权人放弃债务人提供的担保物权,则抵押人在债权人放弃权利的范围减轻或免除担保责任(《担保法解释》第123条)。这里的免除担保责任,也意味着抵押权消灭。但这里的抵押权消灭并非全部消灭,而只是于债权人放弃权利的范围内消灭。

第六节 特殊房地产抵押

一、待建建筑物抵押

依照《担保法解释》第47条的规定,以依法获准尚未建造的房屋或者其他建筑物抵押的,当事人办理了抵押物登记,人民法院可以认定抵押有效。可见,待建建筑物抵押必须符合两个条件:一是必须是已经获得批准的尚未建造的建筑物;二是必须办理抵押登记。

二、在建建筑物抵押

《担保法》未就在建建筑物抵押问题作出明确规定,但《担保法解释》第47条就在建房屋的抵押问题作了明确规定。《城市房地产抵押管理办法》称在建建筑物抵押为在建工程抵押,其第3条第5款规定:"本办法所称在建工程抵押,是指抵押人为取得在建工程继续建造资金的贷款,以其合法方式取得的土地使用权连同在建工程的投入资产,以不转移占有的方式抵押给贷款银行作为偿还贷款履行担保的行为。"《物权法》第180条就在建建筑物的抵押问题做了明确规定。在建建筑物抵押与已建成建筑物的抵押并无本质不同,在建建筑物可以是债务人所有,亦可以是第三人所有;抵押权人可以是银行等金融机构,也可以是金融机构之外的自然人、法人和其他组织;抵押目的可以是融资借款,也可以是一般债权的担保。在建建筑物抵押经登记而有效设立。

三、预售商品房抵押

预售商品房抵押是指购房人在支付首期规定的房价款后,由贷款银行代其支付其余的购房款,将所购商品房抵押给贷款银行作为偿还贷款履行担保的行为。以预售商品房抵押的,要求商品房开发项目必须符合房地产转让条件并取得商品房预售许可证。抵押的预售商品房在抵押期间竣工的,当事人应当在抵押人领取房地产权属证书后,重新办理房地产抵押登记。

四、尚未办理权属证书的房地产抵押

《担保法解释》第49条规定:"以尚未办理权属证书的财产抵押的,在第一审法庭辩论终结前能够提供权利证书或者补办登记手续的,可以认定抵押有效。当事人未办理抵押物登记手续的,不得对抗第三人。"《物权法》第187条规定:"以本法第180条第1款第1项至第3项规定的财产或者第5项规定的正在建造的建筑物抵押的,应当办理抵押登记。抵押权自登记时设立。"由此可见,《担保法解释》第49条规定已经不具有合法性基础,不应再予适用。

《物权法》就不动产抵押采取的是登记生效主义，未经登记，抵押权不能有效设立，故即便在第一审法庭辩论终结前能够提供权利证书的，以尚未办理权属证书的财产抵押而未补办登记的，房地产抵押权仍不能有效设立。

本章讨论案例

1. 2005年5月5日，甲公司向工商银行申请贷款550万元，约定2006年12月31日前还款。为担保贷款，甲公司将其评估值为700万元（不包括地价款）的一栋大楼抵押给工商银行，并于2005年5月21日到房屋管理局办理了抵押登记手续。2005年8月26日，甲公司又以该大楼占用范围内的出让建设用地使用权向建设银行申请抵押贷款250万元，双方约定2006年9月16日前还清贷款。经评估，该建设用地使用权的价值为350万元。2005年9月15日双方到土地局办理了建设用地使用权抵押登记。2006年11月5日，因甲公司届期未能偿还贷款，建设银行向人民法院起诉要求实现其抵押权，拍卖抵押的建设用地使用权。

问：如何确定本案中两个抵押权的效力？

2. 1997年8月21日，兰州市城关区G信用合作社（以下简称信用社）与甘肃B房地产开发有限责任公司（以下简称B公司）签订了一份抵押借款合同，合同约定：B公司贷款500万元，期限10个月，利率11.76‰，由B公司以位于兰州市平凉路南段西侧2—17号在建的甲商厦作为抵押。1998年4月23日，信用社与B公司又签订了一份抵押借款合同，合同约定：B公司借款250万元，期限10个月，利率9.24‰，由兰州市城关区就业服务局家庭服务公司（以下简称家庭服务公司）、兰州市城关区就业服务局（以下简称就业局）以位于兰州市平凉路南段西侧2—17号在建的甲商厦作为抵押。以上两份抵押借款合同都已在兰州市城关区公证处进行了公证。合同签订后，信用社按照约定向B公司支付了贷款，但B公司除偿付40万元利息外，未按合同约定的期限归还贷款本金及部分利息。

经查，在建的甲商厦土地使用权属就业局。就业局委托其下属单位家庭服务公司对土地进行了拆迁、开发。家庭服务公司与B公司签订了合作开发协议，但除两幢拆迁楼主体完工外，甲商厦尚未动工。就业局、家庭服务公司于1998年4月21日函至信用社，承诺：如B公司不能按期归还贷款，同意将平凉路南段西侧在建楼房甲商厦产权归信用社所有。B公司依据联建协议也于1998年4月28日以就业局名义，将土地出让金等交付。①

问：本案的两份房地产抵押能否成立？

3. 2005年7月18日，T公司与D公司签订《房屋预售合同》，约定D公司向T公司预购位于某市海滨的别墅10幢。之后，双方对《房屋预售合同》进行了公证，并办理了预售合同登记。同年9月，D公司与某银行签订《抵押借款合同》，约定D公司向银行贷款1300万元，D公司以上述10幢别墅作为借款的抵押担保。此后，双方向房地产登记部门申请抵押登

---

① 本案摘编自甘肃省高级人民法院编：《人民法院裁判文书选》（甘肃2000年卷），法律出版社2001年版，第211—214页。

记,在办理抵押登记过程中,经D公司要求,T公司向登记部门出具证明和承诺书,称D公司对上述期房拥有完全的产权和处置权。据此,房地产登记部门向某银行出具了《房地产其他权利证明》。同年12月,D公司无力向T公司支付约定的第二期房款,双方于2006年1月签订了《终止房屋预售合同协议》,约定房产由T公司收回。2006年2月,D公司与T公司致信房地产管理部门及公证处,双方要求终止《房屋预售合同》。2007年4月21日,T公司向法院提起诉讼,请求确认D公司与某银行签订的《抵押合同》无效。

法院经审理后认为,D公司与某银行签订抵押合同的行为,反映了双方当事人的一致意思表示。T公司出具的证明及承诺书虽然不是房屋权属证书,但符合抵押担保的有效条件。T公司与D公司终止预售合同的行为,显然有违诚实信用的原则和担保法的有关规定,但《房屋预售合同》的终止不应影响《抵押合同》的效力,故遂判决《抵押合同》依法有效。

问:法院的判决是否妥当?

4. 原告A建筑公司起诉称:2003年11月21日,我方与B房地产公司签订《建设工程施工合同》,约定由我方承建B房地产公司开发的育新街韩国城的地下停车场、3号楼及4号楼的土建、给排水、电器安装工程。B房地产公司未支付工程款,在执行过程中,我方发现被告某市建委将原告承建的工程为第三人程某办理了在建工程抵押登记,直接影响了原告合法权利的实现。根据法律规定,在建工程抵押的抵押权人应为银行,不是企业或自然人。被告没有审查贷款人主体资格,第三人(在建工程抵押权人之一)程某不符合贷款人主体资格,被告为第三人程某办理在建工程抵押登记违反法律规定,请求法院依法撤销。

问:A建筑公司具有适格的原告主体资格吗?本案在建工程抵押登记是否有效?A建筑公司的建筑工程价款优先权是否会因在建筑工程抵押而受到影响?

第七章

房地产租赁法律制度

第一节　房屋租赁

一、房屋租赁的概念和特点

房屋租赁是指出租人将作为租赁物的房屋交付承租人使用、收益,承租人支付租金的行为。房屋租赁具有如下特点:

(一) 房屋租赁的标的物为房屋

租赁可分为动产租赁与不动产租赁,房屋租赁属于不动产租赁的主要类型之一。房屋租赁以特定的房屋作为租赁物,但在出租房屋时,房屋使用范围内的土地使用权(如建设用地使用权、宅基地使用权)也应随之一并出租。

(二) 房屋租赁只是转移对房屋一定期限内的占有、使用、收益权

房屋租赁不同于房屋买卖,后者转移的是房屋所有权,而前者则只是转移房屋的占有、使用、收益权。依照《合同法》第 214 条的规定,租赁期限不得超过 20 年,续订的租赁合同期限也不得超过 20 年,超过的部分无效。在房屋租赁关系存续期限届满后,承租人应返还房屋。

(三) 房屋租赁为诺成、双务、有偿民事行为

在房屋租赁中,租赁关系自出租人与承租人双方意思表示一致时成立,而不以租赁房屋的实际交付为成立条件,因此,房屋租赁为诺成民事行为。在房屋租赁关系成立后,出租人与承租人均须向对方承担义务,任何一方当事人取得收益须以向对方支付对价为条件。因此,房屋租赁属于双务、有偿民事行为。

(四) 房屋租赁为继续性法律关系

在房屋租赁关系中,承租人要实现对房屋的使用收益目的,有赖于出租人在租赁期间内持续不断地履行义务,因此,房屋租赁具有继续性。

二、房屋租赁的分类

根据不同的标准,房屋租赁可作不同的分类。在实践中,房屋租赁主要有如下分类:

(一) 住宅用房租赁与非住宅用房租赁

根据房屋租赁目的的不同,房屋租赁可以分为住宅用房租赁与非住宅用房租赁。住宅

用房租赁是指以生活居住为目的的房屋租赁;非住宅用房租赁是指以从事生产经营活动等为目的的房屋租赁。

区分住宅用房租赁与非住宅用房租赁的主要意义在于,法律的调整原则有所不同。例如,《城市房地产管理法》第55条规定:"住宅用房的租赁,应当执行国家和房屋所在城市人民政府规定的租赁政策。租用房屋从事生产、经营活动的,由租赁双方协商议定租金和其他租赁条款。"

(二) 公房租赁与私房租赁

根据租赁房屋的所有权性质不同,房屋租赁可以分为公房租赁与私房租赁。公房租赁是以国家所有或集体所有的房屋作为租赁物的租赁,私房租赁是以私有房屋作为租赁物的租赁。

区分公房租赁与私房租赁的主要意义在于,在公房租赁中,除存在租赁这种民事关系外,还存在公房的行政管理与被管理关系,法律干预较多;而私房租赁则更能体现出当事人的意思自治。

(三) 定期房屋租赁与不定期房屋租赁

根据房屋租赁是否有固定的租赁期限,房屋租赁可以分为定期房屋租赁与不定期房屋租赁。定期房屋租赁是指约定有固定的租赁期限的房屋租赁;不定期房屋租赁是指对租赁期限没有约定或约定不明的房屋租赁。此外,依照《合同法》的规定,下列情况也产生不定期房屋租赁:一是当事人在租赁合同中约定的租赁期为6个月以上而又未采用书面形式,视为不定期房屋租赁(《合同法》第215条);二是租赁期间届满,承租人继续使用租赁物,出租人没有提出异议的,原租赁合同继续有效,但租赁期限为不定期(《合同法》第236条)。

区分定期房屋租赁与不定期房屋租赁的主要意义在于,在不定期租赁中,除法律另有规定外,出租人与承租人均可随时解除合同,但出租人解除合同时,应当在合理期限之前通知承租人。

三、房屋租赁的标的物

房屋租赁的标的物为房屋,且在一般情形下应为现房,但这并不是说所有的房屋都可以出租。依照《商品房屋租赁管理办法》(住建部令〔2010〕第6号)第6条规定,有下列情形之一的房屋不得出租:(1) 属于违法建筑的;(2) 不符合安全、防灾等工程建设强制性标准的;(3) 违反规定改变房屋使用性质的;(4) 法律、法规规定禁止出租的其他情形。

四、房屋租赁合同

(一) 房屋租赁合同的主要内容和形式

根据《商品房屋租赁管理办法》第7条的规定,房屋租赁当事人应当依法订立租赁合同。房屋租赁合同的内容由当事人双方约定,一般应当包括以下内容:(1) 房屋租赁当事人的姓名(名称)和住所;(2) 房屋的坐落、面积、结构、附属设施,家具和家电等室内设施状况;(3) 租金和押金数额、支付方式;(4) 租赁用途和房屋使用要求;(5) 房屋和室内设施的安全性能;(6) 租赁期限;(7) 房屋维修责任;(8) 物业服务、水、电、燃气等相关费用的缴纳;(9) 争议解决办法和违约责任;(10) 其他约定。此外,房屋租赁当事人应当在房屋租赁合同中约定房屋被征收或者拆迁时的处理办法。

(二) 房屋租赁合同的效力

房屋租赁合同的效力,主要体现为出租人和承租人所承担的义务。

1. 出租人的主要义务

(1) 交付房屋并在租赁期间保持房屋符合约定的用途。房屋租赁合同生效后,出租人应当按照合同约定,将房屋交付于承租人占有,并且在租赁关系存续期间应保持房屋符合合同约定的用途。

(2) 维修租赁物。除法律另有规定或当事人另有约定外,出租人应承担租赁关系存续期间对租赁物进行维修的义务,此项义务的目的在于使房屋符合租赁合同所约定的用途。

(3) 瑕疵担保义务。出租人应当保证其所交付的房屋符合合同约定的用途,能够使承租人依合同约定正常地对房屋进行占有、使用、收益。同时,出租人还应保证承租人不会因第三人对房屋主张权利而影响对房屋正常的占有、使用、收益。

(4) 负担税负及费用返还义务。当租赁房屋有税负等负担时,由于这些负担是由租赁房屋而发生的,而租赁房屋的所有权属于出租人,因此,出租人应当承担租赁房屋的税负负担。出租人除应负担租赁房屋的税负外,对于承租人为租赁房屋所支出的有益费用和必要费用也有偿还的义务。

2. 承租人的主要义务

(1) 支付租金。租金是承租人使用租赁房屋的对价。因此,支付租金是承租人的主要义务。依照《合同法》第226条的规定,承租人应当按照约定的期限支付租金。

(2) 依照约定方法或房屋的性质使用房屋。承租人应当按照约定的方法使用所租赁的房屋,如果没有约定或约定不明,则应由当事人协商补充,不能补充的,则依交易习惯或合同条款进行确定,仍不能确定的,应当按照租赁房屋的性质进行使用。

(3) 妥善保管房屋。承租人应当妥善保管房屋,不得擅自拆改、扩建或增添,确须变动的,必须征得出租人的同意并签订书面合同。承租人因保管不善造成房屋毁损、灭失的,应当承担损害赔偿责任。

(4) 返还租赁的房屋。在房屋租赁合同终止之后,承租人应向出租人返还租赁的房屋。并且承租人所返还房屋的状态应符合按照约定或者房屋的性质使用后的状态,否则应向出租人承担违约责任。

(三) 房屋租赁合同的终止

具有下列情形之一的,房屋租赁合同终止:

1. 租赁期限届满

房屋租赁合同定有期限的,在租赁期限届满时,合同终止。承租人需要继续租用的,应当在租赁期限届满前3个月提出,并经出租人同意,重新签订租赁合同。

2. 房屋灭失

在房屋因不可抗力、拆迁等原因灭失的情况下,租赁合同终止。

3. 当事人解除合同

出租人与承租人就解除合同达成合意,可以解除租赁合同,此为协议解除。如果房屋租赁合同中约定一定情形出现后,一方当事人享有解除权,则当合同所约定的情形出现后,当事人一方可以行使约定解除权向对方作出解除的意思表示,该意思表示到达对方即可发生解除合同的效果。如果法律、法规规定出现某些情形时,当事人可解除合同,则当事人享有法定解除权。例如,承租人不按照约定支付租金的,出租人可以解除合同;因租赁物部分或者全部毁损、灭失,致使不能实现合同目的的,承租人可以解除合同。此外,租赁物危及承租人的安全或者健康的,即使承租人订立合同时明知该租赁物质量不合格,承租人仍然可以随时解除合同。在不定期租赁中,当事人可以随时解除合同,不过出租人解除合同应当在合理期限之前通知承租人。关于房屋租赁合同解除的后果,最高人民法院《关于审理城镇房屋租赁合同纠纷具体适用法律若干问题的解释》(法释〔2009〕11 号)作了详细规定。

五、房屋转租

《合同法》第 224 条规定:"承租人经出租人同意,可以将租赁物转租给第三人。承租人转租的,承租人与出租人之间的租赁合同继续有效,第三人对租赁物造成损失的,承租人应当赔偿损失。承租人未经出租人同意转租的,出租人可以解除合同。"可见,我国现行法规定了两种形式的转租,即承诺转租和责任转租。承诺转租是指转租之前经出租人事先同意的转租,责任转租是指转租之前未经出租人事先同意的转租。对于承诺转租和责任转租,法律分别规定了不同的法律效果。此外,根据最高人民法院《关于审理城镇房屋租赁合同纠纷案件具体应用法律若干问题的解释》第 15—17 条规定,承租人经出租人同意将租赁房屋转租给第三人时,转租期限超过承租人剩余租赁期限的,人民法院应当认定超过部分的约定无效,但出租人与承租人另有约定的除外。出租人知道或者应当知道承租人转租,但在 6 个月内未提出异议,其以承租人未经同意为由请求解除合同或者认定转租合同无效的,人民法院不予支持。因承租人拖欠租金,出租人请求解除合同时,次承租人请求代承租人支付欠付的租金和违约金以抗辩出租人合同解除权的,人民法院应予支持。但转租合同无效的除外;次承租人代为支付的租金和违约金超出其应付的租金数额,可以折抵租金或者向承租人追偿。

六、房屋租赁的特殊效力

(一) 买卖不破租赁规则

《合同法》第 229 条规定:"租赁物在租赁期间发生所有权变动的,不影响租赁合同的效力。"该规定就是所谓的"买卖不破租赁"原则,又可称为"租赁权的物权化"。这一原则突破了合同相对性原理,使租赁权具有了对抗第三人的效力。

(二) 承租人优先购买权

承租人的优先购买权是指在房屋租赁合同存续期间,于出租人出卖租赁房屋时,承租人在同等条件下所享有的优先购买租赁房屋的权利。《合同法》第 230 条规定:"出租人出卖租赁房屋的,应当在出卖之前的合理期限内通知承租人,承租人享有以同等条件优先购买的权利。"

(三) 房屋承租人的共同居住人的继续租赁权

为保护特定人的利益,法律允许与承租人生前共同居住的人按照原租赁合同租赁该房屋。与承租人生前共同居住的人按照原租赁合同租赁房屋的,应当与出租人办理续租手续,变更承租人。《合同法》第 234 条规定:"承租人在房屋租赁期间死亡的,与其生前共同居住的人可以按照原租赁合同租赁该房屋。"

七、房屋租赁登记

我国现行法实行房屋租赁登记备案制。根据《商品房屋租赁管理办法》第14—20条规定，房屋租赁合同订立后30日内，房屋租赁当事人应当到租赁房屋所在地直辖市、市、县人民政府建设(房地产)主管部门办理房屋租赁登记备案。办理房屋租赁登记备案，房屋租赁当事人应当提交下列材料：(1) 房屋租赁合同；(2) 房屋租赁当事人身份证明；(3) 房屋所有权证书或者其他合法权属证明；(4) 直辖市、市、县人民政府建设(房地产)主管部门规定的其他材料。对符合下列要求的，直辖市、市、县人民政府建设(房地产)主管部门应当在3个工作日内办理房屋租赁登记备案，向租赁当事人开具房屋租赁登记备案证明：(1) 申请人提交的申请材料齐全并且符合法定形式；(2) 出租人与房屋所有权证书或者其他合法权属证明记载的主体一致；(3) 出租房屋不属于不得出租的房屋。房屋租赁登记备案证明应当载明出租人的姓名或者名称，承租人的姓名或者名称、有效身份证件种类和号码，出租房屋的坐落、租赁用途、租金数额、租赁期限等。房屋租赁登记备案证明遗失的，应当向原登记备案的部门补领。房屋租赁登记备案内容发生变化、续租或者租赁终止的，当事人应当在30日内，到原租赁登记备案的部门办理房屋租赁登记备案的变更、延续或者注销手续。直辖市、市、县建设(房地产)主管部门应当建立房屋租赁登记备案信息系统，逐步实行房屋租赁合同网上登记备案，并纳入房地产市场信息系统。

第二节　建设用地使用权租赁

一、建设用地使用权租赁的概念和特点

建设用地使用权租赁是指建设用地使用权人作为出租人将建设用地使用权随同地上建筑物、构筑物及其他附属设施租赁给承租人使用，由承租人向出租人支付租金的行为。建设用地使用权租赁具有如下特点：

(一) 建设用地使用权租赁的标的是建设用地使用权

建设用地使用权租赁的标的是建设用地使用权，而不是土地。在建设用地使用权租赁中，承租人所取得的是建设用地使用权的使用权，即通过租赁关系，建设用地使用权人将建设用地使用权中对土地的占有、使用、收益的权能移转给承租人使用。当然，如果建设用地使用权出租时，该土地上存在建筑物、构筑物以及其他附属设施的，则应与建设用地的使用权一并出租。

(二) 建设用地使用权租赁并不发生建设用地使用权的主体变更

建设用地使用权租赁与建设用地使用权转让、互换、赠与不同，后者发生建设用地使用权的主体变更，而前者并不发生建设用地使用权的主体变更。在建设用地使用权租赁中，出租人将建设用地使用权出租给承租人使用，承租人并没有取得建设用地使用权，而只是取得了建设用地使用权的使用权。

(三) 建设用地使用权租赁受出让合同的影响

建设用地使用权人将建设用地使用权出租后，出租人仍享有建设用地使用权。因此，建设用地使用权出租后，建设用地使用权出让合同的主体并没有变化，出租人仍为出让合同的

受让人。因此,建设用地使用权出租不得违反出让合同的规定,出租人必须继续履行建设用地使用权出让合同。

（四）建设用地使用权租赁是一种诺成、双务、有偿、要式民事行为

建设用地使用权租赁自出租人和承租人双方的意思表示一致时成立,不以实际交付标的物为成立条件,故建设用地使用权租赁是诺成民事行为。在建设用地使用权租赁关系成立后,双方负有对待给付义务,任何一方取得权利均须支付对价,因此,建设用地使用权租赁是双务、有偿民事行为。《城镇国有土地使用出让和转让暂行条例》第29条规定:"土地使用权出租,出租人与承租人应当签订租赁合同。"可见,建设用地使用权租赁是一种要式行为。

二、建设用地使用权租赁的条件

依照我国现行法的相关规定,出让建设用地使用权原则上允许出租,而划拨建设用地使用权原则上不得出租。

关于出让建设用地使用权出租的条件,法律没有具体规定,但《城镇国有土地使用权出让和转让暂行条例》第28条第2款规定:"未按土地使用权出让合同规定的期限和条件投资开发、利用土地的,建设用地使用权不得出租。"例如,依照《城市房地产管理法》第39条的规定,建设用地使用权人只有在符合下列条件时才能将建设用地使用权出租:(1)按照出让合同已经支付全部土地使用权出让金,并取得土地使用权证书;(2)按照出让合同约定进行投资开发,属于房屋建设工程的,完成开发投资总额的25%以上,属于成片开发的,形成工业用地或者其他建设用地条件。当然,如果法律禁止建设用地使用权转让的,也就不得出租。

关于划拨建设用地使用权出租问题,法律原则上是禁止的,只有在符合下列条件时,经市、县人民政府国土资源管理部门批准,才能出租:(1)建设用地使用权人为公司、企业、其他经济组织和个人;(2)领有建设用地使用证;(3)具有地上建筑物、其他附着物合法的产权证明;(4)依照法律规定签订建设用地使用权出让合同,向当地市、县人民政府补交建设用地使用权出让金或者以出租所获收益抵交出让金。可见,划拨建设用地使用权只有在转换为出让建设用地使用权之后才能设立出租,这一点与建设用地使用权抵押的要求是一致的。

三、建设用地使用权租赁的效力

建设用地使用权租赁权是一种债权,因此,合同法上关于租赁合同效力的规定,对建设用地使用权租赁也是适用的。这里只就建设用地使用权租赁的几个特殊效力作一说明。

（一）建设用地使用权转让的,建设用地使用权出租不受影响

建设用地使用权出租后,建设用地使用权人仍享有该权利。因此,建设用地使用权人仍有权将建设用地使用权转让。但这种转让不能影响承租人的建设用地使用权租赁权,这是"买卖不破租赁"规则的一种体现。

（二）建设用地使用权转让的,承租人享有优先购买权

在建设用地使用权出租后,如果建设用地使用权人转让建设用地使用权,则在同等条件下,承租人享有优先购买权。

（三）建设用地使用权出租时，地上建筑物应一并出租

按照建设用地使用权与地上建筑物所有权关系上的分别主义、一体处分原则，建设用地使用权出租的，地上建筑物也应一并出租。对此，《城镇国有土地使用权出让和转让暂行条例》第28条规定：建设用地使用权出租的，地上建筑物及其他附着物应一并出租。

（四）建设用地使用权出租后又抵押的，租赁关系不受抵押权的影响

《物权法》第190条规定："订立抵押合同前抵押财产已出租的，原租赁关系不受该抵押权的影响。抵押权设立后抵押财产出租的，该租赁关系不得对抗已登记的抵押权。"可见，在建设用地使用权出租后，又以建设用地使用权抵押的，若租赁权已经登记，则该租赁权可以对抗抵押权。

（五）承租人可取得所建造的建筑物的所有权

依照《物权法》第142条的规定，在一般情况下，建设用地使用权人与地上建筑物所有权人应当一致，即由建设用地使用权人取得地上建筑物的所有权。但若有相反证明的，建设用地使用权人并不能取得地上建筑物的所有权。建设用地使用权租赁就是一种相反证明，即建设用地使用权出租后，承租人所建造的建筑物并不归建设用地使用权人（出租人）所有，而应归承租人所有。

四、建设用地使用权租赁登记

依照我国现行法的规定，建设用地使用权租赁应当办理登记手续。《城镇国有土地使用权出让和转让暂行条例》第31条规定："土地使用权和地上建筑物、其他附着物出租，出租人应当依照规定办理登记。"那么，建设用地使用权租赁登记具有何种法律效力呢？对此，法律上没有规定，理论上主要有登记生效主义和登记对抗主义两种不同的看法。登记生效主义认为，登记是建设用地使用权租赁的生效要件，未经登记的，建设用地使用权租赁不发生效力①；登记对抗主义认为，登记只是建设用地使用权租赁的对抗要件，未经登记的，建设用地使用权租赁仅在当事人之间发生效力，不能对抗第三人。② 我们认为，一方面，建设用地使用权租赁是一种债权关系，而不是物权关系。因此，建设用地使用权租赁不以登记为生效条件。另一方面，尽管建设用地使用权租赁权属于债权，但现代民法上实行了"租赁权物权化"规则，从而使不动产租赁权具有一定的物权效力。因此，建设用地使用权租赁权也就具有一定的物权效力。但建设用地使用权租赁权要取得物权效力，必须进行登记。可见，建设用地使用权租赁登记仅具有对抗效力。

五、建设用地使用权租赁与国有土地租赁的区别

建设用地使用权租赁与国有土地租赁是两种不同的法律制度，主要区别表现在：

第一，租赁关系的主体不同。建设用地使用权租赁的出租人是建设用地使用权人，而国有土地租赁的出租人是土地所有权人即国家。可见，建设用地使用权租赁是土地二级市场中的制度，而国有土地租赁则是土地一级市场中的制度。

第二，租赁关系的标的不同。建设用地使用权租赁的标的是建设用地使用权本身，并不

---

① 参见关涛：《我国不动产法律问题专论》（修订版），人民法院出版社2004年版，第273页。

② 参见王卫国、王广华主编：《中国土地权利的法制建设》，中国政法大学出版社2002年版，第205页。

是土地;而国有土地租赁的标的是土地,建设用地的使用权是租赁的结果。

第三,转移权利的性质不同。在建设用地使用权租赁中,承租人并没有取得建设用地使用权,而只是取得了建设用地使用权中的某些权能,出租人仍为建设用地使用权人;而在国有土地租赁中,出租人通过租赁的方式为承租人创设了建设用地使用权,承租人取得了承租建设用地使用权。可见,国有土地租赁所转移的是土地所有权中的某些权能。

第四,权利内容不同。在建设用地使用权租赁中,承租人只能行使建设用地使用权中对土地的占有、使用、收益权,不能将建设用地使用权转让、抵押。未经建设用地使用权人同意,也不得转租。而在国有土地租赁中,承租人对承租建设用地使用权可行使处分权,如转让、出租、与地上建筑物一并抵押等,且无须征得出租人的同意。

第五,附随出租的标的不同。在建设用地使用权租赁中,出租人只有在完成了一定的开发之后才能出租建设用地使用权,因此,建设用地使用权租赁时往往涉及地上建筑物随同出租问题。而国有土地租赁是创设建设用地使用权的行为,因此,一般不涉及地上建筑物的随同出租问题。

第六,期限限制不同。在建设用地使用权租赁中,租赁的最长期限只能是建设用地使用权出让合同规定的使用年限减去原建设用地使用权人已使用年限后的剩余年限。在国有土地租赁中,租赁期限有短期租赁和长期租赁,而长期租赁的最长期限不得超过法律规定的同类用途土地出让的最高年期。

本章讨论案例

1. 张甲将其房屋出租给李某开美容院。张甲因患有心脏病,为防日后不测,在签订合同时以其儿子张乙(当时 15 岁)的名字签订,并在张乙的名字上按上手印。租赁合同签订后,虽然双方都如约履行了合同,但该租赁合同并没有在房屋管理部门办理登记手续。房屋租赁签订 3 年后,李某背着张甲将出租房屋转给第三人王某,约定由王某向张甲按月支付租金。

问:(1) 本案的房屋租赁合同是否有效?(2) 如何认定李某行为的效力?

2. 岑某与周某各出资 3 万元,经当地政府批准,共同建造了一座面积 180 平方米的店面房,用于合伙开办“东海酒家”,并约定酒家的房屋由双方各半所有。后为经营事宜产生矛盾,双方终止了合伙关系,同时将酒家的房屋共同出租给张某使用,租期 2 年,年租金 2 万元,由岑某和周某各半收取。房屋出租之后不久,周某因急需资金使用,即向岑某提出欲出售其在酒家享有的那部分房屋,岑某表示愿意出资买下,双方遂以 9 万元的价格达成房屋转让协议,且在订立合同 5 天后交付了全部价金。当岑某和周某将房屋转让之事告知承租人张某时,张某当即提出异议,认为他作为酒家房屋的承租人,依法对周某所有的那部分房屋享有优先购买权,岑某与周某的买卖行为应为无效,并提出购买周某房屋的要求。岑某则认为,作为酒家房屋之共有人,他对周某应有的那部分房屋依法也享有优先购买权,张某无权与他抗争。为此,两人发生冲突,互不相让。

问:本案中谁应当享有优先购买权?

3．张某于2002年向某地居委会租赁了一块国有土地，并自行建造了一幢厂房，但未办理房产登记。在租赁合同尚未到期时，政府对该地块实施房屋征收，并把该居委会确定为被征收房屋的补偿权利人，张某不服提起了诉讼。

问：张某与居委会的租赁关系属建设用地使用权租赁还是国有土地租赁？厂房的所有权应确定为张某所有还是居委会所有？张某所建房屋能办理房产登记吗？

第八章

住房保障制度

第一节　住房保障制度概述

一、住房保障制度的含义

住房保障制度是我国实现“住有所居”社会保障目标的各项法律制度的统称。与失业保障、养老保障、医疗保障一样，住房保障同属于社会保障体系的重要组成部分。向中等偏下收入、低收入家庭住房困难者以及向新就业职工、外来务工人员无房者提供住房保障，是政府提供公共服务的一项重要内容。

我国城镇住房制度的全面改革始于1998年。1998年，国务院印发了《关于进一步深化城镇住房制度改革加快住房建设的通知》(国发〔1998〕23号)，提出停止住房的实物分配制度，推进住房的商品化、社会化。同时规定，对最低收入住房困难家庭提供廉租住房，对中低收入住房困难家庭供应经济适用住房。因当时全国的整体住房水平不高，故低收入家庭与其他收入家庭的住房条件差距不大，住房矛盾并不十分突出。

2003年之后，受各种因素的影响，商品住房价格上涨较快，涨幅高于城镇居民家庭特别是大大高于低收入家庭收入增幅，低收入家庭的住房支付能力不足，住房困难问题逐步显现。2003年，国务院发出了《关于促进房地产市场持续健康发展的通知》(国发〔2003〕18号)，要求调整住房供应结构，逐步实现多数家庭购买或承租普通商品住房；建立和完善廉租住房制度，要求各级政府以财政预算为主、多渠道筹集住房保障资金；把经济适用住房定位于具有保障性质的政策性商品住房。从此，我国开始实行了商品住房为主、同时推进保障性住房建设的城镇住房发展体制。

经过几年的实践，2007年和2008年，国务院发出了《关于解决城市低收入家庭住房困难的若干意见》(国发〔2007〕24号)和《关于促进房地产市场健康发展的若干意见》(国办发〔2008〕131号)，要求加快建立以廉租住房为重点、包括经济适用住房在内的多渠道解决城市低收入家庭住房困难的政策体系。同时，针对大量的城市、工矿(含煤矿)、林区、垦区、棚户区居民住房困难、居住环境差的问题，开始对各类棚户区实施改造；推动部分商品住房价格上涨过快的大中城市建设限价商品住房；从2010年开始，在大中城市建设公共租赁住房。

经过十几年的探索和实践，我国现已基本形成了市场供给和政府保障相结合、以市场供给为主的城镇住房政策，初步建立了住房保障制度。

（二）城镇保障性住房的种类

从形态上说，住房保障有实物保障和货币补贴两种方式。实物保障性住房按照供应方式，又可以分为租赁型保障房和购置型保障房两类。更进一步而言，租赁型保障房有廉租住房和公共租赁住房两类；购置型保障房有经济适用住房、限价商品房和各类棚户区改造安置住房。

（三）保障性安居工程建设

目前，在法律和政策上，各类保障性住房建设被统称为保障性安居工程建设。为全面推进保障性安居工程建设，进一步加强和规范保障性住房管理，加快解决中低收入家庭住房困难，促进实现住有所居的目标，国务院办公厅下发了《关于保障性安居工程建设和管理的指导意见》（国办发〔2011〕45号，以下简称《意见》），对相关问题作出了明确部署。

保障性安居工程建设应当坚持以下基本原则：住房保障工作要坚持从我国国情出发，满足基本住房需要；坚持政府主导、政策扶持，引导社会参与；坚持加大公共财政的投入，同时发挥市场机制的作用；坚持经济、适用、环保，确保质量安全；坚持分配过程公开透明，分配结果公平公正；坚持规范管理，不断完善住房保障制度。

第二节　保障性住房的种类

一、经济适用住房

根据《经济适用住房管理办法》（建住房〔2007〕258号）第2条规定，经济适用住房是指政府提供政策优惠，限定套型面积和销售价格，按照合理标准建设，面向城市低收入住房困难家庭供应，具有保障性质的政策性住房。城市低收入住房困难家庭，是指城市和县人民政府所在地镇的范围内，家庭收入、住房状况等符合市、县人民政府规定条件的家庭。就实践操作而言，经济适用住房是指由政府提供政策支持，主要由企业投资建设，面向有一定支付能力的城镇低收入住房困难家庭配售的保障性住房。

《经济适用住房管理办法》对经济适用住房的保障对象、优惠和支持政策、建设管理、价格管理、准入和退出管理、单位集资合作建房等问题作了具体规定。经济适用住房的建筑面积一般控制在60平方米以内。购买后不满5年不得上市交易，确需转让的，由政府按照原价，考虑折旧等因素回购。购买后满5年的，可以转让，但要按规定交纳增值收益（具体由地方规定），并规定在同等条件下政府有优先回购权。

二、限价商品住房

目前，我国尚无普适于全国的规范性文件就限价商品房制度作出统一的规定。一般而言，限价商品房是指控制土地出让价格，限定销售价格和套型面积，向中等收入家庭供应的保障性商品住房。就实践而言，限价商品房政策主要适用于房价较高的城市，面向中低收入无房或住房困难家庭供应，建筑面积一般在90平方米以内的保障性住房。各有关城市都规定了限价商品房的购买条件、上市交易条件和上市交易的收益调节办法等。如《青岛市限价商品住房管理办法》（青岛市人民政府令〔2012〕第219号）就规定，限价商品房套型建筑面积应当控制在85平方米以内；限价商品房的价格根据同地段商品住房价格的20%以上比例下浮确定；凡夫妇双方组成的家庭及离异或丧偶带子女的家庭和年满35周岁的未婚人员及离婚或丧偶不带子女的人员，符合“申请人具有市区常住户口”以及“申请人财产、人均收入和人均住房面积符合市政府批准并定期向社会公布的标准”两个条件的人员，都可以申请购买限价商品房；限价商品房自房地产登记之日起5年内，不得上市交易；5年后需要上市交易的，应当将购房时以限价商品房价格购买的部分面积，按照成交价格与购买时限价商品房价格差价的50%，向政府交纳土地收益等价款。

三、廉租住房

廉租住房是指由公共财政出资建设，以低廉的租金面向城镇低收入住房困难家庭配租，建筑面积控制在50平方米以内的保障性住房。根据《廉租住房保障办法》（建设部令〔2007〕第162号）的规定，城市低收入住房困难家庭，是指城市和县人民政府所在地的镇范围内，家庭收入、住房状况等符合市、县人民政府规定条件的家庭。廉租住房保障方式实行货币补贴和实物配租等相结合。货币补贴是指县级以上地方人民政府向申请廉租住房保障的城市低收入住房困难家庭发放租赁住房补贴，由其自行承租住房。实物配租是指县级以上地方人民政府向申请廉租住房保障的城市低收入住房困难家庭提供住房，并按照规定标准收取租金。

国务院办公厅《关于保障性安居工程建设和管理的指导意见》明确提出：“城镇低收入住房困难家庭较多、小户型租赁住房房源不足的地区，要加快建设廉租住房，提高实物配租比例。逐步实现廉租住房与公共租赁住房统筹建设、并轨运行。”根据这一要求，住房和城乡建设部、财政部、国家发展和改革委员会发布了《关于公共租赁住房和廉租住房并轨运行的通知》（建保〔2013〕178号）。至此，在住房保障制度的实施上，公共租赁住房和廉租住房虽然仍是两种独立类型的保障性住房，但二者在规划建设、资金筹措等方面已经开始并轨运行。

四、公共租赁住房

根据国务院办公厅《关于保障性安居工程建设和管理的指导意见》的规定，当前，我国在保障性安居工程建设中，要重点发展公共租赁住房。公共租赁住房是面向城镇中等偏下收入住房困难家庭、新就业无房职工和在城镇稳定就业的外来务工人员供应，单套建筑面积以40平方米左右的小户型为主，满足基本居住需要的保障性住房。租金标准由市县人民政府结合当地实际，按照略低于市场租金的原则合理确定。发展公共租赁住房，对于完善住房供应和保障体系、引导合理住房消费、缓解群众住房困难，实现人才和劳动力有序流动、促进城镇化健康发展具有十分重要的意义。各地要根据实际情况适当增加公共租赁住房供应，人口净流入量大的大中城市要提高公共租赁住房建设的比重。

国务院办公厅《关于保障性安居工程建设和管理的指导意见》指出，要加大政府投资建设力度，综合运用土地供应、资本金注入、投资补助、财政贴息、税费优惠等政策措施，吸引企业和其他机构参与公共租赁住房建设和运营，多渠道增加公共租赁住房供应。政府投资的公共租赁住房项目可以委托企业代建，市县人民政府逐年回购。公共租赁住房项目采取划拨、出让等方式供应土地，事先要规定建设要求、套型结构等，作为土地供应的前置条件。同时，公共租赁住房项目可以规划建设配套商业服务设施，统一管理经营，以实现资金平衡。

新建普通商品住房项目,应当规划配建一定比例的公共租赁住房,具体配建比例和管理方式由市县人民政府确定。外来务工人员集中的开发区、产业园区,应当按照集约用地的原则,统筹规划,集中建设单元型或宿舍型公共租赁住房,面向用工单位或园区就业人员出租。坚持谁投资、谁所有的原则,积极探索公共租赁住房投资回收机制。各地要及时制定公共租赁住房管理办法。

五、棚户区改造安置住房

棚户区改造安置住房,是指由政府主导、市场运作,发挥多方面积极性,改造资金由政府适当补助,企业和住户合理分担的一种保障性住房。根据国务院《关于加快棚户区改造工作的意见》(国发〔2013〕25 号)的规定,棚户区改造分为四种类型的改造:一是城市棚户区改造,二是国有工矿棚户区改造,三是国有林区棚户区改造,四是国有垦区危房改造。在该意见中,国务院就棚户区改造的总体要求和基本原则、全面推进各类棚户区改造的举措、加大政策支持力度、提高规划建设水平以及加强组织领导等各个方面作了系统规定。

第三节 住房公积金制度

住房公积金是指国家机关、国有企业、城镇集体企业、外商投资企业、城镇私营企业及其他城镇企业、事业单位、民办非企业单位、社会团体(以下统称单位)及其在职职工缴存的长期住房储金。住房公积金的用途在于用于职工购买、建造、翻建、大修自住住房。国务院《住房公积金管理条例》(国务院令〔2002〕第 350 号修订)就住房公积金的缴存、提取、使用、管理、监督等问题做了详细规定。

一、住房公积金的缴存

住房公积金管理中心应当在受委托银行设立住房公积金专户。单位应当到住房公积金管理中心办理住房公积金缴存登记,经住房公积金管理中心审核后,到受委托银行为本单位职工办理住房公积金账户设立手续。每个职工只能有一个住房公积金账户。住房公积金管理中心应当建立职工住房公积金明细账,记载职工个人住房公积金的缴存、提取等情况。

新设立的单位应当自设立之日起 30 日内到住房公积金管理中心办理住房公积金缴存登记,并自登记之日起 20 日内持住房公积金管理中心的审核文件,到受委托银行为本单位职工办理住房公积金账户设立手续。单位合并、分立、撤销、解散或者破产的,应当自发生上述情况之日起 30 日内由原单位或者清算组织到住房公积金管理中心办理变更登记或者注销登记,并自办妥变更登记或者注销登记之日起 20 日内持住房公积金管理中心的审核文件,到受委托银行为本单位职工办理住房公积金账户转移或者封存手续。

单位录用职工的,应当自录用之日起 30 日内到住房公积金管理中心办理缴存登记,并持住房公积金管理中心的审核文件,到受委托银行办理职工住房公积金账户的设立或者转移手续。单位与职工终止劳动关系的,单位应当自劳动关系终止之日起 30 日内到住房公积金管理中心办理变更登记,并持住房公积金管理中心的审核文件,到受委托银行办理职工住房公积金账户转移或者封存手续。

职工住房公积金的月缴存额为职工本人上一年度月平均工资乘以职工住房公积金缴存

比例。单位为职工缴存的住房公积金的月缴存额为职工本人上一年度月平均工资乘以单位住房公积金缴存比例。

新参加工作的职工从参加工作的第二个月开始缴存住房公积金,月缴存额为职工本人当月工资乘以职工住房公积金缴存比例。单位新调入的职工从调入单位发放工资之日起缴存住房公积金,月缴存额为职工本人当月工资乘以职工住房公积金缴存比例。

职工和单位住房公积金的缴存比例均不得低于职工上一年度月平均工资的5%;有条件的城市,可以适当提高缴存比例。具体缴存比例由住房公积金管理委员会拟订,经本级人民政府审核后,报省、自治区、直辖市人民政府批准。

职工个人缴存的住房公积金,由所在单位每月从其工资中代扣代缴。单位应当于每月发放职工工资之日起5日内将单位缴存的和为职工代缴的住房公积金汇缴到住房公积金专户内,由受委托银行计入职工住房公积金账户。

单位应当按时、足额缴存住房公积金,不得逾期缴存或者少缴。对缴存住房公积金确有困难的单位,经本单位职工代表大会或者工会讨论通过,并经住房公积金管理中心审核,报住房公积金管理委员会批准后,可以降低缴存比例或者缓缴;待单位经济效益好转后,再提高缴存比例或者补缴缓缴。

职工个人缴存的住房公积金和职工所在单位为职工缴存的住房公积金,属于职工个人所有。住房公积金自存入职工住房公积金账户之日起按照国家规定的利率计息。

二、住房公积金的提取

职工有下列情形之一的,可以提取职工住房公积金账户内的存储余额:(1) 购买、建造、翻建、大修自住住房的;(2) 离休、退休的;(3) 完全丧失劳动能力,并与单位终止劳动关系的;(4) 出境定居的;(5) 偿还购房贷款本息的;(6) 房租超出家庭工资收入的规定比例的。职工死亡或者被宣告死亡的,职工的继承人、受遗赠人可以提取职工住房公积金账户内的存储余额;无继承人也无受遗赠人的,职工住房公积金账户内的存储余额纳入住房公积金的增值收益。

职工提取住房公积金账户内的存储余额的,所在单位应当予以核实,并出具提取证明。职工应当持提取证明向住房公积金管理中心申请提取住房公积金。住房公积金管理中心应当自受理申请之日起3日内作出准予提取或者不准提取的决定,并通知申请人;准予提取的,由受委托银行办理支付手续。

三、住房公积金个人住房贷款

缴存住房公积金的职工,在购买、建造、翻建、大修自住住房时,可以向住房公积金管理中心申请住房公积金贷款。住房公积金管理中心应当自受理申请之日起15日内作出准予贷款或者不准贷款的决定,并通知申请人;准予贷款的,由受委托银行办理贷款手续。住房公积金贷款的风险,由住房公积金管理中心承担。申请人申请住房公积金贷款的,应当提供担保。

根据住建部等四部委《关于规范住房公积金个人住房贷款政策有关问题的通知》(建金〔2010〕179号)的规定,住房公积金个人住房贷款只能用于缴存职工购买、建造、翻建、大修普通自住房,以支持基本住房需求。严禁使用住房公积金个人住房贷款进行投机性购房。

第二套住房公积金个人住房贷款的发放对象,仅限于现有人均住房建筑面积低于当地平均水平的缴存职工家庭,且贷款用途仅限于购买改善居住条件的普通自住房。自2010年11月2日起,停止向购买第三套及以上住房的缴存职工家庭发放住房公积金个人住房贷款。

本章讨论案例

1. 某单位盖保障性住房,张三本人没有申购,把申购指标转让给了非本单位职工的李四,转让费三万元。李四交了定金并且选了房,后李四反悔,要求张三返还其三万元的指标转让费。

问:李四的请求能否得到支持?

2. 小王供职的公司,几年前就为职工上了住房公积金,个人缴纳一部分,单位补贴一部分,并把这看作是单位的福利之一。几年下来,小王共交了2万多元,他认为钱在自己个人账户里,心里很踏实。后当小王要调出公司时发现,只有职工交了钱,而单位没给员工交过住房公积金,公司只给他开了1000元的住房公积金。小王认为:首先,住房公积金在调动时,可以转到新单位,而不必提取;其次,自己交的住房公积金有2万多元,而公司只给1000元是没有道理的。经他了解发现,公司根本没有给员工上过住房公积金,单位的那部分,他们一分钱也没给员工出,员工个人交的钱,也被单位用到别的地方去了。

问:小王可向其原单位提出哪些诉求?

3. 周某于2013年6月看中了某小区150平方米房子一套,总计150万元。协商购买时,当周某询问售楼处工作人员是否能用公积金贷款时,工作人员做了肯定的答复。数日后,周某交了首付款,并办理了公积金贷款所需的各种手续,然后签订了购房合同。但三个月后,周某被告知其不能办理公积金贷款,必须转为商业贷款,理由是根据住房公积金贷款新政策,周某没有贷款资格。周某认为房地产商售楼时存在欺诈行为,因而诉请法院撤销商品房买卖合同。

问:周某的诉请能得到支持吗?

第九章

物业管理法律制度

第一节 物业管理概述

一、物业管理的概念和特点

（一）物业的含义

物业是指已经建成并竣工验收投入使用的各类房屋、建筑及其配套设施与场地。可见，物业与房地产有密切联系。但物业与房地产并不相同，两者存在如下区别：

第一，客体不同。房地产的客体包括房产与地产两个方面。其中，房产是指建筑在土地上的各类房屋和建筑物，包括住宅、厂房、仓库和其他商业、服务、文化、教育、卫生、体育以及办公用房等；地产在我国则主要是指城镇国有土地的建设用地使用权。物业的客体范围较房地产为广，除包括各类房地产外，还包括与房地产相配套的公共设施、设备和公共场地。其中，公共设施与设备包括公共供水、排水、燃气管道、垃圾通道、消防设施、各类电线、水箱、水泵、照明路灯、窨井、化粪池、垃圾箱等；公共场地则包括各类房地产周围的公共绿地、花园、道路、广场等。

第二，使用的领域不同。房地产一词的使用领域较为广泛，包括房地产开发、房地产交易、房地产中介、房地产税收管理等各个领域，不论其是否建设完成或是否通过验收，也不论其是否投入使用，均可称之为房地产。物业一词在使用时则通常是指已经进入生产生活领域的房地产，即只有已经建成并投入使用的房地产方可称为物业。虽然《物业管理条例》规定了房地产建设单位可于销售前先行选聘物业服务企业，并签订前期物业服务合同，但该合同也应于销售前向业主明示并经其在房地产买卖合同中承认方能对业主产生效力。

第三，使用的角度不同。房地产通常是以民事权利客体的身份出现的，即在使用房地产一词时，是从其作为一项不动产物权客体的角度而使用的。所谓房地产开发，即相当于不动产物权的原始取得；所谓房地产交易和继承，即相当于不动产物权的继受取得。因此，房地产作为不动产物权的主要客体，应当满足物权法一物一权原则的要求。[①] 这就意味着房地产是作为特定一物出现的，某项房地产的主体也应当是唯一的。而人们通常所说的物业，则更多是从房地产的管理和服务角度使用的。尤其是在物业管理领域，所谓的物业往往是指多

---

① 物权法上的一物一权原则，通常是指一物上仅能成立一项所有权，一项所有权的客体也以一物为限。

数房地产与其附属的公共设施、公共设备和公共场地的集合,它具有一定规模,并因而有进行专业化管理和服务的必要和市场基础。因此,物业的客体和主体(业主)通常都是多数的,业主通过组成业主大会以及与物业服务企业签订合同的方式对物业进行管理。

（二）物业管理的概念和特点

依照《物业管理条例》第2条的规定,所谓物业管理,是指业主通过选聘物业服务企业,由业主和物业服务企业按照物业服务合同约定,对房屋及配套的设施设备和相关场地进行维修、养护、管理,维护相关区域内的环境卫生和秩序的活动。物业管理具有以下特点:

1. 业主是整个物业管理关系的主导力量

在我国传统计划经济体制下,各级各类的房管部门是物业管理的主导力量,管理事务的行政化和非市场化导致房地产的实际使用者处于被动地位。改革开放后,物业管理制度改革的一个重要任务就是实现物业管理的市场化运作,使得物业管理的实际受益者和最终费用承担者——业主,成为物业管理关系的主导力量。这既是世界各国的通行做法,也是我国物业管理经验的总结。

2. 物业管理过程的市场化

现代物业管理制度是以市场化经营为其原则的,物业服务企业是市场主体而非行政主体。物业管理权的取得是业主与物业服务企业在平等协商的基础上,经物业服务企业间相互竞争而获得的。物业管理的市场化管理运作能够经济、高效地满足业主和市政管理的需要。

3. 物业服务企业是物业管理事务的专业执行者

物业管理的市场化要求有专门化的组织来执行物业管理事物,物业服务企业即是为适应这种需要而产生的。物业服务企业的管理权来自于与业主缔结的物业服务合同的授权。物业服务企业以营利为目的,负责执行各项物业管理的具体事务。物业服务企业必须具备相应的资质,拥有专业素质的相关技术人员和设备,能够提供较高水平的服务。当然,物业服务企业也可将某些具体的物业事务再委托其他专门机构负责。

4. 物业管理职能的复杂化与社会化

物业管理将社区内分散复杂的各项服务事业集中起来,便于统筹规划。物业服务企业的职能既包括对社区内房屋及配套的设施设备和相关场地的维修、养护、管理和维护,也应当按照法律、行政法规的要求,执行若干具有社会化性质的职能,如保持相关区域内的环保、卫生、保安、消防等。

5. 物业管理是一种民事行为

物业管理虽然也称为“管理”,但这不同于房地产的行政管理。在物业管理中,物业服务企业是为业主提供一种服务,这种服务体现在对物业的具体管理上。可见,物业管理并非行政意义上的管理与被管理的关系,而是物业服务企业与业主之间的一种平等的服务关系,物业服务企业所实施的管理是一种具体的民事行为。

二、物业管理的原则

（一）市场竞争原则

如前所述,物业管理关系从本质上看是一种民事关系,物业管理中的管理并非行政法意义上的管理,其更多的体现为物业服务企业向业主所提供的一种服务。在市场经济条件下,应当允许业主自行选择物业服务企业,也应当允许物业服务企业通过竞争争取客户。因此,《物业管理条例》第3条规定:“国家提倡业主通过公开、公平、公正的市场竞争机制选择物业服务企业。”

(二)采用新技术、新方法,依靠科技进步提高管理和服务水平原则

物业管理具有专业化和复杂化的特点,物业服务企业作为物业管理事务的专业执行者,应当尽其可能采用新的技术方法提高物业管理的质量和水平,更好地服务于业主,并进而实现美化市容市貌、保护环境、维护社区治安的目的。因此,《物业管理条例》第4条规定:“国家鼓励物业管理采用新技术、新方法,依靠科技进步提高管理和服务水平。”

(三)行政监督原则

尽管实行市场竞争原则有利于促使物业服务企业提高管理技术和服务水平,以争取客户。但由于业主在物业管理关系中毕竟处于相对弱势的地位,而物业管理又涉及千家万户的安居乐业,关系社区治安、环卫、消防等诸多方面,对于社会的安定团结有重要影响。因此,有必要由有关行政部门对物业管理活动制定相对统一的标准和规范,实施监督,以更好地实现物业管理的目的。依照《物业管理条例》第5条的规定,国务院建设行政主管部门负责全国物业管理活动的监督管理工作,县级以上地方人民政府房地产行政主管部门负责本行政区域内物业管理活动的监督管理工作。

三、物业管理的种类

《物权法》第81条规定:“业主可以自行管理建筑物及其附属设施,也可以委托物业服务企业或其他管理人管理。”根据这一规定,物业管理可以分为如下两种:

一是自主型物业管理。所谓自主型物业管理,是指业主不委托专业管理机构而是自己直接对物业实施管理。自主型物业管理是传统的物业管理方式,业主也就是物业管理人,因此,这种方式一般适用于业主单一,物业规模较小的物业管理。[①]

二是委托型物业管理。所谓委托型物业管理,是指业主委托专业管理机构对其物业进行管理。委托型物业管理是现代的物业管理方式,实现了业主与物业管理人的分离。这种方式是通过业主与物业服务企业签订物业服务合同的方式实施的,属于典型的物业管理形式,在现代物业管理实践中占有重要地位。通常所说的物业管理,指的就是委托型物业管理。

第二节 业主及业主大会

一、业主

(一)业主的含义

依照《物业管理条例》第6条的规定,所谓业主,是指房屋所有权人,即物业的所有权人。可见,在物业管理关系中,房屋所有权人均为业主。业主可以是自然人,也可以是法人;可以是拥有独立产权的房屋所有人,也可以是房屋的共有权人。在我国,由于公有住房制度改革

---

① 参见符启林:《房地产法》(第四版),法律出版社2009年版,第317—318页。

尚未臻完善，很多公有住房虽然以房改房的形式出售，但单位仍然保留部分权利。在这一过渡时期，应当承认这些享有房屋使用权的“部分产权人”也是业主。

在实际生活中，由于租赁、借用等关系，可能出现房屋的所有权人与使用人不一致的情况。这种使用人通常称为“物业使用人”或“非业主使用人”。物业使用人不具有成员权资格，一般不参加业主大会与业主委员会，但物业使用人根据与业主在合同中的授权，可以行使部分业主权利。依照《物业管理条例》第 48 条的规定，物业使用人在物业管理活动中的权利义务由业主和物业使用人约定，但不得违反法律、法规和管理规约的有关规定。物业使用人违反有关规定和管理规约的规定，有关业主应当承担连带责任。

（二）业主的权利

依照《物业管理条例》第 6 条的规定，业主在物业管理活动中，享有下列权利：

1. 服务享受权

业主有权按照物业服务合同的约定，接受物业服务企业提供的服务，这是业主在物业管理活动中享有的最基本权利。

2. 建议权

业主的建议权包括提议召开业主大会会议，并就物业管理的有关事项提出建议以及提出制定和修改管理规约、业主大会议事规则的建议两项权利。业主该项权利的行使，直接决定和影响业主的自治权能否得到充分有效的保护。

3. 表决权

表决权是指业主在物业管理活动中，根据物业所有权而取得参加业主大会会议、参与管理物业以及对业主大会所议或决定事项表达自己意愿的权利。

4. 选举权与被选举权

业主有权设立业主大会，并有权选举业主委员会。业主作为业主大会的成员，在选举业主委员会时均享有被选举权。业主委员会在物业管理活动中发挥着重要作用，其组成对业主的利益有重大影响。因此，业主对业主委员会的组成享有选举权和被选举权，以保障业主委员会的代表能充分维护业主利益。

5. 知情权

知情权主要是指物业服务企业有义务将物业的共用部位、共用设施设备和相关场地使用等情况明确告知业主，业主有知悉的权利。据此，物业服务企业是知情权的义务主体，其有义务就自己的管理内容和管理对象的状况向业主提供必要的信息。

6. 监督权

监督权主要体现在以下几个方面：（1）业主有监督业主委员会工作的权利；（2）业主对物业服务企业履行物业服务合同的情况享有监督的权利；（3）业主对物业共用部位、共用设施设备和相关场地使用情况享有监督的权利，有权对物业的共用部位、共用设施设备和相关场地使用情况进行了解，并提出质疑；（4）业主对物业共用部位、共用设施设备专项维修资金的管理和使用享有监督权，以保障专项维修资金专款专用。

7. 法律、法规规定的其他权利

除上述权利外，业主还享有法律、法规规定的其他权利。例如，有权撤销业主大会或业主委员会作出的侵害业主权益的决定；有权选聘、续聘和解聘物业服务企业。《物权法》第 78 条第 2 款规定：“业主大会或者业主委员会作出的决定侵害业主合法权益的，受侵害的业主可以请求人民法院予以撤销。”第 81 条第 2 款规定：“对建设单位聘请的物业服务企业或者其他管理人，业主有权依法更换。”

(三) 业主的义务

依照《物业管理条例》第 7 条的规定，业主在物业管理活动中，应当履行下列义务：

1. 遵守管理规约、业主大会议事规则

管理规约是由全体业主签署的就物业使用、维护及其管理等方面权利和义务的行为规则。业主大会议事规则通常是就业主大会的议事方式、议事主题、表决程序、业主投票权的分配、投票权的计算办法、业主委员会的组成以及成员的任期等事项作出约定的规则。

2. 遵守物业管理区域内物业共用部位和共用设施设备的使用、公共秩序和环境卫生的维护等方面的规章制度

物业管理区域内的这些规章制度不仅涉及个人利益、其他业主利益和物业使用人的利益，而且涉及社会的公共利益。因此，就物业管理区域内物业共用部位和共用设施设备的使用、公共秩序和环境卫生的维护等方面的规章制度，全体业主都有遵守的义务。《物权法》第 83 条规定：“业主应当遵守法律、法规以及管理规约。业主大会和业主委员会，对任意弃置垃圾、排放污染物或者噪声、违反规定饲养动物、违章搭建、侵占通道、拒付物业费等损害他人合法权益的行为，有权依照法律、法规以及管理规约，要求行为人停止侵害、消除危险、排除妨害、赔偿损失。业主对侵害自己合法权益的行为，可以依法向人民法院提起诉讼。”

3. 执行业主大会的决定和业主大会授权业主委员会作出的决定

业主大会的决定代表了全体业主的意愿和要求，该决定的内容对全体业主有约束力，决定实施的法律后果亦由组成业主大会的全体业主来共同承担。而业主委员会是业主大会的执行机构，由业主大会授权业主委员会作出的决定和业主大会的决定具有相同的法律效力。因此，为了维护全体业主的合法权益，对业主大会和业主大会授权业主委员会作出的决定，全体业主均有遵守的义务。《物权法》第 78 条第 1 款规定：“业主大会或者业主委员会的决定，对业主具有约束力。”

4. 按照国家有关规定交纳专项维修资金

专项维修资金主要是指物业共用部分、公共设施设备发生毁损及维护所应支出的必要费用。为了确保物业共用部分、公共设施设备的正常使用，以及发生毁损时能够得到及时的维修，就必须保证专项维修资金及时到位。因此，按照国家有关规定交纳专项维修资金，是业主的最基本义务之一。《物权法》第 79 条规定：“建筑物及其附属设施的维修资金，属于业主共有。经业主共同决定，可以用于电梯、水箱等共有部分的维修。维修资金的筹集、使用情况应当公布。”第 80 条规定：“建筑物及其附属设施的费用分摊、收益分配等事项，有约定的，按照约定；没有约定或者约定不明确的，按照业主专有部分占建筑物总面积的比例确定。”

5. 按时交纳物业服务费用

物业服务费用主要是指维持建筑物正常使用的运行保养费用，以及对物业管理区域内的治安、消防、保洁等的服务费用。物业服务费用直接涉及物业的保养和维修，也影响到物业服务企业的形象和服务的质量。因此，业主负有按规定或约定及时交纳物业服务费的义务。

6. 法律、法规规定的其他义务

业主除负有上述义务外,还负有法律、法规规定的其他义务。例如,应当服从物业服务企业的管理,遵守有关相邻关系的规定等。

二、业主大会

(一) 业主大会的含义与组成

业主大会是由一定物业管理区域内的全体业主组成的,决定物业管理中重大事项的自治组织。

业主大会由物业管理区域内的全体业主组成。业主大会可以邀请物业的承租人和其他实际使用人列席,但在未得到业主授权的情况下,物业使用人不享有表决权。所谓物业管理区域,是指由特定业主大会所管理的物业范围。一般而言,它应是一个由原设计构成的自然街坊及封闭或半封闭小区。自然街坊是城市建设中自然形成的相对独立的居住区;封闭与半封闭小区是在房地产开发中形成的,具有一定公共设施和居住管理的住宅区域。依照《物业管理条例》的规定,物业管理区域的划分应当考虑物业的共用设施设备、建筑物规模、社区建设等因素。

(二) 业主大会的召开

1. 第一次业主大会的召开

同一物业管理区域内的业主应当在物业所在地的区、县人民政府房地产管理部门或者街道办事处、乡镇人民政府的指导下成立业主大会,并由同一个物业管理区域内的业主选举产生业主委员会。但是,只有一个业主的,或者业主人数较少且经全体业主一致同意,决定不成立业主大会的,由业主共同履行业主大会、业主委员会职责。

2. 定期与临时业主大会的召开

业主大会会议分为定期会议和临时会议两种。业主大会定期会议应当按照业主大会议事规则的规定召开。经20%以上的业主提议,业主委员会应当组织召开业主大会临时会议。

召开业主大会会议,应当于会议召开15日以前通知全体业主。住宅小区的业主大会会议,应当同时告知相关的居民委员会。业主委员会应当做好业主大会会议记录。

(三) 业主共同决定的事项

按照《物业管理条例》第11条的规定,下列事项由业主共同决定:(1) 制定、修改业主大会议事规则;(2) 制定和修改管理规约;(3) 选举业主委员会或更换业主委员会委员;(4) 选聘、解聘物业服务企业;(5) 筹集和使用专项维修资金;(6) 改建、重建建筑物及其附属设施;(7) 有关共有和共同管理权利的其他重大事项。

(四) 业主委员会的构成和职责

业主委员会是经业主大会选举产生的,在物业管理活动中代表和维护全体业主合法权益的组织。业主委员会是业主大会的执行机构,在第一次业主大会召开时,即应当由全体业主选举产生业主委员会。依照《物业管理条例》第16条的规定,业主委员会应当自选举产生之日起30日内,向物业所在地的区、县人民政府房地产管理部门备案。业主委员会委员应当由热心公益事业、责任心强、具有一定组织能力的业主担任。业主委员会可以在业主委员会委员中推选产生主任和副主任。

依照《物业管理条例》第15条的规定,业主委员会应当履行下列职责:(1) 召集业主大会会议,报告物业管理的实施情况;(2)代表业主与业主大会选聘的物业服务企业签订物业服务合同;(3)及时了解业主、物业使用人的意见和建议,监督和协助物业服务企业履行物业服务合同;(4)监督管理规约的实施;(5)业主大会赋予的其他职责。

(五)业主大会与业主委员会的表决和决定

1. 业主大会的表决

业主大会会议可以采用集体讨论的形式,也可以采用书面征求意见的形式;但应当有物业管理区域内专有部分占建筑物总面积过半数的业主且占总人数过半数的业主参加。原则上,业主应当亲自参加业主大会并参与表决,但业主也可以委托代理人参加业主大会会议。

业主大会作出的决定可分为一般表决事项和特别表决事项。依照《物业管理条例》第12条和《物权法》第76条的规定,有关制定和修改业主大会议事规则、制定和修改建筑物及其附属设施的管理规约、选举业主委员会或者更换业主委员会成员、选聘和解聘物业服务企业以及有关共有和共同管理权利的其他重大事项,应当经专有部分占建筑物总面积过半数的业主且占总人数过半数的业主同意;而对于筹集和使用建筑物及其附属设施的维修资金以及改建、重建建筑物及其附属设施的事项,应当经专有部分占建筑物总面积2/3以上的业主且占总人数2/3以上的业主同意。

2. 管理规约

管理规约是指由业主承诺的,对全体业主具有约束力的,规定业主在物业管理区域内使用、维护、管理物业等方面权利和义务的行为守则。[①] 管理规约是整个物业管理活动中最为重要的文件之一,是全体业主的最高自治规则。依据《物业管理条例》第17条的规定,管理规约应当对有关物业的使用、维护、管理,业主的共同利益,业主应当履行的义务,违反规约应当承担的责任等事项依法作出约定。管理规约于表决通过后,对全体业主具有约束力。

3. 业主大会议事规则

业主大会议事规则是由业主共同制定的关于业主大会进行的程序性规定。依据《物业管理条例》第18条的规定,业主大会议事规则应当就业主大会的议事方式、表决程序、业主投票权确定办法、业主委员会的组成和委员任期等事项作出约定。

4. 业主大会的其他行为规则

根据《物业管理条例》第19—21条的规定,业主大会还须遵守以下行为规则:(1)业主大会、业主委员会应当依法履行职责,不得作出与物业管理无关的决定,不得从事与物业管理无关的活动。(2)业主大会、业主委员会作出的决定违反法律、法规的,物业所在地的区、县人民政府房地产管理部门或者街道办事处、乡镇人民政府,应当责令限期改正或者撤销其决定,并通告全体业主。(3)业主大会、业主委员会应当配合公安机关,与居民委员会相互协作,共同做好维护物业管理区域内的社会治安等相关工作。(4)在物业管理区域内,业主大会、业主委员会应当积极配合相关居民委员会依法履行自治管理职责,支持居民委员会开展工作,并接受其指导和监督。(5)住宅小区的业主大会、业主委员会作出的决定,应当告知相关的居民委员会,并认真听取居民委员会的建议。

---

① 参见蔡华主编:《物业管理法律理论与实务》,人民法院出版社2000年版,第79页。

第三节 物业服务企业

一、物业服务企业的概念和设立

依照《物业服务企业资质管理办法》第2条的规定,所谓物业服务企业,是指依法设立、具有独立法人资格,从事物业管理服务活动的企业。

物业服务企业应当具有法人资格,因此,物业服务企业的设立应当符合《民法通则》关于企业法人设立条件的规定。同时,物业服务企业在组成形式上有有限责任公司和股份有限公司之分。因此,物业服务企业在设立上还应遵守《公司法》有关有限责任公司和股份有限公司设立的相关规定。

二、物业服务企业的资质管理

(一)物业服务企业资质的授予机关

依照《物业服务企业资质管理办法》的规定,物业服务企业的资质分为一、二、三级,分别由不同的机关负责资质证书的颁发和管理。国务院建设主管部门负责一级物业服务企业资质证书的颁发和管理,省、自治区人民政府建设主管部门负责二级物业服务企业资质证书的颁发和管理,直辖市人民政府房地产管理部门负责二级和三级物业服务企业资质证书的颁发和管理,并接受国务院建设主管部门的指导和监督。设区的市的人民政府房地产管理部门负责三级物业服务企业资质证书的颁发和管理,并接受省、自治区人民政府建设主管部门的指导和监督。

(二)各资质等级物业服务企业的申请条件和承接项目范围

1. 申请一级资质等级的物业服务企业应当具备的条件和承接项目范围

申请一级资质等级的物业服务企业应当具备以下条件:(1)注册资本人民币500万元以上。(2)物业管理专业人员以及工程、管理、经济等相关专业类的专职管理和技术人员不少于30人。其中,具有中级以上职称的人员不少于20人,工程、财务等业务负责人具有相应专业中级以上职称。(3)物业管理专业人员按照国家有关规定取得职业资格证书。(4)管理两种类型以上物业,并且管理各类物业的房屋建筑面积分别占下列相应计算基数的百分比之和不低于100%:多层住宅200万平方米;高层住宅100万平方米;独立式住宅(别墅)15万平方米;办公楼、工业厂房及其他物业50万平方米。(5)建立并严格执行服务质量、服务收费等企业管理制度和标准,建立企业信用档案系统,有优良的经营管理业绩。

一级资质物业服务企业可以承接各种物业管理项目。

2. 申请二级资质等级的物业服务企业应当具备的条件和承接项目范围

申请二级资质等级的物业服务企业应当具备以下条件:(1)注册资本人民币300万元以上。(2)物业管理专业人员以及工程、管理、经济等相关专业类的专职管理和技术人员不少于20人。其中,具有中级以上职称的人员不少于10人,工程、财务等业务负责人具有相应专业中级以上职称。(3)物业管理专业人员按照国家有关规定取得职业资格证书。(4)管理两种类型以上物业,并且管理各类物业的房屋建筑面积分别占下列相应计算基数的百分比之和不低于100%:多层住宅100万平方米;高层住宅50万平方米;独立式住宅(别墅)8 万平方米;办公楼、工业厂房及其他物业20 万平方米。(5) 建立并严格执行服务质量、服务收费等企业管理制度和标准,建立企业信用档案系统,有良好的经营管理业绩。

二级资质物业服务企业可以承接30 万平方米以下的住宅项目和8 万平方米以下的非住宅项目的物业管理业务。

3. 申请三级资质等级的物业服务企业应当具备的条件和承接项目范围

申请三级资质等级的物业服务企业应当具备以下条件:(1) 注册资本人民币50 万元以上。(2) 物业管理专业人员以及工程、管理、经济等相关专业类的专职管理和技术人员不少于10 人。其中,具有中级以上职称的人员不少于5 人,工程、财务等业务负责人具有相应专业中级以上职称。(3) 物业管理专业人员按照国家有关规定取得职业资格证书。(4) 有委托的物业管理项目。(5) 建立并严格执行服务质量、服务收费等企业管理制度和标准,建立企业信用档案系统。

三级资质物业服务企业可以承接20 万平方米以下住宅项目和5 万平方米以下的非住宅项目的物业管理业务。

(三) 物业服务企业资质的申请和核准

1. 资质申请

申请核定资质等级的物业服务企业,应当提交下列材料:(1) 企业资质等级申报表;(2) 营业执照;(3) 企业资质证书正、副本;(4) 物业管理专业人员的职业资格证书和劳动合同,管理和技术人员的职称证书和劳动合同,工程、财务负责人的职称证书和劳动合同;(5) 物业服务合同复印件;(6) 物业管理业绩材料。对于新设立的物业服务企业,其资质等级按照最低等级核定,并设1 年的暂定期。

2. 资质的核准

资质审批部门应当自受理企业申请之日起20 个工作日内,对符合相应资质等级条件的企业核发资质证书。一级资质审批前,应当由省、自治区人民政府建设主管部门或者直辖市人民政府房地产管理部门审查,审查期限为20 个工作日。

物业服务企业申请核定资质等级,在申请之日前1 年内有下列行为之一的,资质审批部门不予批准:(1) 聘用未取得物业管理职业资格证书的人员从事物业管理活动的;(2) 将一个物业管理区域内的全部物业管理业务一并委托给他人的;(3) 挪用专项维修资金的;(4) 擅自改变物业管理用房用途的;(5) 擅自改变物业管理区域内按照规划建设的公共建筑和共用设施用途的;(6) 擅自占用、挖掘物业管理区域内的道路、场地,损害业主共同利益的;(7) 擅自利用物业共用部位、共用设施设备进行经营的;(8) 物业服务合同终止时,不按规定移交物业管理用房和有关资料的;(9) 与物业管理招标人或者其他物业管理投标人相互串通,以不正当手段谋取中标的;(10) 不履行物业服务合同,业主投诉较多,经查证属实的;(11) 超越资质等级承接物业管理业务的;(12) 出租、出借、转让资质证书的;(13) 发生重大责任事故的。

(四) 物业服务企业资质的注销、变更和撤销、吊销

1. 物业服务企业资质的注销与变更

企业发生分立、合并的,应当在向工商行政管理部门办理变更手续后30 日内,到原资质审批部门申请办理资质证书注销手续,并重新核定资质等级。企业破产、歇业或者因其他原因终止业务活动的,应当在办理营业执照注销手续后15 日内,到原资质审批部门办理资质

证书注销手续。

企业的名称、法定代表人等事项发生变更的,应当在办理变更手续后30日内,到原资质审批部门办理资质证书变更手续。

2. 物业服务企业资质的撤销与吊销

有下列情形之一的,资质审批部门或者其上级主管部门,根据利害关系人的请求或者根据职权可以撤销资质证书:(1) 审批部门工作人员滥用职权、玩忽职守作出物业服务企业资质审批决定的;(2) 超越法定职权作出物业服务企业资质审批决定的;(3) 违反法定程序作出物业服务企业资质审批决定的;(4) 对不具备申请资格或者不符合法定条件的物业服务企业颁发资质证书的;(5) 依法可以撤销审批的其他情形。

以欺骗手段取得资质证书的,应由颁发资质证书的部门吊销资质证书。

第四节　前期物业管理

一、前期物业服务合同

前期物业管理是指在业主、业主大会选聘物业服务企业之前,由建设单位选聘物业服务企业所实施的物业管理。依照《物业管理条例》的规定,前期物业管理应当签订书面的前期物业服务合同。前期物业服务合同是物业服务企业进行物业管理的开始,也是物业建设和管理顺利衔接的重要文件。由于前期物业服务的最终权利义务承担者是业主,因此建设单位与物业买受人签订的买卖合同应当包含前期物业服务合同约定的内容,以便使业主了解前期物业服务合同的内容,并因业主在物业买卖合同中的承认而对其发生效力。

与一般物业服务合同不同,前期物业服务合同具有以下特点:

(一) 期限的短暂过渡性

前期物业服务合同存在于业主或业主大会选聘物业服务企业之前的短暂过渡期内。当事人之间虽然可以就前期物业服务合同约定期限,但是即使约定的期限未满,如果其后成立的业主委员会与物业服务企业签订的物业服务合同已经生效,前期物业服务合同也应即行终止。

(二) 合同主体的特殊性

前期物业服务合同是由建设单位(通常为房地产开发商)与物业服务企业所签订的,而一般的物业服务合同是由业主委员会与物业服务企业签订的。由于在物业竣工之后、业主大会选聘物业服务企业之前,已经产生了对物业进行管理的需要,此时只能由房地产建设单位委托物业服务企业进行管理。

(三) 物业服务费用承担人的特殊性

《物业管理条例》第42条第2款规定:“已竣工但尚未出售或者尚未交给物业买受人的物业,物业服务费用由建设单位交纳。”《物业服务收费管理办法》第16条规定:“纳入物业管理范围的已竣工但尚未出售,或者因开发建设单位原因未按时交给物业买受人的物业,物业服务费用或者物业服务资金由开发建设单位全额交纳。”因此,前期物业服务费用的承担人是开发建设单位,而非业主。

二、临时管理规约

(一) 临时管理规约的含义与内容

临时管理规约是指在物业销售前,由房地产建设单位制定的有关物业管理的规范性文件，它对将来的物业买受人均具有约束力。依据《物业管理条例》第22条的规定，建设单位应当在销售物业之前，制定临时管理规约，对有关物业的使用、维护、管理，业主的共同利益，业主应当履行的义务，违反规约应当承担的责任等事项依法作出约定。临时管理规约的制定，有利于前期物业管理的顺利进行，当物业销售已经达到一定比例，由全体业主召开业主大会并通过正式的管理规约后，临时规约的效力自然终止。

(二) 临时管理规约的法律限制

由于临时管理规约是由建设单位单方面制定的有关物业管理的规范性文件，其内容直接影响到未来业主在物业管理中的权利和义务，因此有必要在立法上对其内容加以限制，以防止建设单位(房地产开发商)借制定临时管理规约之机损害业主权益。对于此问题，《物业管理条例》一方面作出原则性规定，明确建设单位制定的临时管理规约，不得侵害物业买受人的合法权益；另一方面规定建设单位应当在物业销售前将临时管理规约向物业买受人明示并予以说明，以此保护业主对于临时管理规约的知情权。如果建设单位违反前述规定，不合理地限制业主权利或未对临时管理规约的内容向物业购买人作出明确说明，应当认定该临时管理规约是无效的。因此，临时管理规约的生效应当以建设单位作出正确说明并由物业买受人在与建设单位签订的物业买卖合同中对遵守临时管理规约作出书面承诺为条件(《物业管理条例》第23条)。

三、前期物业服务企业的选聘

(一) 前期物业服务企业选聘的原则

《物业管理条例》第24条第1款规定："国家提倡建设单位按照房地产开发与物业管理相分离的原则，通过招投标的方式选聘具有相应资质的物业服务企业。"这是我国在前期物业服务企业选聘上的基本原则，也是市场竞争原则在前期物业管理上的具体体现。由于前期物业服务合同是由建设单位(房地产开发商)代表业主与物业服务企业订立的，因此，如果允许房地产开发商兼营物业管理项目，在利益的驱动下，难免发生房地产开发商将自建物业的管理权交给自己，并制定有利于自己而不利于业主的物业服务合同。故而在前期物业服务企业的选聘上采取房地产开发与物业管理相分离的原则，对于维护业主利益是十分必要的。

(二) 前期物业服务企业选聘的方式

在物业服务企业选聘的方式上，应当以招投标为原则。《物业管理条例》第24条第2款规定："住宅物业的建设单位，应当通过招投标的方式选聘具有相应资质的物业服务企业；投标人少于3个或者住宅规模较小的，经物业所在地的区、县人民政府房地产行政主管部门批准，可以采用协议方式选聘具有相应资质的物业服务企业。"依此规定，前期物业服务企业的选聘有招标投标和协议两种方式。《前期物业管理招标投标管理暂行办法》(建住房〔2003〕130号)详细规定了前期物业管理招投标的具体操作规程。

四、建设单位和物业服务企业在前期物业管理中的义务和责任

(一) 建设单位的义务和责任

建设单位在前期物业管理中有以下义务和责任：(1) 建设单位不得擅自处分业主依法享有的物业共用部位、共用设施设备的所有权或者使用权。建设单位擅自处分属于业主的物业共用部位、共用设施设备的所有权或者使用权的，由县级以上地方人民政府房地产管理

部门处5万元以上20万元以下的罚款;给业主造成损失的,依法承担赔偿责任。(2)建设单位应当按照规定在物业管理区域内配置必要的物业管理用房,以方便物业管理活动的顺利进行。建设单位在物业管理区域内不按照规定配置必要的物业管理用房的,由县级以上地方人民政府房地产管理部门责令限期改正,给予警告,没收违法所得,并处10万元以上50万元以下的罚款。(3)建设单位应当按照国家规定的保修期限和保修范围,承担物业的保修责任。(4)在办理物业承接验收手续时,建设单位应当向物业服务企业移交下列资料:竣工总平面图,单体建筑、结构、设备竣工图,配套设施、地下管网工程竣工图等竣工验收资料;设施设备的安装、使用和维护保养等技术资料;物业质量保修文件和物业使用说明文件;物业管理所必需的其他资料。

(二)物业服务企业的义务和责任

物业服务企业在前期物业管理中有以下义务和责任:(1)物业服务企业应当在前期物业服务合同终止时将上述资料移交给业主委员会。不移交有关资料的,由县级以上地方人民政府房地产管理部门责令限期改正;逾期仍不移交有关资料的,对建设单位、物业服务企业予以通报,处1万元以上10万元以下的罚款。(2)物业服务企业承接物业时,应当对物业共用部位、共用设施设备进行查验。如存在质量问题或其他瑕疵,应当要求建设单位负责维修。

第五节　物业管理服务

一、物业服务合同

(一)物业服务合同的概念与特点

物业服务合同是指业主委员会与物业服务企业签订的,由物业服务企业接受委托提供物业管理服务,业主支付服务费用的民事合同。在我国,物业服务合同长期被称为物业管理合同或物业管理委托合同,《物业管理条例》将其名称正式确认为物业服务合同,寓有加强业主地位,强化物业服务企业服务意识的意义,以改变我国长期形成的业主在物业管理活动中的被动受管理地位。

物业服务合同具有以下特点:

1. 物业服务合同实现了物业所有权与物业管理权的分离

在市场经济条件下,房地产的商品化使其日益成为最重要的生产资料和生活资料之一。业主作为房地产的所有者,虽然享有对房地产的占有、使用、收益和处分的权利,但这些权利的实现离不开良好的物业管理服务。由于业主受自身知识、技能、精力和工具上的限制,不可能亲自实施有效的物业管理,这在客观上就需要有一个专门化的组织来实现物业管理服务,以方便业主使用。专业化的物业管理,一方面使业主摆脱了繁琐的物业维护工作,提高了管理效率;另一方面顺应了现代物业管理中所有权与管理权分离的趋势,提高了城市管理和社区管理的现代化程度。

2. 物业服务合同的内容具有复杂性和社会性

物业服务企业在与业主委员会签订物业服务合同后,除应按约定履行对房屋及配套的社区公用设施设备和相关场地的维修、养护和管理,维护相关区域内的环境卫生和秩序等职责外，还要执行若干具有社会化性质的职能，如对相关物业管理区域内的环境保护、保安、消防等事务负一定责任。物业服务企业在执行上述职能时，还应受公安、消防、环卫等政府职能部门的指导与监督，并与所在地的居民委员会相互配合。

3. 物业服务企业资质的限定性

由于物业管理服务具有专业性、复杂性和社会化的特点，关系到千家万户的安居乐业和社会稳定，因此并非任何营利性主体均可以参与物业服务合同的缔结，从事物业管理行业的经营。依照有关法律法规的规定，我国的物业服务企业在资质上要受严格限制：一方面，从事物业管理服务的企业应当符合法人的成立条件，具有独立的法人资格，以使其能够独立承担民事责任；另一方面，国家对从事物业管理服务的企业实行严格资质管理和审查制度，只有具备相当专业技术条件和专业技术人员的企业才能够参与到物业管理服务中。

（二）物业服务合同的订立

1. 物业服务合同的双方当事人

与一般的民事合同不同，物业服务合同的双方当事人均为具有特定资格的主体。物业服务合同的管理方为从事物业管理服务的企业，即物业服务企业。

物业服务合同的委托方为经业主大会合法选举产生的业主委员会，由业主委员会代表全体业主与物业服务企业订立物业服务合同。但是，业主委员会仅有签订合同的代表权，并无选择物业服务企业的权利。依照《物业管理条例》第 11 条的规定，选聘和解聘物业服务企业应由业主共同决定，业主委员会只享有对业主大会的选聘与解聘决定的执行权。如果在一个物业管理区域内只有一个业主或业主人数较少的，经全体业主同意，可以不成立业主委员会，由全体业主共同与物业服务企业订立物业服务合同。

在业主、业主大会选聘物业服务企业之前，房地产的建设单位因实际需要也可以选聘物业服务企业，并订立前期物业服务合同。如前所述，前期物业服务合同的效力仅具有暂时性，其内容须由建设单位在物业销售时与业主说明，并以将前期物业服务合同的内容包含在物业买卖合同中的方式使其对业主发生效力。当第一次业主大会召开时，如对物业服务企业重新作出选聘决定，并由业主委员会与物业服务企业订立物业服务合同，则原前期物业服务合同的效力自然终止。

2. 物业服务合同订立的原则和方式

为便于物业管理的实施，《物业管理条例》规定，一个物业管理区域成立一个业主大会，一个物业管理区域应由一个物业服务企业实施物业管理。这样既方便于业主的联合，增强业主的谈判地位，也有利于物业管理服务的规模化，降低管理成本，提高服务质量。

业主大会可以采取招投标的方式选聘物业服务企业，也可以采取协商的方式选择物业服务企业，还可以采取延长前期物业服务合同的形式，继续由原物业服务企业进行物业管理服务。无论采取哪种形式，业主委员会都应当与业主大会选聘的物业服务企业订立书面的物业服务合同。

（三）物业服务合同的内容

依照《物业管理条例》第 35 条的规定，物业服务合同应当对物业管理事项、服务质量、服务费用、双方的权利义务、专项维修资金的管理与使用、物业管理用房、合同期限、违约责任等内容进行约定。

结合我国物业管理实务，物业服务合同一般应当包括以下主要内容：(1) 双方当事人的姓名或名称、住所。合同的委托方通常为由业主大会选举产生的业主委员会,受托方为业主大会选聘的物业服务企业。(2) 管理项目。即接受管理的房地产名称、坐落位置、面积、四至界限。(3) 具体管理事项。如房屋的使用、维修、养护;消防、电梯、机电设备、路灯、连廊、自行车房(棚)、园林绿化地、沟、渠、池、井、道路、停车场等公用设施的使用、维护、养护和管理;卫生清洁;车辆行驶及停泊;公共秩序维护等事项。(4) 服务费用。即物业服务企业向业主或物业使用人收取的服务费。(5) 专项维修资金的管理与使用,包括专项维修资金的筹集、保管、使用范围、使用程序等事项。(6) 物业管理用房。双方应规定物业管理用房的权属、范围、用途等。(7) 合同期限及到期后合同的续订或相关文件、设备和其他权利的移转、交接事项。(8) 违约责任。(9) 双方约定的其他权利义务。

(四) 物业服务合同的履行

物业服务企业应当按照物业服务合同的约定,提供相应的服务,接受业主的监督,认真听取业主的意见和建议,并采取改进措施。业主和物业使用人应当配合物业管理的实施、爱护社区公共设备和设施、遵守管理规约和物业服务合同中的其他规定,及时缴纳物业服务费用。违反物业服务合同约定,业主逾期不交纳物业服务费用的,业主委员会应当督促其限期交纳;逾期仍不交纳的,物业服务企业可以向人民法院起诉。物业服务企业未能履行物业服务合同的约定,导致业主人身、财产安全受到损害的,应当依法承担相应的法律责任。

物业管理用房的所有权依法属于业主共有,未经业主大会同意,物业服务企业不得改变物业管理用房的用途。如业主大会同意物业服务企业以部分物业管理用房从事经营或其他用途,双方应当对收益分配或租金作出约定,属于业主的部分可用以增加专项维修资金或充抵物业服务费用。未经业主大会同意,物业服务企业擅自改变物业管理用房的用途的,由县级以上地方人民政府房地产管理部门责令限期改正,给予警告,并处 1 万元以上 10 万元以下的罚款;有收益的,所得收益用于物业管理区域内物业共用部位、共用设施设备的维修、养护,剩余部分按照业主大会的决定使用。

物业服务企业应当亲自实施物业管理服务,对于某些物业管理区域内的专项服务业务,物业服务企业也可以将其委托给专业性服务企业,但不得将该区域内的全部物业管理一并委托给他人。物业服务企业将一个物业管理区域内的全部物业管理一并委托给他人的,由县级以上地方人民政府房地产管理部门责令限期改正,处委托合同价款 30% 以上 50% 以下的罚款;情节严重的,由颁发资质证书的部门吊销资质证书。委托所得收益,用于物业管理区域内物业共用部位、共用设施设备的维修、养护,剩余部分按照业主大会的决定使用;给业主造成损失的,依法承担赔偿责任。

二、物业服务的承接

物业服务企业承接物业时,应当与相关主体办理物业验收手续。在前期物业管理开始时,物业服务企业应当与房地产建设单位办理物业的接管验收,以明确房地产开发商和物业服务企业的责、权、利关系,确保物业的使用安全和功能正常。如果物业未经前期物业管理,则应由业主委员会与建设单位办理物业承接验收手续,然后再由业主委员会与物业服务企业办理物业接管验收。通过接管验收,可以发现在竣工验收中没有发现的质量问题,及时进行修理,确保业主能够安全、正常地使用物业,也可以为日后物业服务的进行提供重要基础,预防将来因物业使用缺陷而导致的纠纷。此外,物业服务企业还可根据提交的验收资料和现场勘查情况,掌握物业的性能和特点,制定预防性的管理措施和维修计划。

在办理物业承接验收手续时,物业建设单位或业主委员会都应当向物业服务企业移交下列资料:(1)竣工总平面图,单体建筑、结构、设备竣工图,配套设施、地下管网工程竣工图等竣工验收资料;(2)设施设备的安装、使用和维护保养等技术资料;(3)物业质量保修文件和物业使用说明文件;(4)物业管理所必需的其他资料。

三、物业服务收费

(一)物业服务收费的概念和原则

依照《物业服务收费管理办法》(发改价格〔2003〕1864号)第2条的规定,物业服务收费是指物业服务企业按照物业服务合同的约定,对房屋及配套的设施设备和相关场地进行维修、养护、管理,维护相关区域内的环境卫生和秩序,向业主所收取的费用。

物业服务收费应当遵循合理、公开以及费用与服务水平相适应的原则,区别不同物业的性质和特点,由业主和物业服务企业按照国务院价格主管部门会同国务院建设行政主管部门制定的物业服务收费办法,在物业服务合同中约定。

国务院价格主管部门会同国务院建设行政主管部门负责全国物业服务收费的监督管理工作,县级以上地方人民政府价格主管部门会同同级房地产行政主管部门负责本行政区域内物业服务收费的监督管理工作。

(二)物业服务收费的定价形式

依照《物业服务收费管理办法》第6条的规定,物业服务收费应当区分不同物业的性质和特点分别实行政府指导价和市场调节价。具体定价形式由省、自治区、直辖市人民政府价格主管部门会同房地产行政主管部门确定。

物业服务收费实行政府指导价的,有定价权限的人民政府价格主管部门应当会同房地产行政主管部门根据物业管理服务等级标准等因素,制定相应的基准价及其浮动幅度,并定期公布。具体收费标准由业主与物业服务企业根据规定的基准价和浮动幅度在物业服务合同中约定;实行市场调节价的物业服务收费,由业主与物业服务企业在物业服务合同中约定。

物业服务企业应当按照政府价格主管部门的规定实行明码标价,在物业管理区域内的显著位置,将服务内容、服务标准以及收费项目、收费标准等有关情况进行公示。具体收费标准由业主与物业服务企业根据规定的基准价和浮动幅度在物业服务合同中约定。

(三)物业服务收费的形式

依照《物业服务收费管理办法》第9条的规定,业主与物业服务企业可以采取包干制或者酬金制等形式约定物业服务费用。所谓包干制,是指由业主向物业服务企业支付固定物业服务费用,盈余或者亏损均由物业服务企业享有或者承担的物业服务计费方式;所谓酬金制,是指在预收的物业服务资金中按约定比例或者约定数额提取酬金支付给物业服务企业,其余全部用于物业服务合同约定的支出,结余或者不足均由业主享有或者承担的物业服务计费方式。

实行物业服务费用包干制的,物业服务费用的构成包括物业服务成本、法定税费和物业服务企业的利润;实行物业服务费用酬金制的,预收的物业服务资金包括物业服务支出和物业服务企业的酬金。物业服务成本或者物业服务支出构成一般包括以下部分:(1)管理服务人员的工资、社会保险和按规定提取的福利费等;(2) 物业共用部位、共用设施设备的日常运行、维护费用;(3) 物业管理区域清洁卫生费用;(4) 物业管理区域绿化养护费用;(5) 物业管理区域秩序维护费用;(6) 办公费用;(7) 物业服务企业固定资产折旧;(8) 物业共用部位、共用设施设备及公众责任保险费用;(9) 经业主同意的其他费用。物业共用部位、共用设施设备的大修、中修和更新、改造费用,应当通过专项维修资金予以列支,不得计入物业服务支出或者物业服务成本。

物业服务收费采取酬金制方式,物业服务企业或者业主大会可以按照物业服务合同的约定聘请专业机构对物业服务资金年度预决算和物业服务资金的收支情况进行审计。实行物业服务费用酬金制的,预收的物业服务支出属于代管性质,为所交纳的业主所有,物业服务企业不得将其用于物业服务合同约定以外的支出。

(四) 物业服务收费的交纳和管理

业主应当按照物业服务合同的约定按时足额交纳物业服务费用或者物业服务资金。业主违反物业服务合同约定逾期不交纳的,业主委员会应当督促其限期交纳;逾期仍不交纳的,物业服务企业可以依法追缴。业主与物业使用人约定由物业使用人交纳物业服务费用或者物业服务资金的,从其约定,业主负连带交纳责任。

物业发生产权转移时,业主或者物业使用人应当结清物业服务费用或者物业服务资金。纳入物业管理范围的已竣工但尚未出售,或者因开发建设单位原因未按时交给物业买受人的物业,物业服务费用或者物业服务资金由开发建设单位全额交纳。

物业服务企业应当向业主大会或者全体业主公布物业服务资金年度预决算并每年不少于一次公布物业服务资金的收支情况。业主或者业主大会对公布的物业服务资金年度预决算和物业服务资金的收支情况提出质询时,物业服务企业应当及时答复。

(五) 物业服务收费的种类

从我国目前物业管理服务的收费情况来看,物业服务费用主要分为以下三类:

1. 公共性服务费用

公共性服务费用是指为全体物业产权人和使用人提供的公共卫生、清洁、公用设施、公用场地与部位的维修保养和保安、绿化等费用。此部分物业服务费用应当在物业服务合同中明确规定其收费标准和办法,并由物业服务企业向全体业主或物业使用人统一收取。

2. 公共代办性服务费用

物业管理区域内,供水、供电、供气、供热、通讯、有线电视等单位应当向最终用户收取有关费用。物业服务企业可以接受委托代收前项费用,但不得向业主收取手续费等额外费用。

3. 特约服务费用

特约服务费用是指为满足物业产权人和使用人的特别需要而提供的个别服务而收取的费用。例如,房屋自用部分的维修、看护儿童、家电维修、室内卫生清洁等。依照《物业管理条例》的规定,物业服务企业可以根据业主的委托提供物业服务合同约定以外的服务项目,服务报酬由双方约定。

四、物业服务企业的社会化职责

物业服务企业除应按照物业服务合同的约定履行义务外,还应当配合公安、消防、环卫等部门,依据有关法律法规的规定,履行部分社会化职责。这些社会化职责的履行,既是城市综合治理的一个有机组成部分，也有利于物业产权人和使用人的整体利益，提升物业管理服务水平。

依照《物业管理条例》的规定，物业服务企业有权并应当对物业管理区域内违反有关治安、环保、物业装饰装修和使用等方面法律、法规规定的行为予以制止，并及时向有关行政管理部门报告。有关行政管理部门在接到物业服务企业的报告后，应当依法对违法行为予以制止或者依法处理；物业服务企业还应当协助做好物业管理区域内的安全防范工作。发生安全事故时，物业服务企业在采取应急措施的同时，应当及时向有关行政管理部门报告，协助做好救助工作。

物业服务企业可以雇请保安人员以维护物业管理区域内的治安，但应当遵守国家有关规定。保安人员在维护物业管理区域内的公共秩序时，应当履行职责，不得侵害公民的合法权益。

五、物业管理服务的终止

物业管理服务可因下列原因而终止：

1. 物业服务合同约定的物业管理服务期限届满，双方又没有续签合同的。

2. 物业服务企业或业主委员会解除合同的。物业服务企业或业主委员会在以下条件下可以解除合同：(1) 双方协商一致。(2) 物业服务合同中约定了一方解除合同的条件，当解除合同的条件具备时，解除权人有权解除合同。(3) 物业服务企业没有依照物业服务合同的约定履行管理职责，经限期整改仍未达到要求的，业主委员会有权终止合同。(4) 业主或业主委员会严重违反物业服务合同的约定，致使物业服务企业无法对物业进行有效管理的，物业服务企业有权解除合同。例如，众多业主拒不交纳物业服务费用，业主委员会不能协助解决时，物业服务企业有权解除合同；业主委员会没有按合同提供进行物业管理服务的必要条件，致使物业服务企业无法接管物业的，物业服务企业有权解除合同。(5) 其他法律、法规规定当事人一方有权解除合同的情形。

3. 因不可抗力致使物业服务合同的目的不能实现的。如合同约定的物业管理区域发生战争、地震、严重火灾等原因失去使用功能的，物业服务合同自然终止。

4. 物业服务企业被依法撤销、解散或者被宣告破产时，物业服务合同也自然终止。

5. 其他法律规定或当事人约定终止的情形。

依照《物业管理条例》第39条的规定，物业服务合同终止时，物业服务企业应当将物业管理用房和相关物业管理资料交还给业主委员会。如果业主大会选聘了新的物业服务企业的，物业服务企业之间应当做好交接工作。根据最高人民法院《关于审理物业服务纠纷案件具体应用法律若干问题的解释》(法释〔2009〕8号)的规定，物业服务合同的权利义务终止后，业主请求物业服务企业退还已经预收、但尚未提供物业服务期间的物业费的，人民法院应予支持；物业服务企业请求业主支付拖欠的物业费的，物业服务企业有权请求支付，人民法院应予支持(第9条)。物业服务合同的权利义务终止后，业主委员会请求物业服务企业退出物业服务区域、移交物业服务用房和相关设施，以及物业服务所必需的相关资料和由其代管的专项维修资金的，人民法院应予支持；物业服务企业拒绝退出、移交，并以存在事实上的物业服务关系为由，请求业主支付物业服务合同权利义务终止后的物业费的，人民法院不予支持(第10条)。

第六节　物业的使用与维护

一、物业公共、私用部分的使用与维护

（一）物业公共部分的使用与维护

在物业管理区域内，按照规划建设的公共建筑和共用设施，如公共停车场、公共绿地、花园、道路、广场等，全体业主均可使用，不得改变用途。

业主依法确需改变公共建筑和共用设施用途的，应当在依法办理有关手续后告知物业服务企业；物业服务企业确需改变公共建筑和共用设施用途的，应当提请业主大会讨论决定同意后，由业主依法办理有关手续。利用物业共用部位、共用设施设备进行经营的，应当在征得相关业主、业主大会、物业服务企业的同意并办理完有关手续后进行，业主所得收益应当主要用于补充专项维修资金，也可以按照业主大会的决定使用。

对于物业管理区域内的道路、场地，业主和物业服务企业均不得擅自占用、挖掘损害，以维护业主的共同利益。因维修物业或者公共利益，业主确需临时占用、挖掘道路、场地的，应当征得业主委员会和物业服务企业的同意；物业服务企业确需临时占用、挖掘道路、场地的，应当征得业主委员会的同意。业主、物业服务企业应当将临时占用、挖掘的道路、场地，在约定期限内恢复原状。

物业管理区域内相关的供水、供电、供气、供热、通讯、有线电视等管线和设施设备，应当由提供服务的单位承担维修、养护的责任。有关单位因维修、养护上述管线和设施设备的需要，临时占用、挖掘道路、场地的，应当及时恢复原状。

有下列行为之一的，由县级以上地方人民政府房地产管理部门责令限期改正，给予警告，并按照规定处以罚款；所得收益，用于物业管理区域内物业共用部位、共用设施设备的维修、养护，剩余部分按照业主大会的决定使用：(1) 擅自改变物业管理区域内按照规划建设的公共建筑和共用设施用途的；(2) 擅自占用、挖掘物业管理区域内道路、场地，损害业主共同利益的；(3) 擅自利用物业共用部位、共用设施设备进行经营的。个人有前述规定行为之一的，处1000元以上1万元以下的罚款；单位有前述规定行为之一的，处5万元以上200万元以下的罚款。

（二）物业私用部分的使用与维护

物业私用部分应当由业主或物业使用人自行使用和维护，业主也可以委托物业服务企业对私用部分进行维护和保养，并按照约定支付报酬。物业存在安全隐患，危及公共利益及他人合法权益时，责任人应当及时维修养护，有关业主应当给予配合。责任人不履行维修养护义务的，经业主大会同意，可以由物业服务企业维修养护，费用由责任人承担。

业主需要装饰装修房屋的，应当事先告知物业服务企业。物业服务企业应当将房屋装饰装修中的禁止行为和注意事项告知业主。

二、住宅专项维修资金

为了加强对住宅专项维修资金的管理，保障住宅共用部位、共用设施设备的维修和正常使用，维护住宅专项维修资金所有者的合法权益，原建设部与财政部于2007年12月4日联

合发布了《住宅专项维修资金管理办法》(建设部、财政部令〔2007〕第165号),对商品住宅、售后公有住房住宅专项维修资金的交存、使用、管理和监督作了具体规定。

(一) 住宅专项维修资金的含义

住宅专项维修资金是指专项用于住宅共用部位、共用设施设备保修期满后的维修和更新、改造的资金。

所谓住宅共用部位,是指根据法律、法规和房屋买卖合同,由单幢住宅内业主或者单幢住宅内业主及与之结构相连的非住宅业主共有的部位,一般包括:住宅的基础、承重墙体、柱、梁、楼板、屋顶以及户外的墙面、门厅、楼梯间、走廊通道等。

所谓共用设施设备,是指根据法律、法规和房屋买卖合同,由住宅业主或者住宅业主及有关非住宅业主共有的附属设施设备,一般包括电梯、天线、照明、消防设施、绿地、道路、路灯、沟渠、池、井、非经营性车场车库、公益性文体设施和共用设施设备使用的房屋等。

住宅专项维修资金的管理实行专户存储、专款专用、所有权人决策、政府监督的原则。

(二) 住宅专项维修资金的交存

下列物业的业主应当按照下列规定交存住宅专项维修资金:(1) 住宅,但一个业主所有且与其他物业不具有共用部位、共用设施设备的除外;(2) 住宅小区内的非住宅或者住宅小区外与单幢住宅结构相连的非住宅。如果物业属于出售公有住房的,售房单位应当按照规定交存住宅专项维修资金。业主交存的住宅专项维修资金属于业主所有,从公有住房售房款中提取的住宅专项维修资金属于公有住房售房单位所有。

商品住宅的业主、非住宅的业主按照所拥有物业的建筑面积交存住宅专项维修资金,每平方米建筑面积交存首期住宅专项维修资金的数额为当地住宅建筑安装工程每平方米造价的5%至8%。商品住宅的业主应当在办理房屋入住手续前,将首期住宅专项维修资金存入住宅专项维修资金专户。出售公有住房的,按照下列规定交存住宅专项维修资金:(1) 业主按照所拥有物业的建筑面积交存住宅专项维修资金,每平方米建筑面积交存首期住宅专项维修资金的数额为当地房改成本价的2%;(2) 售房单位按照多层住宅不低于售房款的20%、高层住宅不低于售房款的30%,从售房款中一次性提取住宅专项维修资金。已售公有住房的业主应当在办理房屋入住手续前,将首期住宅专项维修资金存入公有住房住宅专项维修资金专户或者交由售房单位存入公有住房住宅专项维修资金专户。公有住房售房单位应当在收到售房款之日起30日内,将提取的住宅专项维修资金存入公有住房住宅专项维修资金专户。

在业主大会成立前,住宅专项维修资金按照下列规定交存:(1) 商品住宅业主、非住宅业主交存的住宅专项维修资金,由物业所在地直辖市、市、县人民政府建设(房地产)主管部门代管。直辖市、市、县人民政府建设(房地产)主管部门应当委托所在地一家商业银行,作为本行政区域内住宅专项维修资金的专户管理银行,并在专户管理银行开立住宅专项维修资金专户。商业银行开立住宅专项维修资金专户,应当以物业管理区域为单位设账,按房屋户门号设分户账;未划定物业管理区域的,以幢为单位设账,按房屋户门号设分户账。(2) 已售公有住房住宅专项维修资金,由物业所在地直辖市、市、县人民政府财政部门或者建设(房地产)主管部门负责管理。负责管理公有住房住宅专项维修资金的部门应当委托所在地一家商业银行,作为本行政区域内公有住房住宅专项维修资金的专户管理银行,并在专户管理银行开立公有住房住宅专项维修资金专户。商业银行开立公有住房住宅专项维修资金专户,应当按照售房单位设账,按幢设分账;其中,业主交存的住宅专项维修资金,按房屋户门号设分户账。

在业主大会成立后,应当按照下列规定划转业主交存的住宅专项维修资金:(1)业主大会应当委托所在地一家商业银行作为本物业管理区域内住宅专项维修资金的专户管理银行,并在专户管理银行开立住宅专项维修资金专户。商业银行开立住宅专项维修资金专户,应当以物业管理区域为单位设账,按房屋户门号设分户账。(2)业主委员会应当通知所在地直辖市、市、县人民政府建设(房地产)主管部门。其中,涉及已售公有住房的,应当通知负责管理公有住房住宅专项维修资金的部门。(3)直辖市、市、县人民政府建设(房地产)主管部门或者负责管理公有住房住宅专项维修资金的部门应当在收到通知之日起30日内,通知专户管理银行将该物业管理区域内业主交存的住宅专项维修资金账面余额划转至业主大会开立的住宅专项维修资金账户,并将有关账目等移交业主委员会。住宅专项维修资金划转后的账目管理单位,由业主大会决定。业主大会应当建立住宅专项维修资金管理制度。业主大会开立的住宅专项维修资金账户,应当接受所在地直辖市、市、县人民政府建设(房地产)主管部门的监督。业主分户账面住宅专项维修资金余额不足首期交存额30%的,应当及时续交。成立业主大会的,续交方案由业主大会决定;未成立业主大会的,续交的具体管理办法由直辖市、市、县人民政府建设(房地产)主管部门会同同级财政部门制定。

(三)住宅专项维修资金的使用

住宅专项维修资金应当专项用于住宅共用部位、共用设施设备保修期满后的维修和更新、改造,不得挪作他用。住宅专项维修资金的使用,应当遵循方便快捷、公开透明、受益人和负担人相一致的原则。

住宅共用部位、共用设施设备的维修和更新、改造费用,按照下列规定分摊:(1)商品住宅之间或者商品住宅与非住宅之间共用部位、共用设施设备的维修和更新、改造费用,由相关业主按照各自拥有物业建筑面积的比例分摊。(2)售后公有住房之间共用部位、共用设施设备的维修和更新、改造费用,由相关业主和公有住房售房单位按照所交存住宅专项维修资金的比例分摊。其中,应由业主承担的,再由相关业主按照各自拥有物业建筑面积的比例分摊。(3)售后公有住房与商品住宅或者非住宅之间共用部位、共用设施设备的维修和更新、改造费用,先按照建筑面积比例分摊到各相关物业。其中,售后公有住房应分摊的费用,再由相关业主和公有住房售房单位按照所交存住宅专项维修资金的比例分摊。住宅共用部位、共用设施设备维修和更新、改造,涉及尚未售出的商品住宅、非住宅或者公有住房的,开发建设单位或者公有住房单位应当按照尚未售出商品住宅或者公有住房的建筑面积,分摊维修和更新、改造费用。

住宅专项维修资金划转业主大会管理前,需要使用住宅专项维修资金的,按照以下程序办理:(1)物业服务企业根据维修和更新、改造项目提出使用建议;没有物业服务企业的,由相关业主提出使用建议;(2)住宅专项维修资金列支范围内专有部分占建筑物总面积2/3以上的业主且占总人数2/3以上的业主讨论通过使用建议;(3)物业服务企业或者相关业主组织实施使用方案;(4)物业服务企业或者相关业主持有关材料,向所在地直辖市、市、县人民政府建设(房地产)主管部门申请列支,其中,动用公有住房住宅专项维修资金的,向负责管理公有住房住宅专项维修资金的部门申请列支;(5)直辖市、市、县人民政府建设(房地产)主管部门或者负责管理公有住房住宅专项维修资金的部门审核同意后,向专户管理银行发出划转住宅专项维修资金的通知；(6) 专户管理银行将所需住宅专项维修资金划转至维修单位。

住宅专项维修资金划转业主大会管理后，需要使用住宅专项维修资金的，按照以下程序办理：(1) 物业服务企业提出使用方案，使用方案应当包括拟维修和更新、改造的项目、费用预算、列支范围、发生危及房屋安全等紧急情况以及其他需临时使用住宅专项维修资金的情况的处置办法等；(2) 业主大会依法通过使用方案；(3) 物业服务企业组织实施使用方案；(4) 物业服务企业持有关材料向业主委员会提出列支住宅专项维修资金，其中，动用公有住房住宅专项维修资金的，向负责管理公有住房住宅专项维修资金的部门申请列支；(5) 业主委员会依据使用方案审核同意，并报直辖市、市、县人民政府建设(房地产)主管部门备案；动用公有住房住宅专项维修资金的，经负责管理公有住房住宅专项维修资金的部门审核同意；(6) 业主委员会、负责管理公有住房住宅专项维修资金的部门向专户管理银行发出划转住宅专项维修资金的通知；(7) 专户管理银行将所需住宅专项维修资金划转至维修单位。

发生危及房屋安全等紧急情况，需要立即对住宅共用部位、共用设施设备进行维修和更新、改造的，按照以下规定列支住宅专项维修资金：(1) 住宅专项维修资金划转业主大会管理前，按照以下程序办理：① 物业服务企业或者相关业主持有关材料，向所在地直辖市、市、县人民政府建设(房地产)主管部门申请列支。其中，动用公有住房住宅专项维修资金的，向负责管理公有住房住宅专项维修资金的部门申请列支。② 直辖市、市、县人民政府建设(房地产)主管部门或者负责管理公有住房住宅专项维修资金的部门审核同意后，向专户管理银行发出划转住宅专项维修资金的通知。③ 专户管理银行将所需住宅专项维修资金划转至维修单位。(2) 住宅专项维修资金划转业主大会管理后，按照以下程序办理：① 物业服务企业持有关材料向业主委员会提出列支住宅专项维修资金。其中，动用公有住房住宅专项维修资金的，向负责管理公有住房住宅专项维修资金的部门申请列支。② 业主委员会依据使用方案审核同意，并报直辖市、市、县人民政府建设(房地产)主管部门备案。动用公有住房住宅专项维修资金的，经负责管理公有住房住宅专项维修资金的部门审核同意。③ 业主委员会、负责管理公有住房住宅专项维修资金的部门向专户管理银行发出划转住宅专项维修资金的通知。④ 专户管理银行将所需住宅专项维修资金划转至维修单位。在发生危及房屋安全等紧急情况时，未按规定实施维修和更新、改造的，直辖市、市、县人民政府建设(房地产)主管部门可以组织代修，维修费用从相关业主住宅专项维修资金分户账中列支。其中，涉及已售公有住房的，还应当从公有住房住宅专项维修资金中列支。

下列费用不得从住宅专项维修资金中列支：(1) 依法应当由建设单位或者施工单位承担的住宅共用部位、共用设施设备维修、更新和改造费用；(2) 依法应当由相关单位承担的供水、供电、供气、供热、通讯、有线电视等管线和设施设备的维修、养护费用；(3) 应当由当事人承担的因人为损坏住宅共用部位、共用设施设备所需的修复费用；(4) 根据物业服务合同约定，应当由物业服务企业承担的住宅共用部位、共用设施设备的维修和养护费用。

在保证住宅专项维修资金正常使用的前提下，可以按照国家有关规定将住宅专项维修资金用于购买国债。利用住宅专项维修资金购买国债的，应当在银行间债券市场或者商业银行柜台市场购买一级市场新发行的国债，并持有到期。利用业主交存的住宅专项维修资金购买国债的，应当经业主大会同意；未成立业主大会的，应当经专有部分占建筑物总面积2/3以上的业主且占总人数2/3以上业主同意。利用从公有住房售房款中提取的住宅专项维修资金购买国债的,应当根据售房单位的财政隶属关系,报经同级财政部门同意。禁止利用住宅专项维修资金从事国债回购、委托理财业务或者将购买的国债用于质押、抵押等担保行为。

下列资金应当转入住宅专项维修资金滚存使用:(1) 住宅专项维修资金的存储利息;(2) 利用住宅专项维修资金购买国债的增值收益;(3) 利用住宅共用部位、共用设施设备进行经营的,业主所得收益,但业主大会另有决定的除外;(4) 住宅共用设施设备报废后回收的残值。

(四) 住宅专项维修资金的监督管理

房屋所有权转让时,业主应当向受让人说明住宅专项维修资金交存和结余情况并出具有效证明,该房屋分户账中结余的住宅专项维修资金随房屋所有权同时过户。受让人应当持住宅专项维修资金过户的协议、房屋权属证书、身份证等到专户管理银行办理分户账更名手续。

房屋灭失的,按照以下规定返还住宅专项维修资金:(1) 房屋分户账中结余的住宅专项维修资金返还业主;(2) 售房单位交存的住宅专项维修资金账面余额返还售房单位。如果售房单位不存在的,按照售房单位财务隶属关系,收缴同级国库。

直辖市、市、县人民政府建设(房地产)主管部门,负责管理公有住房住宅专项维修资金的部门及业主委员会,应当每年至少一次与专户管理银行核对住宅专项维修资金账目,并向业主、公有住房售房单位公布下列情况:(1) 住宅专项维修资金交存、使用、增值收益和结存的总额;(2) 发生列支的项目、费用和分摊情况;(3) 业主、公有住房售房单位分户账中住宅专项维修资金交存、使用、增值收益和结存的金额;(4) 其他有关住宅专项维修资金使用和管理的情况。业主、公有住房售房单位对公布的情况有异议的,可以要求复核。

专户管理银行应当每年至少一次向直辖市、市、县人民政府建设(房地产)主管部门,负责管理公有住房住宅专项维修资金的部门及业主委员会发送住宅专项维修资金对账单。直辖市、市、县建设(房地产)主管部门,负责管理公有住房住宅专项维修资金的部门及业主委员会对资金账户变化情况有异议的,可以要求专户管理银行进行复核。专户管理银行应当建立住宅专项维修资金查询制度,接受业主、公有住房售房单位对其分户账中住宅专项维修资金使用、增值收益和账面余额的查询。

本章讨论案例

1. 2001 年 6 月 15 日,中海雅园物业管理委员会(以下简称中海雅园管委会)经北京市海淀区居住小区管理办公室批准组建。2001 年 8 月 20 日,中海雅园管委会在《京华时报》刊登广告,招聘物业公司对小区进行物业管理;2001 年 9 月,制作“中海雅园物业管理招标书”。2001 年 12 月 18 日,北京金罗马物业管理有限公司(以下简称金罗马公司)将 10 万元人民币汇入中海雅园管委会指定的中国商品学会咨询委员会账户。中国商品学会咨询委员会所出具收据写有“保证金(代中海雅园收取)”字样。2002 年 2 月 2 日,中海雅园管委会对中海雅园小区物业管理进行招标,金罗马公司等四家物业公司参加投标,北京中海世纪物业管理有限公司(以下简称中海世纪公司)未参加投标。经评标委员会评定,金罗马公司中标。2002 年 2 月 28 日,中海雅园管委会与金罗马公司签订“中海雅园物业管理委托合同”,该合同对如何解决此前已进入中海雅园小区并对该小区进行物业管理的中海世纪公司撤出该小区的问题未明确约定。另查,金罗马公司出具的“中海雅园物业管理投标书”第三节中写明:“本公司决定在中标后,与招标方签订物业管理委托合同之时,向招标方交付人民币壹拾万元作为风险抵押金。”但该合同签订时及签订后,金罗马公司均未向中海雅园管委会交付上述“中海雅园物业管理投标书”所确定的风险抵押金。

法院另查明:中海雅园小区的开发商为北京中海兴业房地产开发有限公司(以下简称中海兴业公司)。中海雅园管委会成立前,该小区物业管理曾由北京中海物业管理有限公司(以下简称中海物业公司)负责,后该公司撤离。2001年5月20日,中海兴业公司与中海世纪公司签订“中海雅园物业管理全权委托合同”,此后中海世纪公司进驻中海雅园小区进行物业管理至今。2001年6月20日,中海雅园管委会对中海物业公司发出要约,聘请该公司为中海雅园小区的物业管理公司,但未收到中海物业公司答复。2001年6月21日,中海世纪公司曾致函中海雅园管委会表示愿对中海雅园小区进行物业管理,但被中海雅园管委会拒绝。①

问:(1) 如何认定本案中所涉及的物业服务合同的性质和效力?(2) 本案应当如何处理?

2. 2000年6月,徐某向上海F房地产开发有限公司购买了沪太路1771弄42号101室商品房一套,同住人为徐某、周某夫妇及其次女徐某某。该房屋由上海R物业管理有限公司(以下简称R公司)进行前期物业管理。2000年8月3日,经上海市公安局批准,小区内的报警监控系统工程开工建设。2000年8月7日,徐某与R公司签订“公共契约”,约定:R公司安排保安人员对住宅小区进行日常巡视,做好住宅区内的安全防范、治安工作;住宅区内的安全、保卫、巡检、警戒等为R公司的物业管理范围之一;物业管理部门违反本契约的,应承担相应的法律责任,造成业主利益受损的,承担赔偿责任等。同日,徐某办理了入住手续,并按约交纳物业管理费(含保安费)。

2001年2月17日,住宅小区居民以在自家的门窗上安装防盗铁门窗的要求未得到R公司同意、安全受到威胁为由,用联名信的方式向有关部门反映。但R公司对住宅小区居民安装防盗铁门的要求未予处理。

2001年3月5日凌晨1时许,曲某等两名罪犯经上海市沪太路1771弄住宅小区南墙未锁的小铁门进入该住宅小区,翻入该弄42号101室房屋的北阳台,拧开北阳台的门锁。罪犯曲某入室后,乘徐某某熟睡之机,采用暴力手段对徐某某实施奸淫,并致徐某某死亡。

另查明,2001年3月5日凌晨1时25分,小区南墙处的42号监视点发现有异常,R公司的一名保安人员即到现场察看,但未发现异常情况。

2001年8月23日,上海市第二中级人民法院以(2001)沪二中刑初字第94号刑事附带民事判决,判处罪犯曲某死刑,并判令罪犯曲某赔偿徐某、周某丧葬费人民币8000元。同年11月15日,罪犯曲某被执行了死刑。②

---

① 本案摘编自国家法官学院、中国人民大学法学院编:《中国审判案例要览》(2004年民事审判案例卷),中国人民大学出版社、人民法院出版社2005年版,第195页。

② 本案摘编自国家法官学院、中国人民大学法学院编:《中国审判案例要览》(2003年民事审判案例卷),中国人民大学出版社、人民法院出版社2004年版,第28—29页。

问：徐某某在住宅小区内受到罪犯的侵害，R公司应否承担赔偿责任？

3. 老马所住的小区于2006年建成。入住时，老马与开发商选定的甲物业公司签订了前期物业服务协议。因对甲物业公司提供的物业服务不满，老马拒绝向甲物业公司支付物业费，后甲物业公司将老马诉至法院，法院判决老马交纳全额的物业费。2012年5月，小区成立业主委员会，决定解聘甲物业公司，2012年7月，小区业主委员会与乙物业公司签订《物业服务合同》。同年10月，小区选举产生了新的业主委员会。2012年12月，小区召开业主大会，又与丙物业公司签订了物业服务合同，同时将物业管理合同在区建委备案。但因乙物业公司未按期撤离小区，小区业委会将其诉至法院，法院判决乙物业公司退出小区。乙物业公司退出小区后，将老马诉至法院，要求他支付物业费。老马认为，他与乙物业公司之间没有合同关系，也不知道收费标准是如何制定的，业委会作出解聘乙物业公司的决议后，乙物业公司不退出小区，且没有进行物业服务，因此拒绝交纳物业费。

问：法院判决老马向甲物业公司全额交纳物业费是否正确？老马是否应向乙公司交纳物业费？乙公司的诉请能得到全部支持吗？

4. 2013年1月19日，某市某小区的业主王先生和物业公司发生争执，原因是王先生在入住后，由于小区的地下停车场已经停满了车，没有车位，于是物业公司就要求王先生把汽车停在小区道路两旁的人行道上，并要求他按物价局的规定每月缴纳70元的停车费。王先生拒绝缴纳停车费给物业公司，认为物业公司没有权利把小区道路两旁收取的停车费据为己有，因为这里的停车位应该是小区内的全体业主共有，停车费就是停放场地的土地使用权租金，物业公司并非产权人，无权收取。

问：陈先生与小区物业公司哪方有理？本纠纷应如何处理？

5. 兰州某小区位于兰州市城关区兰州市政府大院附近，这个小区于2004年10月竣工，共有住宅套数176套。小区竣工后，开发商与甘肃一家物业公司签订合同，后者成为某小区前期物业服务单位。2005年10月30号，小区依法召开业主大会，投票选举了5位业主委员会委员，成立了业主委员会，并于11月22日在兰州市房地产管理局登记备案。此次大会确定的小区业主为174户。由于物业公司擅自提高收费标准、小区环境差等原因，小区业主对物业公司管理不满意的情绪不断增加。2006年5月21日，某小区业主大会依法通过决议，决定重新选聘物业公司；8月9日，业主委员会与招标选中的物业公司正式签订合同。由于原物业公司拒绝履行交接手续，2006年9月1日，某小区业主委员会以“业主委员会”的名义一纸诉状将物业公司告上了法庭。2007年4月16日，受理案件的兰州市某区人民法院对案件作出一审判决，认为原告选聘物业公司的程序不合法，驳回原告的诉讼请求；2007年10月20日，兰州市中级人民法院对此案作出了终审裁决，最终以业主委员会“不具备当事人的民事权利能力，不享有民事主体资格”为由，再次驳回了原告的诉讼请求。

问：该案终审判决驳回诉请的理由成立吗？

第十章

房地产中介服务法律制度

第一节　房地产中介服务概述

一、房地产中介服务的含义和特点

房地产中介服务是指房地产咨询、房地产价格评估、房地产经纪等活动的总称。

与房地产开发、房地产交易等房地产经营活动相比，房地产中介服务具有以下特点：

1. 投资小、风险小

房地产中介服务机构本身不需要投入大量的资金，它们主要以拥有的信息、技术、劳务等为各投资方、开发方、交易方提供中介代理或相关服务，因此，经营风险较低。

2. 专业性、技术性强

房地产市场是较为特殊的市场，房地产在从开发到交易的各个环节中，涉及大量专业性、技术性较强的事务，从事房地产中介服务的人员不具备必要的专业知识和技术技能，很难处理这些纷繁复杂的事务，这样，也就促使房地产的社会分工进一步细化，由此形成诸如房地产咨询、评估、经纪等方面的中介服务机构。

3. 独立性、附属性并存

房地产中介服务是随着房地产开发和房地产交易的发展而发展的，从功能上来看，它只是房地产开发和交易的媒介，离开了房地产开发和房地产交易，它也就没有独立存在的必要。但是，房地产中介服务机构又是独立的专业行业，发展房地产中介服务，有助于房地产市场的繁荣和规范化。

二、房地产中介服务的种类

依照《城市房地产管理法》第57条的规定，房地产中介服务主要包括房地产咨询、房地产价格评估、房地产经纪三种。

（一）房地产咨询

所谓房地产咨询，是指为房地产活动当事人提供法律法规、政策、信息、技术等方面服务的经营活动。房地产咨询的主要内容包括：（1）提供房地产的专业信息。例如，各地的地价、房价、房地产租赁价格以及它们的动态情况和趋势；待出让的地块情况，待出卖、出租和交换的房地产情况；寻找房地产投资伙伴，投资招商、购房、换房的信息和有关政策变动的信息等。(2) 法律政策问题的解答。例如,对于客户提出的有关房地产法律、政策方面的问题予以解答,并给出参考性建议;对客户的有关房地产法律文书进行审查并提出意见等。(3) 技术信息的提供和相关服务。例如,对房地产投资、开发、项目方案和设计方案进行评估和考查;应客户要求对相关房地产项目进行可行性调查等。

(二) 房地产价格评估

所谓房地产价格评估,是指对房地产进行测算,评定其经济价值和价格的经营活动。房地产价格评估在房地产经营及相关经济领域均发挥着重要作用,从房地产的买卖、拍卖、租赁、交换、抵押、信托、保险到以房地产为标的的合资、合作、企业破产与兼并、债务重组与企业的股份制改造,均离不开房地产的价格评估。房地产价格评估也是国家对房地产业实施宏观调控和计收房地产税费的重要依据。《城市房地产管理法》第 34 条规定:"国家实行房地产价格评估制度。房地产价格评估,应当遵循公正、公平、公开的原则,按照国家规定的技术标准和评估程序,以基准地价、标定地价和各类房屋的重置价格为基础,参照当地的市场价格进行评估。"

(三) 房地产经纪

根据《房地产经纪管理办法》(住建部、国家发改委、人社部令〔2011〕第 8 号)第 3 条规定,房地产经纪是指房地产经纪机构和房地产经纪人员为促成房地产交易,向委托人提供房地产居间、代理等服务并收取佣金的行为。房地产经纪的主要内容包括:(1) 从事现房交易活动,为买者代买或为卖者代卖,交易成功,获取一定佣金;(2) 从事期房交易,代买者买进或代卖者卖出,交易成功,按一定比例提取佣金;(3) 从事房地产抵押业务,为产权人申请抵押贷款,办理有关手续;(4) 从事房屋租赁代理;(5) 从事有关房地产的合资、合作或联营的项目交易活动;(6) 从事有关房地产的广告策划、过户纳税、产权调换、售后服务等代理活动。①

第二节 房地产中介服务人员资格

一、房地产咨询业务人员的资格

从事房地产咨询业务的人员应当熟悉国家和各级政府有关房地产的法律、法规、政策,精通房地产业的特点及相关房地产信息,掌握房地产业的规律和基本理论。这就要求从事房地产咨询业务的人员应当具备相当的专业技术素质。

二、房地产价格评估人员的资格

与房地产咨询相比,房地产价格评估具有更强的专业性,要求其从业人员具有相当程度的专业知识,能从事复杂的计算工作,其工作有严格的规范、标准、程序和其他要求,应当建立统一的评估管理、统一的评估标准和统一的评估人员。

1995 年,原建设部发布了《房地产估价师执业资格制度暂行规定》(建房〔1995〕147 号),建立了房地产估价师全国统一考试和资格认证、注册登记制度。为了加强对注册房地

① 参见梁书文等主编:《房地产法及配套规定新释新解》(新编本·下),人民法院出版社 2001 年版,第 2601—2602 页。

产估价师的管理,完善房地产价格评估制度和房地产价格评估人员资格认证制度,规范注册房地产估价师行为,维护公共利益和房地产估价市场秩序,原建设部于2006年发布了《注册房地产估价师管理办法》(建设部令〔2006〕第151号),就注册房地产估价师的注册、执业、监管等问题作了系统规定。

根据《注册房地产估价师管理办法》第3条的规定,注册房地产估价师,是指通过全国房地产估价师执业资格考试或者资格认定、资格互认,取得中华人民共和国房地产估价师执业资格,并依法注册,取得中华人民共和国房地产估价师注册证书,从事房地产估价活动的人员。注册房地产估价师的注册条件为:(1)取得执业资格;(2)达到继续教育合格标准;(3)受聘于具有资质的房地产估价机构;(4)无规定的不予注册的情形。根据《注册房地产估价师管理办法》第14条的规定,申请人有下列情形之一的,不予注册:(1)不具有完全民事行为能力的;(2)刑事处罚尚未执行完毕的;(3)因房地产估价及相关业务活动受刑事处罚,自刑事处罚执行完毕之日起至申请注册之日止不满5年的;(4)因前项规定以外原因受刑事处罚,自刑事处罚执行完毕之日起至申请注册之日止不满3年的;(5)被吊销注册证书,自被处罚之日起至申请注册之日止不满3年的;(6)以欺骗、贿赂等不正当手段获准的房地产估价师注册被撤销,自被撤销注册之日起至申请注册之日止不满3年的;(7)申请在2个或者2个以上房地产估价机构执业的;(8)为现职公务员的;(9)年龄超过65周岁的;(10)法律、行政法规规定不予注册的其他情形。

三、房地产经纪人员的资格

房地产经纪人员是指从事房地产经纪活动的房地产经纪人和房地产经纪人协理。根据《房地产经纪管理办法》第9条和第10条的规定,国家对房地产经纪人员实行职业资格制度,纳入全国专业技术人员职业资格制度统一规划和管理。但根据《国务院关于取消和调整一批行政审批项目等事项的决定》(国发〔2014〕27号)的规定精神,房地产经纪人职业资格许可和认定制度已被取消,因此,房地产经纪人员从事房地产经纪服务无须再以取得房地产经纪人资格证书为条件。

第三节 房地产中介服务机构的设立与中介业务

一、房地产中介服务机构的设立条件

我国现有的房地产中介服务机构包括房地产咨询机构、房地产价格评估机构和房地产经纪机构。从事房地产中介业务,应当设立相应的房地产中介服务机构。房地产中介服务机构,应是具有独立法人资格的经济组织。依照《城市房地产管理法》第58条的规定,房地产中介服务机构应当具备下列条件:

(一)有自己的名称和组织机构

房地产中介服务机构作为独立的法人,必须有自己的名称,这既是各个房地产中介服务机构间相互区别的重要标志,也是设立房地产中介机构的一个必要条件。依照《企业法人登记管理条例》的规定,企业名称应当符合国家有关规定。经企业登记机关核准登记的企业名称受法律保护。

房地产中介服务机构的组织机构对内管理机构事务,对外代表该机构从事民事活动。组织机构是房地产中介机构的意思机关,其所进行的业务活动的法律后果由房地产中介服务机构承担。房地产中介服务机构的组织机构主要包括决策机构、执行机构和监督机构。

(二) 有固定的服务场所

固定的服务场所是房地产中介机构进行业务活动的处所,没有场所,就没有进行业务活动的空间。房地产中介机构的服务场所不同于其住所,固定的服务场所有多个,但住所只能有一个,房地产中介机构的住所为其主要办事机构所在地。

(三) 有必要的财产和经费

必要的财产和经费是房地产中介机构进行正常业务活动的物质基础,也是其能够独立享受民事权利和承担民事义务的财产保障。这里所谓"必要的财产和经费",按照房地产中介机构的服务项目、法人性质等的不同而不同。依照《公司法》的规定,从事科技开发、咨询、服务性的有限责任公司的注册资本不得少于人民币 10 万元;股份有限公司注册资本的最低限额为人民币 1000 万元。

(四) 有足够数量的专业人员

这是由房地产中介服务本身的性质所决定的。房地产中介服务行业是一个专业很强的行业,必须有足够数量的专业人员。如根据《房地产经纪管理办法》第 8 条的规定,设立房地产经纪机构和分支机构,应当具有足够数量的房地产经纪人员。

(五) 法律、行政法规规定的其他条件

其他的法律和行政法规对房地产中介服务机构有特殊要求的,还应当符合该要求。

二、房地产中介业务

(一) 房地产中介业务的受理

房地产中介服务人员承办业务,应当由中介机构统一承接,不得以人个名义承接房地产经纪业务和收取费用。例如,根据《房地产经纪管理办法》第 14 条的规定,房地产经纪业务应当由房地产经纪机构统一承接,服务报酬由房地产经纪机构统一收取;分支机构应当以设立该分支机构的房地产经纪机构名义承揽业务。房地产经纪人员不得以个人名义承接房地产经纪业务和收取费用。

(二) 房地产中介服务合同

房地产中介服务机构接受委托提供房地产中介服务,应当与委托人签订书面房地产经纪服务合同。房地产中介服务合同应当包含下列内容:(1) 房地产中介服务双方当事人的姓名(名称)、住所等情况和从事业务的房地产经纪人员情况;(2) 房地产中介服务的项目、内容、要求以及完成的标准;(3) 服务费用及其支付方式;(4) 合同当事人的权利和义务;(5) 违约责任和纠纷解决方式。

(三) 房地产中介服务活动的规范

房地产中介服务人员在房地产中介服务中不得从事法律、法规禁止的行为。例如,根据《房地产经纪管理办法》第 25 条的规定,房地产经纪机构和房地产经纪人员不得有下列行为:(1) 捏造散布涨价信息,或者与房地产开发经营单位串通捂盘惜售、炒卖房号,操纵市场价格;(2) 对交易当事人隐瞒真实的房屋交易信息,低价收进高价卖(租)出房屋赚取差价;(3) 以隐瞒、欺诈、胁迫、贿赂等不正当手段招揽业务,诱骗消费者交易或者强制交易;

(4) 泄露或者不当使用委托人的个人信息或者商业秘密,谋取不正当利益;(5) 为交易当事人规避房屋交易税费等非法目的,就同一房屋签订不同交易价款的合同提供便利;(6) 改变房屋内部结构分割出租;(7) 侵占、挪用房地产交易资金;(8) 承购、承租自己提供经纪服务的房屋;(9) 为不符合交易条件的保障性住房和禁止交易的房屋提供经纪服务;(10) 法律、法规禁止的其他行为。

本章讨论案例

原告吴某与被告某公司签订一份策划销售代理的合同,双方约定:原告为被告所投资在建的谷山花园的公寓住宅项目进行独家策划、营销及全程销售。合同对销售面积、费用负担、代理佣金的计算与支付作了明确的约定,还特别约定了合同的代理期限为24个月,除非一方违约,双方不得单方面解除合同。合同签订后,原告依约积极地组织人员履行了合同约定的各方面的义务,为被告的投资在建项目的前期策划、宣传及销售代理做了大量的工作,并取得很大的工作成绩。但被告在支付了10万元的前期策划费用后一直不按合同约定支付第二笔策划费用和销售代理费用,而且还多次口头通知原告,要求原告清场,退出售楼部。双方经多次协商未果,原告遂起诉至法院,要求被告支付拖欠的策划费用。经查,吴某并没有取得房地产经纪人资格证书。

问:原告与被告之间的策划销售代理合同是否有效?

第十一章

房地产税费法律制度

第一节　房 地 产 税

房地产税是以房地产为纳税依据或者以房地产开发经营活动中的特定行为为纳税依据的税种。房地产税的种类很多,这里仅就主要的税种作一介绍。

一、城镇土地使用税

城镇土地使用税是指对在城市、县城、建制镇、工矿区范围内使用土地的单位和个人按其实际占有的土地面积征收的一种房地产税。国务院于 1988 年 7 月制定了《中华人民共和国城镇土地使用税暂行条例》,规定自 1988 年 11 月起征收城镇土地使用税。该条例于 2006 年 12 月作了修订,提高了税额标准。

(一) 土地使用税的纳税人

在城市、县城、建制镇、工矿区范围内使用土地的单位和个人,为土地使用税的纳税义务人。这里所称的单位,包括国有企业、集体企业、私营企业、股份制企业、外商投资企业、外国企业以及其他企业和事业单位、社会团体、国家机关、军队以及其他单位;所称的个人,包括个体工商户以及其他个人。

(二) 土地使用税的计税依据

土地使用税以纳税人实际占用的土地面积为计税依据,依照规定税额计算征收。土地占用面积的组织测量工作,由省、自治区、直辖市人民政府根据实际情况确定。

(三) 土地使用税的税额

土地使用税每平方米年税额如下:(1) 大城市 1.5—30 元;(2) 中等城市 1.2—24 元;(3) 小城市 0.9—18 元;(4) 县城、建制镇、工矿区 0.6—12 元。

新征收的耕地,自批准征收之日起满 1 年时开始缴纳土地使用税;新征收的非耕地,自批准征收次月起缴纳土地使用税。

省、自治区、直辖市人民政府,应当在上述所列税额幅度内,根据市政建设状况、经济繁荣程度等条件,确定所辖地区的适用税额幅度。市、县人民政府应当根据实际情况,将本地区土地划分为若干等级,在省、自治区、直辖市人民政府确定的税额幅度内,制定相应的适用税额标准,报省、自治区、直辖市人民政府批准执行。经省、自治区、直辖市人民政府批准,经济落后地区土地使用税的适用税额标准可以适当降低,但降低额不得超过最低税额的 30%。

经济发达地区土地使用税的适用税额标准可以适当提高,但须报经财政部批准。

土地使用税按年计算,分期缴纳。缴纳期限由省、自治区、直辖市人民政府确定。

(四) 土地使用税的免征

下列土地免缴土地使用税:(1) 国家机关、人民团体、军队自用的土地;(2) 由国家财政部门拨付事业经费的单位自用的土地;(3) 宗教寺庙、公园、名胜古迹自用的土地;(4) 市政街道、广场、绿化地带等公共用地;(5) 直接用于农、林、牧、渔业的生产用地;(6) 经批准开山填海整治的土地和改造的废弃土地,从使用的月份起免缴土地使用税5—10年;(7) 由财政部另行规定免税的能源、交通、水利设施用地和其他用地。

纳税人缴纳土地使用税确有困难需要定期减免的,由省、自治区、直辖市税务机关审核后,报国家税务局批准。

二、耕地占用税

耕地占用税是指对占用耕地或者从事其他非农业建设的单位和个人征收的一种税。国务院于1987年4月制定了《中华人民共和国耕地占用税暂行条例》,规定自1987年起征收耕地占用税。2007年12月国务院制定了新的《中华人民共和国耕地占用税暂行条例》,自2008年1月1日起实施。

(一) 耕地占用税的纳税人

占用耕地建房或者从事非农业建设的单位或者个人,为耕地占用税的纳税人,应当依照规定缴纳耕地占用税。这里所称的单位,包括国有企业、集体企业、私营企业、股份制企业、外商投资企业、外国企业以及其他企业和事业单位、社会团体、国家机关、部队以及其他单位;所称个人,包括个体工商户以及其他个人。

(二) 耕地占用税的征税范围

耕地占用税的征税范围包括进行房屋建设和其他非农业建设占用的耕地。所谓耕地,是指用于种植农作物的土地。

纳税人临时占用耕地,应当依照规定缴纳耕地占用税。纳税人在批准临时占用耕地的期限内恢复所占用耕地原状的,全额退还已经缴纳的耕地占用税。

占用林地、牧草地、农田水利用地、养殖水面以及渔业水域滩涂等其他农用地建房或者从事非农业建设的,比照耕地征收耕地占用税。但建设直接为农业生产服务的生产设施占用上述农用地的,不征收耕地占用税。

(三) 耕地占用税的计税依据和税额

耕地占用税以纳税人实际占用的耕地面积为计税依据,按照规定的适用税额一次性征收。

耕地占用税的税额如下:(1) 人均耕地不超过1亩的地区(以县级行政区域为单位,下同),每平方米为10—50元;(2) 人均耕地超过1亩但不超过2亩的地区,每平方米为8—40元;(3) 人均耕地超过2亩但不超过3亩的地区,每平方米为6—30元;(4) 人均耕地超过3亩的地区,每平方米为5—25元。

国务院财政、税务主管部门根据人均耕地面积和经济发展情况,确定各省、自治区、直辖市的平均税额。各地适用税额由省、自治区、直辖市人民政府在上述税额幅度内,根据本地区情况核定。各省、自治区、直辖市人民政府核定的适用税额的平均水平,不得低于国务院财政、税务主管部门根据人均耕地面积和经济发展情况确定的各省、自治区、直辖市的平均税额。

（四）耕地占用税的加收

经济特区、经济技术开发区和经济发达且人均耕地特别少的地区，适用税额可以适当提高，但提高的部分最高不得超过省、自治区、直辖市人民政府核定的当地适用税额的50%。

占用基本农田的，适用税额应当在省、自治区、直辖市人民政府核定的当地适用税额，或者经济特区、经济技术开发区和经济发达且人均耕地特别少的地区的当地适用税额的基础上提高50%。

（五）耕地占用税的免征和减征

下列情形免征耕地占用税：（1）军事设施占用耕地；（2）学校、幼儿园、养老院、医院占用耕地。

铁路线路、公路线路、飞机场跑道、停机坪、港口、航道占用耕地，减按每平方米2元的税额征收耕地占用税。根据实际需要，国务院财政、税务主管部门商国务院有关部门并报国务院批准后，可以对上述情形免征或者减征耕地占用税。

农村居民占用耕地新建住宅，按照当地适用税额减半征收耕地占用税。农村烈士家属、残疾军人、鳏寡孤独以及革命老根据地、少数民族聚居区和边远贫困山区生活困难的农村居民，在规定用地标准以内新建住宅缴纳耕地占用税确有困难的，经所在地乡（镇）人民政府审核，报经县级人民政府批准后，可以免征或者减征耕地占用税。

在免征或者减征耕地占用税后，纳税人改变原占地用途，不再属于免征或者减征耕地占用税情形的，应当按照当地适用税额补缴耕地占用税。

三、不动产销售营业税

不动产销售营业税是指在中国境内销售不动产的单位或个人，国家就其营业额按率计征的一种税。不动产销售营业税是随着我国房地产交易市场的出现和发展而产生的。1993年12月13日国务院公布的《中华人民共和国营业税暂行条例》正式将不动产销售营业税纳入营业税的征税范围。1993年12月25日，财政部发布了《中华人民共和国营业税暂行条例实施细则》。2008年11月10日国务院修订了《中华人民共和国营业税暂行条例》，并自2009年1月1日起施行。2011年10月28日，财政部、国家税务总局修订了《中华人民共和国营业税暂行条例实施细则》，于2011年11月1日施行。

（一）不动产销售营业税的纳税人

在中国境内销售不动产的单位和个人，为不动产销售的纳税人。单位或者个人将不动产或者土地使用权无偿赠送其他单位或者个人，或者单位或者个人自己新建建筑物后销售，视为销售行为，赠与人、自建人也是纳税人。

（二）不动产销售营业税的征税对象和计税依据

不动产销售营业税的征税对象是销售不动产的收入金额，包括纳税人从对方收取的全部价款和一切价外费用。计税依据分两种情况：一是营业收入额，包括纳税人向对方收取的全部价款和价外费用（包括收取的手续费、补贴、基金、集资费、返还利润、奖励费、违约金、滞纳金、延期付款利息、赔偿金、代收款项、代垫款项、罚息及其他各种性质的价外收费），不得扣除任何成本和费用。但纳税人将建筑工程分包给其他单位的，以其取得的全部价款和价外费用扣除其支付给其他单位的分包款后的余额为营业额。按照2011年1月27日财政部、国家税务总局《关于调整个人住房转让营业税政策的通知》的规定，个人将购买不足5年的住房对外销售的，全额征收营业税；个人将购买超过5年(含5年)的非普通住房对外销售的，按照其销售收入减去购买房屋的价款后的差额征收营业税；个人将购买超过5年(含5年)的普通住房对外销售的，免征营业税。二是税务机关核定的营业额。当纳税人销售不动产的价格明显偏低并无正当理由的，或者由主管税务机关核定其营业额。当纳税人转让不动产价格明显偏低而又无任何正当理由，或者将不动产赠与他人，或者自己新建建筑物后销售的，税务机关应按下列顺序确定其营业额：(1)按纳税人最近时期发生同类应税行为的平均价格核定；(2)按其他纳税人最近时期发生同类应税行为的平均价格核定；(3)按下列公式核定：营业额=营业成本或者工程成本×(1+成本利润率)÷(1-营业税税率)。

(三)不动产销售营业税的税率

不动产销售营业税实行比例税率，税率为5%。

(四)不动产销售营业税的缴纳和征收

纳税人销售不动产，应当向不动产所在地主管税务机关申报纳税。营业税的纳税期限分别为5日、10日、15日、1个月或者1个季度。纳税人的具体纳税期限，由主管税务机关根据纳税人应纳税额的大小分别核定；不能按照固定期限纳税的，可以按次纳税。纳税人以1个月或者1个季度为一个纳税期的，自期满之日起15日内申报纳税；以5日、10日或者15日为一个纳税期的，自期满之日起5日内预缴税款，于次月1日起15日内申报纳税并结清上月应纳税款。

四、土地增值税

土地增值税是以不动产转让时取得的增值额为征税对象的一种税。为了规范房地产市场交易秩序，合理调节土地增值收益，维护国家权益，国务院于1993年12月13日颁布《中华人民共和国土地增值税暂行条例》(国务院2011年1月8日修订)，自1994年1月1日起征收土地增值税。1995年11月27日，财政部又发布了《中华人民共和国土地增值税暂行条例实施细则》，对土地增值税作了具体规定。

(一)土地增值税的纳税人

转让国有土地的建设用地使用权、地上的建筑物及其附着物并取得收入的单位和个人，为土地增值税的纳税义务人，应当依照法律规定缴纳土地增值税。

(二)土地增值税的征税对象

土地增值税按照纳税人转让房地产所取得的增值额和相应税率计算征收。所谓增值额，是指纳税人转让房地产所取得的收入减除法律规定扣除项目金额后的余额。计算增值额的扣除项目包括：(1)取得建设用地使用权所支付的金额；(2)开发土地的成本、费用；(3)新建房及配套设施的成本、费用，或者旧房及建筑物的评估价格；(4)与转让房地产有关的税金；(5)财政部规定的其他扣除项目。纳税人转让房地产所取得的收入，包括货币收入、实物收入和其他收入。

纳税人有下列情形之一的，按照房地产评估价格计算征收：(1)隐瞒、虚报房地产成交价格的；(2)提供扣除项目金额不实的；(3)转让房地产的成交价格低于房地产评估价格，又无正当理由的。

（三）土地增值税的税率

土地增值税实行四级超额累进税率：(1) 增值额未超过扣除项目金额50%的部分，税率为30%。(2) 增值额超过扣除项目金额50%，未超过扣除项目金额100%的部分，税率为40%。(3) 增值额超过扣除项目金额100%，未超过扣除项目金额200%的部分，税率为50%。(4) 增值额超过扣除项目金额200%的部分，税率为60%。

（四）土地增值税的免征

下列情形之一的，免征土地增值税：(1) 纳税人建造普通标准住宅出售，增值额未超过扣除项目金额20%的；(2) 因国家建设需要依法征收、收回的房地产。

（五）土地增值税的缴纳和征收

纳税人应当自转让房地产合同签订之日起7日内向房地产所在地主管税务机关办理纳税申报，并在税务机关核定的期限内缴纳土地增值税。国土资源管理部门、房产管理部门应当向税务机关提供有关资料，并协助税务机关依法征收土地增值税。纳税人未按照规定缴纳土地增值税的，国土资源管理部门、房产管理部门不得办理有关的权属变更手续。

五、房产税

房地产税是以房地产为纳税依据或者以房地产开发经营活动中的特定行为为纳税依据的诸多税种的总称。[①] 房产税的特点是税源比较稳定，因此，世界各国多数都征收此税。房产税基本上是直接税，征收房产税不仅能增加地方财政收入，支持地方市政建设，而且也便于对房屋实施管理，促进城市房屋的合理使用。国务院于1986年9月颁布了《中华人民共和国房产税暂行条例》(国务院2011年1月8日修订)，并于同年10月1日起征收房产税。

（一）房产税的纳税人

房产税由房屋所有人缴纳。房屋属于全民所有的，由经营管理的单位缴纳。

（二）房产税的征税范围

房产税在城市、县城、建制镇和工矿区征收。房产税依照房产原值一次减除10%至30%后的余值计算缴纳。具体减除幅度，由省、自治区、直辖市人民政府规定。没有房产原值作为依据的，由房产所在地税务机关参考同类房产核定。房产出租的，以房产租金收入为房产税的计税依据。

（三）房产税的税率

房产税的税率，依照房产余值计算缴纳的，税率为1.2%；依照房产租金收入计算缴纳的，税率为12%。

（四）房产税的减免

下列房产免纳房产税：(1) 国家机关、人民团体、军队自用的房产；(2) 由国家财政部门拨付事业经费的单位自用的房产；(3) 宗教寺庙、公园、名胜古迹自用的房产；(4) 个人所有非营业用的房产；(5) 经财政部批准免税的其他房产。除此之外，纳税人纳税确有困难的，可由省、自治区、直辖市人民政府确定，定期减征或者免征房产税。

---

① 在历史上，我国曾于1951年8月8日由政务院发布了《城市房地产税暂行条例》(2008年12月31日国务院第546号令废止了该条例)，合并规定了房产税和地产税。其时，“房地产税”是“房产税”与“地产税”之合称。但在现行法上，“房地产税”是所有的与房地产相关的税种的合称，既不是一个独立的税种，与其历史上曾经使用的含义也不相同。

为了调节收入分配,引导个人合理住房消费,2010 年 12 月 8 日召开的国务院第 136 次常务会议同意部分城市试点征收个人住房房产税。根据这次会议精神,上海市、重庆市决定对部分个人住房征收房产税进行改革试点,分别出台了《上海市开展对部分个人住房征收房产税试点的暂行办法》《重庆市人民政府关于进行对部分个人住房征收房产税改革试点的暂行办法》以及《重庆市个人住房房产税征收管理实施细则》,对个人住房房产税的征收对象、纳税人、计税依据、税率等事项作了明确的规定。在这些试点地区,“个人所有非营业用的房产”不再享受房产税的减免优惠。随着我国房地产市场的发展,还会有其他城市进行征收个人住房房产税的试点工作。待时机成熟时,国家将会出台统一的个人住房房产税的征收政策。

(五) 房产税的缴纳和征收

房产税按年征收,分期缴纳。纳税期限由省、自治区、直辖市人民政府规定。

房产税由房产所在地的税务机关负责征收。

六、契税

契税是在房地产所有权发生转移时,就当事人订立的房地产转移契约,按房地产的一定比例向不动产取得人一次性征收的税。国务院于自 1997 年 7 月 7 日颁布了《中华人民共和国契税暂行条例》,并于同年 10 月 1 日起征收契税。

(一) 契税的纳税人

在中华人民共和国境内转移土地、房屋权属,承受的单位和个人为契税的纳税人,应当依照法律规定缴纳契税。

(二) 契税的征税对象

契税的征税对象是房地产的转移行为,即转移土地、房屋权属的行为,具体包括以下几类:(1) 建设用地使用权出让;(2) 建设用地使用权转让,包括出售、赠与和交换;(3) 房屋买卖;(4) 房屋赠与;(5) 房屋交换。

土地、房屋权属以下列方式转移的,视同建设用地使用权转让、房屋买卖或者房屋赠与征税:(1) 以土地、房屋权属作价投资、入股;(2) 以土地、房屋权属抵债;(3) 以获奖方式承受土地、房屋权属;(4) 以预购方式或者预付集资建房款方式承受土地、房屋权属。

(三) 契税的税率

契税税率为 3%—5%。契税的适用税率,由省、自治区、直辖市人民政府在上述规定的幅度内按照本地区的实际情况确定,并报财政部和国家税务总局备案。

(四) 契税的计税依据

契税的计税依据分以下几种情形:(1) 建设用地使用权出让、建设用地使用权出售、房屋买卖,为成交价格;(2) 建设用地使用权赠与、房屋赠与,由征收机关参照建设用地使用权出售、房屋买卖的市场价格核定;(3) 建设用地使用权交换、房屋交换,为所交换的建设用地使用权、房屋的价格的差额。

房地产成交价格明显低于市场价格并且无正当理由的,或者所交换建设用地使用权、房屋的价格的差额明显不合理并且无正当理由的,由征收机关参照市场价格核定。

(五) 契税的税额计算

契税应纳税额,依照前述税率和计税依据计算征收。应纳税额计算公式为:应纳税额 =

计税依据×税率。

应纳税额以人民币计算。转移土地、房屋权属以外汇结算的,按照纳税义务发生之日中国人民银行公布的人民币市场汇率中间价折合成人民币计算。

（六）契税的减征或免征

有下列情形之一的,减征或者免征契税:（1）国家机关、事业单位、社会团体、军事单位承受土地、房屋用于办公、教学、医疗、科研和军事设施的,免征;（2）城镇职工按规定第一次购买公有住房的,免征;（3）因不可抗力灭失住房而重新购买住房的,酌情准予减征或者免征;（4）财政部规定的其他减征、免征契税的项目;（5）土地、房屋被县级以上人民政府征收、占用后,重新承受土地、房屋权属的,是否减征或者免征契税,由省、自治区、直辖市人民政府确定;（6）纳税人承受荒山、荒沟、荒丘、荒滩土地使用权,用于农、林、牧、渔业生产的,免征;（7）依照我国有关法律规定以及我国缔结或参加的双边和多边条约或协定的规定应当予以免税的外国驻华使馆、领事馆、联合国驻华机构及其外交代表、领事官员和其他外交人员承受土地、房屋权属的,经外交部确认,可以免征。

经批准减征、免征契税的纳税人改变有关土地、房屋的用途,不再属于上述规定的减征,免征契税范围的,应当补缴已经减征、免征的税款。

（七）契税的缴纳和征收

契税的纳税义务发生时间为纳税人签订土地、房屋权属转移合同的当天,或者纳税人取得其他具有土地、房屋权属转移合同性质凭证的当天。纳税人应当自纳税义务发生之日起10日内,向土地、房屋所在地的契税征收机关办理纳税申报,并在契税征收机关核定的期限内缴纳税款。纳税人办理纳税事宜后,契税征收机关应当向纳税人开具契税完税凭证。纳税人应当持契税完税凭证和其他规定的文件材料,依法向国土资源管理部门、房产管理部门办理有关土地、房屋的权属变更登记手续。我国实行"先税后压"制度,故纳税人未出具契税完税凭证的,国土资源管理部门、房产管理部门不予办理有关土地、房屋的权属变更登记手续。

契税征收机关为土地、房屋所在地的财政机关或者地方税务机关。具体征收机关由省、自治区、直辖市人民政府确定。国土资源管理部门、房产管理部门应当向契税征收机关提供有关资料,并协助契税征收机关依法征收契税。

七、房地产印花税

房地产印花税是指对书立、领受房地产应税凭证征收的一种税。国务院于1988年8月6日颁布了《中华人民共和国印花税暂行条例》(国务院2011年1月8日修订),并自同年10月1日起征收印花税。

（一）房地产印花税的纳税人

凡在中华人民共和国境内书立、领受房地产应税凭证的单位和个人,都是房地产印花税的纳税义务人,应当按照法律规定缴纳印花税。

（二）房地产印花税的征税对象

房地产印花税的征税对象包括下列应纳税凭证:（1）房地产买卖、建设工程承包、房地产租赁、房地产保险及其他具有合同性质的房地产凭证;（2）房地产产权转移书据;（3）房地产营业账簿;（4）房地产权利、许可证照;（5）经财政部确定征税的其他凭证。

(三) 房地产印花税的税率

房地产印花税的税率有两种形式:(1) 合同或具有合同性质的凭证、产权转移书据和营业账簿中记载的账簿,适用0.5‰—1‰的五级比例税率;(2) 权利、许可证照和营业账簿中的其他账簿适用每件5元的定额税率。

(四) 房地产印花税的免征

下列凭证免征印花税:(1) 已缴纳印花税的凭证的副本或者抄本;(2) 财产所有人将财产赠给政府、社会福利单位、学校所立的书据;(3) 经财政部批准免税的其他凭证。

第二节 房地产费

房地产费是指在房地产的开发、经营活动中发生的税以外的其他收费项目的总称。房地产费的种类很多,性质、目的各异。从房地产费的性质来看,房地产费包括行政事业性收费、补偿性收费、服务性收费等;从房地产经济活动的过程来看,房地产费有房地产开发中的收费、房地产交易中的收费、房地产中介服务中的收费等。这里仅就主要的房地产费加以介绍。

一、城市基础设施配套费

城市基础设施配套费是在房地产开发活动中收取的费用,主要用于建设项目以外的城市配套设施建设,包括城市主次干道、给排水、供电、供气、路灯、公共交通、环境卫生和园林绿化等项目的建设和维护,是城市基础设施建设资金的补充。

二、房地产登记费

房地产登记费包括房屋登记费和土地登记费,是房地产登记部门在办理房地产权属登记时,向申请人所收取的费用。房地产登记部门收取房地产登记费时,应当按件收取。对此,《关于规范房屋登记费计费方式和收费标准等有关问题的通知》(发改价格〔2008〕924号)规定,房屋登记费按件收取,不得按照房屋的面积、体积或者价款的比例收取。具体标准为:住房登记收费标准为每件80元,非住房房屋登记收费标准为每件550元;经济适用住房登记以及因房屋坐落的街道或门牌号码变更、权利人名称变更而申请的房屋变更登记,应当减半收取。但房屋查封登记、注销登记和因登记机关错误造成的更正登记,不收取房屋登记费。在房屋登记收费标准中,一般包含了房屋权属证书费。因此,房地产登记部门按规定核发一本房屋权属证书免收证书费。如果向两个以上房屋权利人核发房屋权属证书时,每增加一本证书加收证书工本费10元。房屋权利人因丢失、损坏等原因申请补领证书,只收取房屋权属证书费。农民利用宅基地建设的住房登记,不收取房屋登记费,只收取房屋权属证书工本费。

三、房地产交易手续费

房地产交易手续费是房地产交易双方在办理房地产交易时,房地产交易中心所收取的服务性费用。依照《关于规范住房交易手续费有关问题的通知》(计价格〔2002〕121号)的规定,住房交易手续费属经营服务性收费,应坚持公开、公平、质价相符的原则,由经批准建立的房地产交易中心提供交易服务,办理交易手续时收取。住房交易手续费包括住房转让手续费和住房租赁手续费。住房交易手续费按以下标准计收:(1)住房转让手续费按住房建筑面积收取,其收费标准为:新建商品住房每平方米3元,存量住房每平方米6元。新建商品房转让手续费由转让方承担,经济适用房减半计收;存量住房转让手续费由转让双方各承担50%。(2)住房租赁手续费按套收取,收费标准为每套100元,由出租人承担。

四、房地产咨询费

依照《关于房地产中介服务收费的通知》(计价格〔1995〕971号)的规定,房地产咨询费的收取依其服务形式的不同可以分为两种情形:一是口头咨询服务。对于该种服务形式,依其所需时间结合提供咨询者的专业技术等级,由双方协商决定收费标准;二是书面咨询服务。2014年6月13日,国家发展改革委、住房城乡建设部发布了《关于放开房地产咨询收费和下放房地产经纪收费管理的通知》(发改价格〔2014〕第1289号),明文规定:放开房地产咨询服务收费,房地产中介服务机构接受委托,提供有关房地产政策法规、技术及相关信息等咨询的服务收费,实行市场调节价。这即意味着,先前实行的政府指导价制度已被废除,咨询服务收费已经完全市场化。

五、房地产经纪费

房地产经纪费是房地产经纪人员和机构接受委托,进行居间代理活动所收取的佣金。依照《关于房地产中介服务收费的通知》的规定,房地产经纪费根据代理项目的不同实行不同的收费标准。但根据《关于放开房地产咨询收费和下放房地产经纪收费管理的通知》的最新规定,国家已经下放房地产经纪服务收费定价权限,由省级人民政府价格、住房城乡建设行政主管部门管理,各地可根据当地市场发育实际情况,决定实行政府指导价管理或市场调节价。实行政府指导价管理的,要制定合理的收费标准并明确收费所对应的服务内容等;实行市场调节价的,房地产经纪服务收费标准由委托和受托双方,依据服务内容、服务成本、服务质量和市场供求状况协商确定。根据这一新规定,房地产经纪收费要么完全改采市场调节价,完全交由市场来确定经纪服务收费额;即便仍采政府指导价管理的,也由先前的全国统一收费标准改为各省独立制定地方性的政府指导价,废止了全国统一适用的收费标准。

六、房地产价格评估费

房地产价格评估费是房地产价格评估机构接受委托进行房地产价格评估而收取的报酬。依照《关于房地产中介服务收费的通知》的规定,以房产为主的房地产价格评估,区分不同情况,按照房地产的价格总额采取差额定率分档次累进计收,具体标准如下:房地产价格总额为100万元以下(含100万元),费率为5‰;101万元以上至1000万元,费率为2.5‰;1001万元以上至2000万元,费率为1.5‰;2001万元以上至5000万元,费率为0.8‰;5001万元以上至8000万元,费率为0.4‰;8001万元以上至10000万元,费率为0.2‰;10000万元以上,费率为0.1‰。

依照《关于土地价格评估收费的通知》的规定,土地价格评估费按以下标准收取:(1)一般宗地评估采取差额定率累进计费,即按土地价格总额大小划分费率档次,分档计算各档的收费,各档收费额累计之和为收费总额。具体标准为:100 万元以下(含 100 万元),收费标准为 4‰;101 万—200 万元部分,收费标准为 3‰;201 万—1000 万元部分,收费标准为 2‰;1001 万—2000 万元部分,收费标准为 1.5‰;2001 万—5000 万元部分,收费标准为 0.8‰;5001 万—10000 万元部分,收费标准为 0.4‰;10000 万元以上部分,收费标准为 0.1‰。(2) 城镇基准地价评估收费,按以下标准收取:5 平方公里以下(含 5 平方公里),收费标准为 4 万—8 万元;5—20 平方公里(含 20 平方公里),收费标准为 8 万—12 万元;20—50 平方公里(含 50 平方公里),收费标准为 12 万—20 万元;50 平方公里以上,收费标准为 20 万—40 万元。(3) 为建设用地使用权抵押而进行的土地价格评估,评估机构按一般宗地评估费标准的 50% 收评估费;每宗地评估费不足 300 元的按 300 元收取。(4) 清产核资中的土地价格评估,按一般宗地评估费标准的 30% 计收评估费;每宗地评估费不足 300 元的按 300 元收取。

本章讨论案例

1. 1993 年 12 月至 1994 年 4 月间,S 县房地产开发公司(以下简称开发公司)分别与曾某等 12 户商品房买主签订了商品房购销合同书。合同中约定了购房位置、销售价格、建筑标准、结算、付款、验收方法、税费负担、违约责任以及房屋售后管理等。合同第 2 条第 2 项约定:“商品房价格以建筑面积每平方米造价为计算单位,内容包括:勘测设计、土地征用青苗补偿、劳动力安置,房屋建安工程费用、给排水电等配套设施费用。”第 6 条第 2 项约定:“甲方(公司)负责办理房屋交易和产权手续,并领取房权证,待乙方(买主)将全部款额交足甲方后,由甲方连同购销房屋一并移交给乙方,所需经费按有关规定执行。其余有关税费均包括在商品房的单位造价内,不再另行收取。”合同签订后,12 户买主分别向开发公司交纳了购房定金。1994 年年底前,12 户买主交清全部购房款后,开发公司按合同约定陆续将房屋移交给 12 户买主,并于 1995 年 3 月将其房屋所有权证移交完毕。1995 年 4 月,S 县 L 镇财政所征收了除钟某、周某以外其他 10 户房屋买主的契税共计 19986.53 元,其中刘某、王某因迟交契税还交滞纳金共 1034 元。该 10 户买主以契税不应由自己承担为理由,向 S 县人民法院提起诉讼。①

问:本案中的契税应由谁承担?

2. 原告王某与被告某房地产置业咨询有限公司签订了《房屋出租委托合同》,约定:原告委托被告出租自己的房屋,原告意向的租金为每月 5000 元;被告负责该房屋出租的中介代理,具体租金由原告与承租人自行协商确定;该项委托事项完成后,原告应支付给被告相当于一个月租金的咨询及中介费;原告应在收取租金后,自行向税务部门纳税。委托合同签订后的第三天,承租人陈某与原告签订了《房屋租赁合同》,约定租金为每月 6500 元。同时,原告、被告、承租人口头议定:每月 6500 元租金中的 5000 元支付给原告,另外 1500 元作为返还款支付给被告。合同签订后,原告依约支付被告中介费 6500 元。同日,承租人支付给

---

① 本案摘编自最高人民法院中国应用法学研究所编:《人民法院案例选——民事卷(上)》,中国法制出版社 2002 年版,第 274—275 页。

原告3个月的租金计19500元,原告遂返还被告4500元。3个月后,承租人又支付给原告3个月租金计19500元,原告又支付被告返还款4500元。被告收到款项之后,均出具了收据。后因税务机关要求原告补缴税款问题,原告与被告发生纠纷。原告认为被告收取了返还款,即应支付出租房屋的税款,故起诉至法院。

问:本案中应补缴的税款应由何方承担?

3. 老王与其妻李氏共有房屋一幢(五间),价值100万元。夫妻二人育有二子,大王和小王,已分别成家。2012年3月,老王与其妻李氏离婚,房屋判归李氏一人所有。后李氏于2013年4月病逝。李氏生前立有遗嘱一份,指定其名下房屋一间由其侄子李某受遗赠。

问:在本案的物权变动中,可能会涉及哪些税收法律关系?

第十二章

农村房地产法律制度

第一节　农村耕地的保护

耕地是人类赖以生存之本,我国向来重视对耕地的保护。《土地管理法》第3条明确规定:“十分珍惜、合理利用土地和切实保护耕地是我国的基本国策。”为使耕地保护政策得到落实,法律建立了一系列保护耕地的具体制度。

一、土地用途管制制度

为防止耕地总量减少,我国实行严格的土地用途管制制度(《土地管理法》第4条第1款)。《土地管理法》第4条第2款将土地分为农用地、建设用地和未利用地,并规定:“严格限制农用地转为建设用地,控制建设用地总量,对耕地实行特殊保护。”所谓农用地,是指直接用于农业生产的土地,包括耕地、林地、草地、农田水利用地、养殖水面等。非农业建设必须节约使用土地,可以利用荒地的,不得占用耕地;可以利用劣地的,不得占用好地。禁止占用耕地建窑、建坟或者擅自在耕地上建房、挖砂、采石、采矿、取土等。凡建设涉及农用地转为建设用地的,必须按规定办理农用地转用审批手续。

二、占用耕地补偿制度

《土地管理法》第31条中规定:“国家实行占用耕地补偿制度。”其具体内容是:非农业建设经批准占用耕地的,按照“占多少,垦多少”的原则,由占用耕地的单位负责开垦与所占用耕地的数量和质量相当的耕地;没有条件开垦或者开垦的耕地不符合要求的,应当按照省、自治区、直辖市的规定缴纳耕地开垦费,专款用于开垦新的耕地。县级以上地方人民政府可以要求占用耕地的单位将所占用耕地耕作层的土壤用于新开垦耕地、劣质地或者其他耕地的土壤改良。开垦耕地计划由省、自治区、直辖市人民政府制定,并监督占用耕地的单位按照计划开垦耕地或者按照计划组织开垦耕地、组织验收。

三、基本农田保护制度

我国实行基本农田保护制度,《土地管理法》第34条中规定:“国家实行基本农田保护制度。”为切实保护基本农田,国务院于1998年12月制定了《基本农田保护条例》,具体规定了基本农田保护制度。

所谓基本农田，是指按照一定时期人口和社会经济发展对农产品的需求，依据土地利用总体规划确定的不得占用的耕地。所谓基本农田保护区，是指为对基本农田实行特殊保护而依据土地利用总体规划和依照法定程序确定的特定保护区域。依照《土地管理法》和《基本农田保护条例》的规定，各级人民政府在编制土地利用总体规划时，应当将基本农田保护作为规划的一项内容，明确基本农田保护的布局安排、数量指标和质量要求；县级和乡(镇)土地利用总体规划应当确定基本农田保护区；省、自治区、直辖市划定的基本农田应当占本行政区域内耕地总面积的80%以上，具体数量指标根据全国土地利用总体规划逐级分解下达。

依照《土地管理法》和《基本农田保护条例》规定，下列耕地应当根据土地利用总体规划划入基本农田保护区：(1) 经国务院有关主管部门或者县级以上地方人民政府批准确定的粮、棉、油生产基地内的耕地；(2) 有良好的水利与水土保持设施的耕地，正在实施改造计划以及可以改造的中、低产田；(3) 蔬菜生产基地；(4) 农业科研、教学试验田；(5) 国务院规定应当划入基本农田保护区的其他耕地。根据土地利用总体规划，铁路、公路等交通沿线，城市和村庄、集镇建设用地区周边的耕地，应当优先划入基本农田保护区；需要退耕还林、还牧、还湖的耕地，不应当划入基本农田保护区。

国家给予基本农田比一般耕地更多的保护措施，具体表现在：(1) 地方各级人民政府应当采取措施，确保土地利用总体规划确定的本行政区域内基本农田的数量不减少。(2) 基本农田保护区经依法划定后，任何单位和个人不得改变或者占用。国家能源、交通、水利、军事设施等重点建设项目选址确实无法避开基本农田保护区，需要占用基本农田，涉及农用地转用或者征收土地的，必须经国务院批准。(3) 经国务院批准占用基本农田的，当地人民政府应当按照国务院的批准文件修改土地利用总体规划，并补充划入数量和质量相当的基本农田。(4) 禁止任何单位和个人在基本农田保护区内建窑、建房、建坟、挖砂、采石、采矿、取土、堆放固体废弃物或者进行其他破坏基本农田的活动；禁止任何单位和个人占用基本农田发展林果业和挖塘养鱼。(5) 禁止任何单位和个人闲置、荒芜基本农田。经国务院批准的重点建设项目占用基本农田的，满1年不使用而又可以耕种并收获的，应当由原耕种该幅基本农田的集体或者个人恢复耕种，也可以由用地单位组织耕种；1年以上未动工建设的，应当按照省、自治区、直辖市的规定缴纳闲置费；连续2年未使用的，经国务院批准，由县级以上人民政府无偿收回用地单位的土地使用权；该幅土地原为农民集体所有的，应当交由原农村集体经济组织恢复耕种，重新划入基本农田保护区。(6) 国家提倡和鼓励农业生产者对其经营的基本农田施用有机肥料，合理施用化肥和农药；利用基本农田从事农业生产的单位和个人应当保持和培肥地力。(7) 县级人民政府应当根据当地实际情况制定基本农田地力分等定级办法，由农业行政主管部门会同国土资源管理部门组织实施，对基本农田地力分等定级，并建立档案。(8) 农村集体经济组织或者村民委员会应当定期评定基本农田地力等级。(9) 县级以上地方各级人民政府农业行政主管部门应当逐步建立基本农田地力与施肥效益长期定位监测网点，定期向本级人民政府提出基本农田地力变化状况报告以及相应的地力保护措施，并为农业生产者提供施肥指导服务。(10) 县级以上人民政府农业行政主管部门应当会同同级环境保护行政主管部门对基本农田环境污染进行监测和评价，并定期向本级人民政府提出环境质量与发展趋势的报告。(11) 经国务院批准占用基本农田兴建国家重点建设项目的，必须遵守国家有关建设项目环境保护管理的规定。在建设项目环境影响报告书中，应当有基本农田环境保护方案。(12) 向基本农田保护区提供肥料和作为肥料的城市垃圾、污泥的，应当符合国家有关标准。(13) 因发生事故或者其他突然性事件，造成或者可能造成基本农田环境污染事故的，当事人必须立即采取措施处理，并向当地环境保护行政主管部门和农业行政主管部门报告，接受调查处理。

对于基本农田，法律实行严格的监督管理。在建立基本农田保护区的地方，县级以上地方人民政府应当与下一级人民政府签订基本农田保护责任书；乡(镇)人民政府应当根据与县级人民政府签订的基本农田保护责任书的要求，与农村集体经济组织或者村民委员会签订基本农田保护责任书。基本农田保护责任书应当包括下列内容：(1) 基本农田的范围、面积、地块；(2) 基本农田的地力等级；(3) 保护措施；(4) 当事人的权利与义务；(5) 奖励与处罚。

县级以上地方人民政府应当建立基本农田保护监督检查制度，定期组织国土资源管理部门、农业行政主管部门以及其他有关部门对基本农田保护情况进行检查，将检查情况书面报告上一级人民政府。被检查的单位和个人应当如实提供有关情况和资料，不得拒绝。县级以上地方人民政府国土资源管理部门、农业行政主管部门对本行政区域内发生的破坏基本农田的行为，有权责令纠正。

四、土地复垦制度

(一) 土地复垦的概念

《土地管理法》第42条规定："因挖损、塌陷、压占等造成土地破坏，用地单位和个人应当按照国家有关规定负责复垦；没有条件复垦或者复垦不符合要求的，应当缴纳土地复垦费，专项用于土地复垦。复垦的土地应当优先用于农业。"根据《土地复垦条例》(国务院令〔2011〕第592号)第2条的规定，土地复垦是指对生产建设活动和自然灾害损毁的土地，采取整治措施，使其达到可供利用状态的活动。

(二) 土地复垦的原则

生产建设活动损毁的土地，按照"谁损毁，谁复垦"的原则，由生产建设单位或者个人(以下称土地复垦义务人)负责复垦。但是，由于历史原因无法确定土地复垦义务人的生产建设活动损毁的土地(以下称历史遗留损毁土地)，由县级以上人民政府负责组织复垦。自然灾害损毁的土地，由县级以上人民政府负责组织复垦。

土地复垦应当坚持科学规划、因地制宜、综合治理、经济可行、合理利用的原则。复垦的土地应当优先用于农业。

(三) 损毁土地的复垦

根据《土地复垦条例》第10条的规定，因生产建设活动损毁的由土地复垦义务人负责复垦：(1) 露天采矿、烧制砖瓦、挖沙取土等地表挖掘所损毁的土地；(2) 地下采矿等造成地表塌陷的土地；(3) 堆放采矿剥离物、废石、矿渣、粉煤灰等固体废弃物压占的土地；(4) 能源、交通、水利等基础设施建设和其他生产建设活动临时占用所损毁的土地。土地复垦义务人不复垦，或者复垦验收中经整改仍不合格的，应当缴纳土地复垦费，由有关国土资源主管部门代为组织复垦。土地复垦义务人对在生产建设活动中损毁的由其他单位或者个人使用的国有土地或者农民集体所有的土地，除负责复垦外，还应当向遭受损失的单位或者个人支付损失补偿费。土地复垦义务人不依法履行土地复垦义务的，在申请新的建设用地时，有批准权的人民政府不得批准;在申请新的采矿许可证或者申请采矿许可证延续、变更、注销时,有批准权的国土资源主管部门不得批准。

根据《土地复垦条例》第 23 条的规定,对历史遗留损毁土地和自然灾害损毁土地,县级以上人民政府应当投入资金进行复垦,或者按照“谁投资,谁受益”的原则,吸引社会投资进行复垦。土地权利人明确的,可以采取扶持、优惠措施,鼓励土地权利人自行复垦。政府投资进行复垦的,负责组织实施土地复垦项目的国土资源主管部门应当组织编制土地复垦项目设计书,明确复垦项目的位置、面积、目标任务、工程规划设计、实施进度及完成期限等。土地权利人自行复垦或者社会投资进行复垦的,土地权利人或者投资单位、个人应当组织编制土地复垦项目设计书,并报负责组织实施土地复垦项目的国土资源主管部门审查同意后实施。

(四) 土地复垦验收

根据《土地复垦条例》第 28 条的规定,土地复垦义务人按照土地复垦方案的要求完成土地复垦任务后,应当按照国务院国土资源主管部门的规定向所在地县级以上地方人民政府国土资源主管部门申请验收,接到申请的国土资源主管部门应当会同同级农业、林业、环境保护等有关部门进行验收。负责组织验收的国土资源主管部门应当会同有关部门在接到土地复垦验收申请之日起 60 个工作日内完成验收,经验收合格的,向土地复垦义务人出具验收合格确认书;经验收不合格的,向土地复垦义务人出具书面整改意见,列明需要整改的事项,由土地复垦义务人整改完成后重新申请验收。复垦为农用地的,负责组织验收的国土资源主管部门应当会同有关部门在验收合格后的 5 年内对土地复垦效果进行跟踪评价,并提出改善土地质量的建议和措施。

五、土地的开发、开垦与整理制度

《土地管理法》明确区分了土地开发、开垦与整理。但国土资源部于 2003 年 10 月发布的《土地开发整理若干意见》中的土地开发整理是广义上的,包括土地开发、开垦和整理,甚至还包括土地复垦。为保持法律用语的统一性,本书沿用了《土地管理法》的概念划分。

(一) 土地开发

土地开发是为扩大土地的可利用面积和提高土地利用深度,通过劳力、技术和资金的投入将土地由自然资源改造为经济资源。土地开发包括对未利用土地的开发,也包括对被破坏土地或利用不合理、不充分的土地进行开发。

国家鼓励土地开发,但土地开发要在以下条件下进行:(1) 符合土地利用总体规划;(2) 符合保护和改善生态环境、防止水土流失和土地荒漠化的要求;(3) 适宜开发为农用地的,应当优先开发成农用地。

(二) 土地开垦

土地开垦是开发的一种形式,是以垦殖为目的的开发,即开发荒地为耕地用于农作物的种植。

依照《土地管理法》的规定,未利用地的开垦应符合以下条件:(1) 必须经过科学的论证和评估;(2) 在土地利用总体规划划定的可开垦的区域内经依法批准后进行;(3) 禁止毁坏森林、草原;(4) 禁止围湖造田和侵占江河滩地。

开发未确定使用权的国有荒山、荒地、荒滩从事种植业、林业、畜牧业、渔业生产的,经县级以上人民政府依法批准,可以确定给开发单位或者个人长期使用。

(三) 土地整理

土地整理是指在一定区域内,按照土地利用规划和城市规划确定的目标和用途,采用行政、经济、法律和工程技术手段,对土地利用状况进行调整改造、综合整治,增加耕地面积,提高土地利用率和产出率,改善生产、生活条件以及生态环境的过程。土地整理分为农地整理和建设用地整理,我国目前土地整理的重点是农地整理。

土地整理已经成为我国目前耕地保护的一项重要措施,《土地管理法》第41条确定了我国的土地整理制度:“国家鼓励土地整理。县、乡(镇)人民政府应当组织农村集体经济组织,按照土地利用总体规划,对田、水、路、林、村综合整治,提高耕地质量,增加有效耕地面积,改善农业生产条件和生态环境。地方各级人民政府应当采取措施,改造中、低产田,整治闲散地和废弃地。”依照该规定,地方各级人民政府负责本行政区域内的土地整理。

第二节　农村建设用地

一、宅基地使用权

(一) 宅基地使用权的概念和特点

《物权法》第152条规定:“宅基地使用权人依法对集体所有的土地享有占有和使用的权利,有权依法利用该土地建造住宅及其附属设施。”根据这一规定,宅基地使用权是指农村集体经济组织成员依法享有的在集体所有的土地上建造住宅及其附属设施的权利。可见,宅基地使用权具有如下主要特点:

1. 宅基地使用权的主体具有限定性

宅基地使用权的目的在于建造住宅及其他附属设施,以满足生活之需,因而,只有农村集体经济组织成员才能成为宅基地使用权的主体,城镇居民不能成为宅基地使用权的主体,而且只有本集体经济组织的成员才能取得本集体经济组织所有土地上的宅基地使用权。

2. 宅基地使用权的客体具有特定性

依照我国现行法的规定,宅基地属于集体所有。《宪法》第10条第2款规定:“农村和城市郊区的土地,除由法律规定属于国家所有的以外,属于集体所有;宅基地和自留地、自留山,也属于集体所有。”《土地管理法》第8条第2款规定:“农村和城市郊区的土地,除由法律规定属于国家所有的以外,属于农民集体所有;宅基地和自留地、自留山,属于农民集体所有。”因此,宅基地使用权只能以集体所有的土地为客体。

3. 宅基地使用权的取得具有行政审批性

宅基地使用权的取得不能通过合同方式设立,只能通过行政审批程序设立,即经申请人提出申请、集体土地所有权人同意后,由国土资源管理部门审批。因此,宅基地使用权的取得具有行政审批性。

4. 宅基地使用权的取得具有无偿性

在宅基地使用权取得上,《物权法》没有明确规定是否为有偿,但因《物权法》第153条规定宅基地使用权的取得适用土地管理法等法律和国家有关规定,而按这些规定,宅基地使用权的取得是无偿的。

5. 宅基地使用权的流转具有限制性

《物权法》第153条中规定:“宅基地使用权的取得、行使和转让,适用土地管理法等法律和国家有关规定。”按照土地管理法等法律的规定,宅基地使用权的流转是有严格限制的,如宅基地使用权不得单独转让、抵押、继承等。但是,随着我国城乡统一土地市场的逐步建立,宅基地使用权流转的限制会逐渐放宽。

6. 宅基地使用权的存续无明确期限性

宅基地使用权是农村集体经济组织成员为生活需要而使用集体土地建造住宅的权利,且是以“农户”为权利主体的,因此,这种权利不应有期限的限制。

(二) 宅基地使用权的取得

宅基地使用权的取得,也就是宅基地使用权人通过法律规定的方式取得在农村集体土地上建造住宅的权利。依照《物权法》第153条的规定,宅基地使用权的取得,适用土地管理法等法律和国家有关规定。从我国现行有关宅基地使用权的法律规定和国家有关规定来看,宅基地使用权的取得有审批取得和附随取得两种方式。

1. 审批取得

所谓审批取得,是指宅基地使用权人经国土资源管理部门的审批而取得宅基地使用权。我国现行法中对宅基地使用权的审批取得作了明确规定。《土地管理法》第62条规定:“农村村民一户只能拥有一处宅基地,其宅基地的面积不得超过省、自治区、直辖市规定的标准;农村村民建住宅,应当符合乡(镇)土地利用总体规划,并尽量使用原有的宅基地和村内空闲地;农村村民住宅用地,经乡(镇)人民政府审核,由县级人民政府批准。”

一般地说,宅基地使用权的审批程序包括:(1) 申请人提出申请。凡欲取得宅基地使用权的农村村民,应当以用户的名义向所在的村民小组、村民委员会或者其他农村集体经济组织提出用地申请。(2) 土地所有权人讨论同意。申请人向土地所有权人提出申请后,村集体经济组织应当将申请宅基地人员的名单公布,提交村民会议或者村民代表会议讨论同意,并予以公布。(3) 国土资源管理部门审核。国土资源管理部门在接到经土地所有权人讨论同意的宅基地使用权申请后,应当认真审核。(4) 人民政府批准。接到上报的建房用地申请后,有批准权的人民政府依法根据土地利用总体规划和有关政策,对占用农用地的申请进行审批;或者县级人民政府根据乡(镇)土地利用总体规划和有关政策,对占用非农用地的申请进行审批。经审查符合条件的,予以批准;不符合条件的不予批准,并说明原因。(5) 国土资源管理部门拨付土地和核发土地使用证。宅基地使用权申请经批准后,国土资源管理部门应当及时拨付土地,发给宅基地使用证。

2. 附随取得

所谓附随取得,是指通过取得房屋所有权而附随取得宅基地使用权。按照现行法的规定,尽管宅基地使用权不能单独转让,但在农村房屋所有权发生转移的情况下,按照“地随房走”的原则,房屋占用范围内的宅基地的使用权亦随之转移。

(三) 宅基地使用权人的权利义务

1. 宅基地使用权人的权利

(1) 宅基地的占有使用权。宅基地使用权人取得宅基地使用权的目的,在于在宅基地上建造住宅及其他附属设施,所以,宅基地使用权人当然享有占有、使用宅基地的权利。

(2) 利用宅基地获得收益的权利。宅基地使用权的主要目的虽然在于满足农村居民的居住需要，但这宅基地使用权人也可以利用宅基地从事一定的家庭生产经营活动。

(3) 征收、征用时的补偿请求权。当宅基地被征收时，宅基地使用权人有权要求给予补偿。

2. 宅基地使用权人的义务

(1) 按照批准的用途使用宅基地的义务。宅基地使用权的目的在于满足农村居民的居住生活需要，宅基地只能用于建造住宅及其附属设施，不能用于其他用途。

(2) 按照批准的面积建造住宅及其附属设施的义务。我国法在宅基地使用权问题上，不仅实行“一户一宅”原则，而且对于宅基地的面积有严格的限制，宅基地使用权人须按照批准的宅基地面积建造住宅及其附属设施。

(3) 服从国家、集体的统一规划的义务。宅基地使用权的取得应当服从国家、集体的统一规划，其行使也应服从国家、集体的统一规划。

(四) 宅基地使用权消灭

宅基地使用权，可以基于特定原因而消灭。依照《物权法》第155条的规定，已经登记的宅基地使用权消灭的，权利人应当及时办理注销登记。

1. 宅基地使用权的收回

土地所有权人因乡村建设需要、宅基地长期闲置等原因，经原批准用地的人民政府批准，可以收回宅基地使用权。在宅基地使用权被收回后，该权利即归于消灭。

2. 征收

国家为了社会公共利益的需要，征收宅基地的，该宅基地使用权消灭。应当指出的是，这里征收的对象，既可以是单独的宅基地，也可以是住宅和宅基地。在宅基地被征收的情况下，宅基地使用权人有权获得补偿。

3. 抛弃

宅基地使用权虽是经审批取得的，但毕竟属于一种民事权利，因此，宅基地使用权人有权抛弃宅基地使用权。在抛弃后，宅基地使用权归于消灭。

4. 宅基地的灭失

作为宅基地使用权客体的土地，如果发生灭失，则宅基地使用权即丧失了存在的基础，应归于消灭。但是，如果只是宅基地上的建筑物或其他附属物灭失的，则不影响宅基地使用权的效力。《物权法》第154条规定：“宅基地因自然灾害等原因灭失的，宅基地使用权消灭。对失去宅基地的村民，应当重新分配宅基地。”

二、集体建设用地使用权

(一) 集体建设用地使用权的概念

集体建设用地使用权是指权利人依法对集体所有的土地占有、使用、收益以及利用该土地营造建筑物、构筑物及其附属设施的权利。

集体建设用地使用权包含以下三方面含义：(1) 集体建设用地使用权的主体限于农村集体经济组织；(2) 集体建设用地使用权的客体是集体所有的土地，不包括国有土地；(3) 集体建设用地使用权的使用目的既可以是经营性的，也可以是公益性的。

(二) 集体建设用地使用权的种类

根据集体建设用地使用权的目的，集体建设用地使用权可以划分为以下两种：

1. 集体经营性建设用地使用权

集体经营性建设用地使用权是指以经营为目的而使用集体土地的权利。在我国,对于建设用地使用权历来实行双轨制,集体经营性建设用地不能直接进入土地一级市场,这严重影响了农村经济的发展。为此,国家正在对农村集体经营性建设用地进行改革,建立国有建设用地与集体经营性建设用地并轨的土地市场制度。中共中央、国务院2014年1月19日发布的《关于全面深化农村改革加快推进农业现代化的若干意见》(2014年中央一号文件)第18条规定:“引导和规范农村集体经营性建设用地入市。在符合规划和用途管制的前提下,允许农村集体经营性建设用地出让、租赁、入股,实行与国有土地同等入市、同权同价,加快建立农村集体经营性建设用地产权流转和增值收益分配制度。”

2. 集体非经营性建设用地使用权

集体非经营性建设用地使用权是指农村基层组织为修建乡(镇)村公共设施和兴办公益事业而使用集体所有土地的权利。依照《土地管理法》第61条的规定,为修建乡(镇)村公共设施和兴办公益事业需要使用土地的,应经乡(镇)人民政府的审核,向县级以上地方人民政府国土资源管理部门提出申请,按照省、自治区、直辖市规定的批准权限,由县级以上人民政府批准。如果占用农用地,还需要依照《土地管理法》第44条办理农用地转为建设用地审批手续。

第三节 土地承包经营权

一、土地承包经营权的概念和特点

《物权法》第125条规定:“土地承包经营权人依法对其承包经营的耕地、林地、草地等享有占有、使用和收益的权利,有权从事种植业、林业、畜牧业等农业生产。”可见,土地承包经营权是指土地承包经营权人依法享有的对其承包经营的耕地、林地、草地等占有、使用和收益以及自主从事种植业、林业、畜牧业等农业生产的权利。从这一概念中可以看出,土地承包经营权具有如下主要特点:

1. 土地承包经营权的目的在于从事农业生产活动

依照《物权法》第125条的规定,土地承包经营权的目的是于土地上从事种植业、林业、畜牧业等农业生产活动。因此,非以从事农业生产活动为目的而使用他人土地的,不能成立土地承包经营权。

2. 土地承包经营权的主体是农业生产者

土地承包经营权的目的在于从事农业生产活动,因此,土地承包经营权的主体只能是从事农业生产的单位或个人,其他非从事农业生产的单位或个人不能成为土地承包经营权的主体。

3. 土地承包经营权的客体是农村土地

在土地承包经营权中,只有农村土地才成为权利客体,非农村土地不能成为权利客体。依照《农村土地承包法》第2条的规定,所谓农村土地,是指农民集体所有和国家所有依法由农民集体使用的耕地、林地、草地,以及其他依法用于农业的土地。

4. 土地承包经营权的取得具有严格的程序性

土地承包经营制度是我国在农村实行的基本经济制度,而且土地承包经营权涉及每个农户的基本生活保障,因此,法律对土地承包经营权的取得规定了严格的程序。例如,《农村土地承包法》第19条对以家庭承包方式进行的土地承包规定了如下严格程序：村民会议须选举产生承包工作小组；承包工作小组依法拟订并公布承包方案；依法召开村民会议并讨论通过承包方案；公开组织实施承包方案；签订承包合同等。

二、土地承包经营权的取得

（一）土地承包经营权的取得方式

土地承包经营权的取得亦即土地承包经营权的发生，是指某一主体在农村土地上取得土地承包经营权。从我国现行法的规定来看，土地承包经营权既可以通过承包合同而取得，也可以通过土地承包经营权转让而取得。而通过承包合同取得土地承包经营权的，又因承包方式的不同而有所差别。

1. 家庭承包经营权的取得

依照《农村土地承包法》的规定，以家庭承包方式取得土地承包经营权的，发包方与承包方应当签订承包合同。在承包合同中，发包方是将农村土地依法发包给承包方承包经营的农村集体经济组织，承包方是有权依法承包本集体经济组织发包的农村土地的本集体经济组织的成员。

依照《农村土地承包法》第22条的规定，承包合同自成立之日生效。承包合同生效时，土地承包经营权设立（《物权法》第127条）。

2. “四荒”承包经营权的取得

依照《农村土地承包法》第44条的规定：不宜采取家庭承包方式的荒山、荒沟、荒丘、荒滩等农村土地，采取招标、拍卖、公开协商等方式承包。在“四荒”承包经营权中，承包方不限于本集体经济组织成员，也可以是本集体经济组织以外的单位或个人。当然，为维护集体经济组织成员的权益，本集体经济组织以外的单位或个人承包“四荒”时，应当事先经本集体经济组织成员的村民会议2/3以上成员或者2/3以上村民代表的同意，并报乡（镇）人民政府批准（《农村土地承包法》第48条第1款）。同时，在同等条件下，本集体经济组织成员享有优先承包权（《农村土地承包法》第47条）。

根据《农村土地承包法》第46条的规定，“四荒”承包经营权的设立有两种方式：一是直接通过招标、拍卖、公开协商等方式实行承包。采取招标、拍卖或公开协商方式对“四荒”进行承包，必须由本集体经济组织经民主程序作好承包方案，按照公开、公平、公正的原则进行，不得损害本集体经济组织成员的利益。二是将“四荒”承包经营权折股分配后再实行承包经营或股份合作经营。这种方法是先将“四荒”的土地承包经营权折股分给本集体经济组织成员，然后再实行承包经营或股份合作经营。

（二）土地承包经营权的登记

关于土地承包经营权的登记，《物权法》第127条规定：“土地承包经营权自土地承包经营权合同生效时设立。县级以上地方人民政府应当向土地承包经营权人发放土地承包经营权证、林权证或者草原使用权证，并登记造册，确认土地承包经营权。”第129条规定：“土地承包经营权人将土地承包经营权互换、转让，当事人要求登记的，应当向县级以上地方人民政府申请土地承包经营权变更登记；未经登记，不得对抗善意第三人。”关于土地承包经营权的确权登记工作，《关于全面深化农村改革加快推进农业现代化的若干意见》中指出，“可以确权确地，也可以确权确股不确地”。中共中央办公厅、国务院办公厅2014年11月20日印发的《关于引导农村土地经营权有序流转发展农业适度规模经营的意见》中指出："土地承包经营权确权登记原则上确权到户到地，在尊重农民意愿的前提下，也可以确权确股不确地。"

三、土地承包经营权人的权利和义务

（一）土地承包经营权人的权利

1. 承包地的占有权

承包方取得土地承包经营权的目的，在于在承包的土地上从事农业生产活动，而从事这些农业生产活动，必须以占有承包地为前提。因此，土地承包经营权人当然享有占有承包地的权利。

2. 承包地的使用权

土地承包经营权人占有承包土地的目的在于使用承包地，如在耕地上耕种、在草原上放牧、在林地上种植竹木等。因此，土地承包经营权人对承包地有使用权。

3. 承包地的收益权

在土地承包经营权中，无论权利人对承包地的使用是以土地的产出物自用为目的的消费性使用，还是以土地的产出物出售以获得经济利益或者为取得土地的法定孳息为目的的经营性使用，土地承包经营权人都有权获取使用土地所获得的利益。

4. 权利流转权

在土地承包经营权中，土地承包经营权人有权采取法律允许的方式流转承包地，如转包、出租、互换、转让、入股等方式。土地承包经营权人流转承包地的，在同等条件下，本集体经济组织成员享有土地流转优先权。以转让方式流转承包地的，原则上应在本集体经济组织成员之间进行，且需经发包方同意；以其他形式流转的，应当依法报发包方备案。

应当指出的是，《关于全面深化农村改革加快推进农业现代化的若干意见》第17条中指出："在落实农村土地集体所有权的基础上，稳定农户承包权、放活土地经营权，允许承包土地的经营权向金融机构抵押融资。"根据这一规定，土地承包经营权人可以承包土地的经营权设定抵押。

5. 补偿请求权

土地承包经营权人的补偿请求权包括投资补偿请求权和承包地被征收、占用的补偿请求权。

（1）投资补偿请求权。投资补偿请求权主要有如下两种情形：一是土地承包经营权人交回承包地或发包方依法收回承包地时的补偿请求权。对此，《农村土地承包法》第26条第4款规定："承包期内，承包方交回承包地或者发包方依法收回承包地时，承包方对其在承包地上投入而提高土地生产能力的，有权获得相应的补偿。"二是土地承包经营权依法流转时的投资补偿请求权。对此，《农村土地承包法》第43条规定："承包方对其在承包地上投入而提高土地生产能力的，土地承包经营权依法流转时有权获得相应的补偿。"

（2）承包地征收、占用的补偿请求权。根据《农村土地承包法》第16条的规定，承包方的承包地被依法征收、占用的，有权依法获得相应的补偿。《物权法》第132条规定："承包地被征收的，土地承包经营权人有权依照本法第四十二条第二款的规定获得相应的补偿。"《物权法》第42条第2款规定："征收集体所有的土地，应当依法足额支付土地补偿费、安置补助费、地上附着物和青苗的补偿费等费用，安排被征地农民的社会保障费用，保障被征地农民

的生活,维护被征地农民的合法权益。”

(二) 土地承包经营权人的义务

1. 维护承包地的农业用途

《农村土地承包法》第 17 条第 1 项明确规定:土地承包经营权人负有“维护农业用途,不得用于非农建设”的义务。《物权法》第 128 条中也规定:“未经依法批准,不得将承包地用于非农建设。”维护承包地的农业用途,不得将承包地用于非农业建设,这是土地承包经营权人的最基本义务之一,是国家耕地保护制度的重要措施。

2. 保护和合理利用的义务

《农村土地承包法》第 8 条规定:“农村土地承包应当遵守法律、法规,保护土地资源的合理开发和可持续利用。”第 17 条第 2 项规定,土地承包经营权人负有“依法保护和合理利用土地,不得给土地造成永久性损害”的义务。这种义务,一般统称为维持地力的义务。依照《农村土地承包法》第 60 条第 2 款的规定,土地承包经营权人违反保护和合理利用土地的义务,给承包地造成永久性损害的,发包方有权制止,并有权要求承包方赔偿由此造成的损失。

3. 支付承包费的义务

支付承包费的义务主要是“四荒”承包经营权人所负担的一项义务。依照《农村土地承包法》第 45 条的规定,在“四荒”承包经营权中,承包费的确定方式有两种:一是以招标、拍卖方式承包的,承包费通过公开竞标、竞价确定;二是以公开协商等方式承包的,承包费由双方议定。无论以何种方式确定承包费,“四荒”承包经营权人都应当按照承包合同规定的数额、时间、方式支付承包费。逾期支付承包费的,应当承担民事责任。

四、土地承包经营权的消灭

土地承包经营权的消灭是指因某种法定事由发生,权利人丧失土地承包经营权,发包人收回承包地。概括起来说,土地承包经营权消灭的原因主要有:

(一) 期限届满

关于土地承包经营权的期限,依照《农村土地承包法》第 20 条和《物权法》第 126 条第 1 款的规定,耕地承包期为 30 年,草地的承包期为 30—50 年,林地的承包期为 30—70 年;特殊林木的林地承包经营权经国务院林业行政主管部门批准可以延长。依照《物权法》第 126 条第 2 款规定,在家庭承包经营权期限届满时,由土地承包经营权人按照国家规定继续承包。应当指出的是,《关于全面深化农村改革加快推进农业现代化的若干意见》第 17 条中明确规定:要“稳定农村土地承包关系并保持长久不变”。这表明,土地承包经营权的期限将保持长久不变。

(二) 承包地交回

承包地的交回主要有如下两种情形:一是土地承包经营权人应当交回承包地。《农村土地承包法》第 26 条第 3 款规定:“承包期内,承包方全家迁入设区的市,转为非农业户口的,应当将承包的耕地和草地交回发包方。”二是土地承包经营权人自愿交回承包地。《农村土地承包法》第 29 条规定:“承包期内,承包方可以自愿将承包地交回发包方。承包方自愿交回承包地的,应当提前半年以书面形式通知承包方。承包方在承包期内交回承包地的,在承包期内不得再要求承包土地。”

(三) 承包地收回

依照《农村土地承包法》第 26 条的规定,在承包期内,承包方全家迁入设区的市,转为非农业户口的,应当将承包的耕地和草地交回发包方。如果承包方不交回承包地的,发包方可以收回承包的耕地和草地。

(四) 土地征收、占用

国家出于公共利益的需要,征收承包地的,土地承包经营权归于消灭;因乡(镇)村公共设施、公益事业建设的需要而占用承包地的,土地承包经营权亦归于消灭。在承包地被征收、占用时,土地承包经营权人享有补偿请求权。

(五) 土地灭失

在土地承包经营权存续期间,承包地因自然灾害而毁损灭失的,如耕地完全沙漠化、承包地全部成为水面等,土地承包经营权归于消灭。

第四节　集体土地的征收

我国集体土地征收存在很多问题,如征地范围过大、征地程序不规范、补偿不合理等,因此,“缩小征地范围,规范征地程序,完善对被征地农民合理、规范、多元保障机制”就成为征地制度改革的关键。目前,国家正在积极推进集体土地征收制度改革。

一、集体土地征收的概念

依照《宪法》第 10 条的规定,国家为公共利益需要,可以依照法律规定对土地实行征收给予补偿。《物权法》第 42 条规定:“为了公共利益的需要,依照法律规定的权限和程序可以征收集体所有的土地和单位、个人的房屋及其他不动产。”可见,集体土地征收是指国家为公共利益需要,依照法定程序,将集体所有土地变为国有土地的法律制度。

在集体土地征收中,土地征收方是国家,其他组织和个人可以作为申请用地的主体,但不能成为集体土地征收方;被征收的土地是集体土地;土地征收的结果是土地所有权的变更,被征收的土地归属于国家所有。

二、集体土地征收的程序

(一) 集体土地征收的申请

依照我国现行法的规定,用地单位提出申请是启动集体土地征收程序的必经程序,具体要求为:

1. 具体建设项目需要使用土地的,建设单位应当根据建设项目的总体设计一次申请,办理建设用地审批手续;分期建设项目,可以根据可行性研究报告确定的分期方案分期申请建设用地,分期办理建设用地有关审批手续。

2. 需要使用集体土地的建设单位在进行建设项目可行性研究论证时,应由国土资源管理部门对建设项目用地有关事项进行审查,提出建设项目用地预审报告;可行性研究报告批准时,必须附具国土资源管理部门出具的建设项目用地预审报告。

3. 建设单位持建设项目的有关批准文件,向市、县人民政府国土资源管理部门提出建设用地申请,由市、县人民政府国土资源管理部门审查,拟定农用地转用方案、补充耕地方案、征收土地方案和供地方案(其中占用农民集体所有建设用地和未利用地的,只报批征收土地方案和供地方案),经市、县人民政府审核同意后,逐级上报有批准权的人民政府批准。其中,补充耕地方案由批准农用地转用方案的人民政府在批准农用地转用方案时一并批准;供地方案由批准征收土地的人民政府在批准征收地方案时一并批准。

4. 农用地转用方案、补充耕地方案被批准后,由市、县人民政府组织实施,向建设单位颁发建设用地批准书。

(二) 集体土地征收的审批

集体土地被征收后,土地即转为国家所有,集体丧失了土地所有权。为防止征收权的滥用,征收土地必须经有批准权限的国家机关批准,法律规定了严格的土地征收的审批权限。

依照我国现行法的规定,集体征收土地的审批机关及权限如下:(1) 征收基本农田、基本农田以外的耕地超过35公顷、其他土地超过70公顷的,由国务院批准;(2) 征收其他土地,由省、自治区、直辖市人民政府批准,但需要报国务院备案。

依照《土地管理法》第45条的规定,经国务院批准农用地转用的,同时办理征地审批手续,不再另行办理征地审批;经省、自治区、直辖市人民政府在征地批准权限内批准农用地转用的,同时办理征地审批手续,不再另行办理征地审批,但是超过征地批准权限的,还需要另外办理征地审批手续。

(三) 集体土地征收的公告

为保护被征收土地者的合法权益,《土地管理法》第46条、第48条规定,征收土地和征地补偿安置方案需要公告,国土资源部通过的《征收土地公告办法》(国土资源部令〔2001〕第10号,2010年修订)规定了公告的具体程序。

1. 征收土地公告

依照《土地管理法》第46条的规定,国家征收土地的,依照法定程序批准后,由县级以上地方人民政府公告并组织实施。

2. 征地补偿安置公告

依照《土地管理法》第48条的规定,征地补偿安置方案确定后,有关地方人民政府应当公告,并听取被征地的农村集体经济组织和农民的意见。

3. 公告的监督、法律责任及纠纷的解决

市、县人民政府国土资源管理部门应当受理对征收土地公告内容和征地补偿、安置方案公告内容的查询或者实施中问题的举报,接受社会监督。未依法进行征收土地公告或者未依法进行征地补偿、安置方案公告的,被征地农村集体经济组织、农村村民或者其他权利人有权依法要求公告,有权拒绝办理征地补偿、安置手续。因未按照依法批准的征收土地方案和征地补偿、安置方案进行补偿、安置引发争议的,由市、县人民政府协调;协调不成的,由上一级地方人民政府裁决。征地补偿、安置争议不影响征收土地方案的实施。

三、集体土地征收的补偿和安置

国家征收集体土地时,对给土地权利人造成的经济损失应当给予补偿。依照我国现行法的规定,集体土地征收的补偿和安置主要包括如下内容:

(一) 征收耕地的补偿内容和标准

《土地管理法》第47条第2款中规定:“征收耕地的补偿费用包括土地补偿费、安置补助费以及地上附着物和青苗的补偿费。”《物权法》第 42 条第 2 款规定：“征收集体所有的土地，应当依法足额支付土地补偿费、安置补助费、地上附着物和青苗的补偿费等费用，安排被征地农民的社会保障费用，保障被征地农民的生活，维护被征地农民的合法权益。”可见，征收耕地的补偿费用包括土地补偿费、安置补助费、地上附着物补偿费、青苗补偿费。

（二）征收城市郊区的菜地补偿内容和标准

征收城市郊区的菜地，除土地补偿费、安置补助费、地上附着物和青苗的补偿费外，用地单位还应当按照国家有关规定缴纳新菜地开发建设基金。

（三）征收其他土地的补偿内容和标准

征收其他土地的土地补偿费和安置补助费标准，由省、自治区、直辖市参照征收耕地的土地补偿费和安置补助费的标准规定。如果支付的土地补偿费和安置补助费，尚不能使需要安置的农民保持原有生活水平的，经省、自治区、直辖市人民政府批准，可以增加安置补助费。

本章讨论案例

1. 陈某系甲县人，出于生计到乙县境内做小生意，因无处居住，便与乙县某乡某村委会达成协议，由村委会为陈某解决一处宅基地，陈某以青苗赔偿费支付给该村 3000 元人民币。村委会划给陈某的宅基地属于耕地，陈某在该处宅基上建房居住，并在此做生意，从事个体经营。后因陈某与村委会主任发生矛盾，村委会欲收回该处宅基地，遭到陈某的拒绝。后村委会组织部分村民，强行将陈某经营的所有商品扣押，并把陈某居住的房屋全部拆除，强行收回了宅基地。陈某于是向法院提起诉讼，要求法院保护自己对宅基地的使用权。

问：陈某能否取得宅基地使用权？

2. 原告王甲、洪乙系夫妻，原告王某为其子。1998 年 9 月 30 日，王甲之父王 A 以户主的名义与被告 W 县 T 镇 G 村经济合作社管理委员会签订了一份第 270041 号金华市 W 县土地承包合同，三原告、王 A 及其妻为承包方。合同约定：三原告及王 A 夫妇共承包土地 3.944 亩，承包期限自 1998 年 9 月 30 日起至 2028 年 9 月 30 日止。合同签订后，原告依约履行合同。之后，为了王某上学方便，三原告于 2001 年 1 月 8 日将户口从 W 县 T 镇 G 村迁入 W 县城 H 街道，转为非农户。2003 年 6 月 5 日，被告在全村统一整田时，以三原告户口已迁入县城、已转为非农户口为由，通过村民代表多数意见，单方面将三原告承包的土地 2.366 亩收回并在村里公布。

法院另认定：第 270041 号土地承包合同对合同变更或解除的条件等作了约定，其中约定：“因人口、劳力、土地面积发生较大变化等原因，经社员（代表）会议或户主会议讨论同意的”，合同可变更或解除。三原告户口迁出后，被告依村民代表会议表决意见收回了三原告的承包土地。[①]

问：被告收回原告的承包地是否合法？

---

① 本案摘编自国家法官学院、中国人民大学法学院编：《中国审判案例要览》（2004 年民事审判案例卷），中国人民大学出版社、人民法院出版社 2005 年版，第 41—42 页。

第十三章

涉外房地产法律制度

第一节　涉外房地产法律制度概述

一、涉外房地产的概念

涉外房地产是指具有涉外因素的房地产。所谓涉外因素,是指房地产法律关系的主体、内容和客体三要素中至少有一个要素具有涉及我国境外的因素。涉外房地产的涉外因素具体表现为:

(1) 房地产法律关系的主体具有涉外因素。这包括三种情形:一是外商投资企业在中国境内从事房地产开发经营活动。外商投资企业是指依照中国法律、在中国境内登记成立,并受中国法律调整的外国人以私人直接投资方式独立设立或参与设立的各类企业的总称,包括中外合资经营企业、中外合作经营企业、外商独资企业。二是外国法人、其他组织或自然人在中国境内直接从事房地产开发经营活动。其中,外国法人是指非依照本国法律设立的法人。三是外国法人、其他组织或自然人购买或承租我国境内房地产的活动。

(2) 引起房地产法律关系发生、变更、消灭的法律事实发生在国外。例如,我国大型房地产开发建设项目在国际市场上的招投标活动。

(3) 房地产法律关系的客体位于国外。如我国的法人、其他组织和自然人在外国投资开发房地产经营活动。

涉外房地产法律关系中的涉外因素可以是一元的,即房地产法律关系的主体、内容、客体三者之一具有涉外因素;也可以是多元的,即房地产法律关系中的主体、内容、客体三者都具有涉外因素。

二、涉外房地产的法律适用

涉外房地产的法律适用是指对涉外房地产关系的成立、解释和争议处理适用何种法律规定的规则。各国解决法律冲突的方法主要有两种:一种是冲突规范调整,又称间接调整,是指在国内立法或国际条约中制定法律适用规则,规定适用国内法或外国法,然后按照冲突规范指定的国家的实体法解决纠纷;另一种是实体规范调整,又称直接调整,是指制定统一实体规范规定当事人的权利与义务,主要包括国际条约和国际惯例。

我国《民法通则》第八章专门就涉外民事关系的法律适用作了专章规定。2010 年 10 月 28 日,《中华人民共和国涉外民事关系法律适用法》(以下简称《涉外民事关系法律适用法》)公布,自 2011 年 4 月 1 日起施行。自此,根据新法优于旧法的法律适用规则,在二者规定发生冲突时,以《涉外民事关系法律适用法》为准。

根据《涉外民事关系法律适用法》的相关规定,当该法对涉外民事关系法律适用没有规定的,适用与该涉外民事关系有最密切联系的法律。当事人依照法律规定可以明示选择涉外民事关系适用的法律。我国法对涉外民事关系有强制性规定的,直接适用该强制性规定。外国法律的适用将损害我国社会公共利益的,适用我国法律。涉外民事关系适用外国法律,该国不同区域实施不同法律的,适用与该涉外民事关系有最密切联系区域的法律。诉讼时效,适用相关涉外民事关系应当适用的法律。涉外民事关系的定性,适用法院地法律。涉外民事关系适用的外国法律,不包括该国的法律适用法。涉外民事关系适用的外国法律,由人民法院、仲裁机构或者行政机关查明。当事人选择适用外国法律的,应当提供该国法律。不能查明外国法律或者该国法律没有规定的,适用我国法律。

涉外房地产的法律适用,属于涉外不动产物权的法律适用问题,根据《涉外民事关系法律适用法》第 36 条规定:"不动产物权,适用不动产所在地法律。"依此规定,房地产在中国境内的,则适用中国法;房地产在中国境外的,则适用其所在地国或地域的法律。

三、处理涉外房地产法律关系的基本原则

(一) 国家主权原则

国家主权独立,彼此相互尊重,是处理涉外房地产法律关系的前提条件。我国有权依据我国法律对在我国境内进行的房地产开发经营活动行使管辖权。任何在我国境内从事房地产开发经营的组织和个人,都必须遵守我国的法律。禁止任何形式的非法买卖、转让、出租、抵押土地等损害国家主权的活动,任何房地产经营活动都不能违反城市规划、破坏环境保护,从而损害我国和人民的长远利益。我国法院有权在审理涉外房地产案件时,根据冲突规范的指引适用我国法律或外国法律。

(二) 平等互利原则

涉外房地产法律关系的当事人,不论是自然人还是法人、其他组织,其法律地位都是平等的,任何一方不得享有任何特权。在签订合同、制定章程等民事活动中,都应当协商一致,不得利用经济上或其他方面的优势强迫对方接受不公平的条款、损害对方当事人的利益。我国法律充分保障外商在中国的合法权益,对外商依法取得的建设用地使用权,保证其对土地合法开发和建设,保护其建设用地使用权不受侵犯。

(三) 保护当事人合法利益原则

在从事房地产活动中,发生争议、产生纠纷不可避免。在解决这些纷争时,要做到法律面前人人平等,既要保护本国当事人的合法权益,又要维护外国一方当事人的正当利益,不能故意偏袒任何一方。只有这样,才能维护经济秩序的稳定,才有利于涉外房地产业的健康发展。

第二节　外商投资房地产企业

外商投资房地产企业包括房地产开发企业,也包括建筑业企业。外商在我国境内从事房地产开发经营,须取得中国法人资格,其企业形态为中外合作经营企业、中外合资经营企业和外资企业,即通常所谓的“三资企业”。我国法律对外商投资房地产企业进行严格管理,实行特殊政策。

一、外商投资房地产开发企业

原建设部等六部委于2006年7月11日联合发布了《关于规范房地产市场外资准入和管理的意见》,对外商投资房地产问题作了限制性规定。该意见的主要内容包括:

(一)严格规范外商投资房地产市场准入

(1)境外机构和个人在境内投资购买非自用房地产,应当遵循商业存在的原则,按照外商投资房地产的有关规定,申请设立外商投资企业。经有关部门批准并办理有关登记后,方可按照核准的经营范围从事相关业务。

(2)外商投资设立房地产企业,投资总额超过1000万美元(含1000万美元)的,注册资本金不得低于投资总额的50%。投资总额低于1000万美元的,注册资本金按相关规定执行。

(3)设立外商投资房地产企业,由商务主管部门和工商行政管理机关依法批准设立和办理注册登记手续,颁发1年期“外商投资企业批准证书”和“营业执照”。企业付清建设用地使用权出让金后,凭上述证照到国土资源管理部门申办“国有土地使用证”,依照“国有土地使用证”到商务主管部门换发正式的“外商投资企业批准证书”,再到工商行政管理机关换发与“外商投资企业批准证书”经营期限一致的“营业执照”,到税务机关办理税务登记。

(4)外商投资房地产企业的股权和项目转让,以及境外投资者并购境内房地产企业,由商务主管等部门严格按照有关法律法规和政策规定进行审批。投资者应提交履行“国有土地使用权出让合同”“建设用地规划许可证”“建设工程规划许可证”等的保证函、“国有土地使用证”、建设(房地产)主管部门的变更备案证明以及税务机关出具的相关纳税证明材料。

(5)境外投资者通过股权转让及其他方式并购境内房地产企业,或收购合资企业中方股权的,须妥善安置职工、处理银行债务并以自有资金一次性支付全部转让金。对有不良记录的境外投资者,不允许其在境内进行上述活动。

(二)加强外商投资企业房地产开发经营管理

(1)对投资房地产未取得“外商投资企业批准证书”和“营业执照”的境外投资者,不得进行房地产开发和经营活动。

(2)外商投资房地产企业注册资本金未全部缴付的,未取得“国有土地使用证”的,或开发项目资本金未达到项目投资总额35%的,不得办理境内、境外贷款,外汇管理部门不予批准该企业的外汇借款结汇。

(3)外商投资房地产企业的中外投资各方,不得以任何形式在合同、章程、股权转让协议以及其他文件中,订立保证任何一方固定回报或变相固定回报的条款。

(4) 外商投资房地产企业应当遵守房地产有关法律法规和政策规定,严格执行建设用地使用权出让合同约定及规划许可批准的期限和条件。

二、外商投资建筑业企业

依照《外商投资建筑业企业管理规定》(2002 年 12 月 1 日起施行)第 3 条的规定,外国投资者在中国境内设立外商投资建筑业企业,并从事建筑活动,应当依法取得对外贸易经济行政主管部门颁发的外商投资企业批准证书,在国家工商行政管理总局或者其授权的地方工商行政管理局注册登记,并取得建设行政主管部门颁发的建筑业企业资质证书。

(一) 外商投资建筑业企业的设立

依照《外商投资建筑业企业管理规定》的规定,申请设立施工总承包序列特级和一级、专业承包序列一级资质外商投资建筑业企业的,其设立由国务院对外贸易经济行政主管部门审批,其资质由国务院建设行政主管部门审批;申请设立施工总承包序列和专业承包序列二级及二级以下、劳务分包序列资质的,其设立由省、自治区、直辖市人民政府对外贸易经济行政主管部门审批,其资质由省、自治区、直辖市人民政府建设行政主管部门审批。中外合资经营建筑业企业、中外合作经营建筑业企业的中方投资者为中央管理企业的,其设立由国务院对外贸易经济行政主管部门审批,其资质由国务院建设行政主管部门审批。

设立外商投资建筑业企业,申请施工总承包序列特级和一级、专业承包序列一级资质的程序为:(1) 申请者向拟设立企业所在地的省、自治区、直辖市人民政府对外贸易经济行政主管部门提出设立申请。(2) 省、自治区、直辖市人民政府对外贸易经济行政主管部门在受理申请之日起 30 日内完成初审,初审同意后,报国务院对外贸易经济行政主管部门。(3) 国务院对外贸易经济行政主管部门在收到初审材料之日起 10 日内将申请材料送国务院建设行政主管部门征求意见。国务院建设行政主管部门在收到征求意见函之日起 30 日内提出意见。国务院对外贸易经济行政主管部门在收到国务院建设行政主管部门书面意见之日起 30 日内作出批准或者不批准的书面决定。予以批准的,发给外商投资企业批准证书;不予批准的,书面说明理由。(4) 取得外商投资企业批准证书的,应当在 30 日内到登记主管机关办理企业登记注册。(5) 取得企业法人营业执照后,申请建筑业企业资质的,按照建筑业企业资质管理规定办理。

设立外商投资建筑业企业,申请施工总承包序列和专业承包序列二级及二级以下、劳务分包序列资质的程序,由各省、自治区、直辖市人民政府建设行政主管部门和对外贸易经济行政主管部门,结合本地区实际情况,参照相关规定执行。省、自治区、直辖市人民政府建设行政主管部门审批的外商投资建筑业企业资质,应当在批准之日起 30 日内报国务院建设行政主管部门备案。

申请设立外商投资建筑业企业应当向对外贸易经济行政主管部门提交下列资料:(1) 投资方法定代表人签署的外商投资建筑业企业设立申请书;(2) 投资方编制或者认可的可行性研究报告;(3) 投资方法定代表人签署的外商投资建筑业企业合同和章程(其中,设立外资建筑业企业的只需提供章程);(4) 企业名称预先核准通知书;(5) 投资方法人登记注册证明、投资方银行资信证明;(6) 投资方拟派出的董事长、董事会成员、经理、工程技术负责人等任职文件及证明文件;(7) 经注册会计师或者会计事务所审计的投资方最近三年的资产负债表和损益表。

（二）外商投资建筑业企业的资质

1. 申请外商投资建筑业企业资质应提交的资料

依照《外商投资建筑业企业管理规定》的规定，外商投资建筑业企业实行资质管理。申请外商投资建筑业企业资质应当向建设行政主管部门提交下列资料：(1) 外商投资建筑业企业资质申请表；(2) 外商投资企业批准证书；(3) 企业法人营业执照；(4) 投资方的银行资信证明；(5) 投资方拟派出的董事长、董事会成员、企业财务负责人、经营负责人、工程技术负责人等任职文件及证明文件；(6) 经注册会计师或者会计师事务所审计的投资方最近三年的资产负债表和损益表；(7) 建筑业企业资质管理规定要求提交的资料。

2. 外商投资建筑业企业资质的颁发对象

依照《关于外商投资建筑业企业管理规定中有关资质管理的实施办法》的规定，外商投资建筑业企业资质证书的颁发对象为下列取得中国企业法人资格的外商投资建筑业企业：(1) 全部资本由外国投资者投资的建筑业企业；(2) 外国投资者和中国投资者通过共同出资或合作方式设立的建筑业企业；(3) 已经在中国境内依法设立的外商投资企业，以本企业的名义，在中国境内再投资新设立建筑业企业或购买其他建筑业企业投资者股权后的企业。建筑业企业资质证书不颁发给外国企业以及外国企业和其他经济组织在中国境内设立的分支机构。

3. 外商投资建筑业企业从事建筑活动的范围

外商投资建筑业企业从事建筑活动的范围，包括在中国境内从事土木工程、建筑工程、线路管道设备安装工程、装修工程的新建、扩建、改建等活动。

4. 外商投资建筑业企业资质的核定

(1) 新设立的外商投资建筑业企业，其资质等级按照最低等级核定，并设 1 年的暂定期。

(2) 已经在中国境内承包工程的外国企业新设立外商投资建筑业企业，除具备建筑业企业资质标准规定的条件外，具备以下条件的，可以直接申请二级及二级以上建筑业企业资质：申请外资建筑业企业资质，外国企业在中国境内的工程承包业绩满足所申请建筑业企业资质要求的工程承包业绩标准；申请中外合资、中外合作经营建筑业企业资质，外国企业在中国境内的工程承包业绩与中方合营者的工程承包业绩总和应当满足所申请建筑业企业资质要求的工程承包业绩标准。

(3) 外国企业投资入股内资建筑业企业，企业性质变更为中外合资经营建筑业企业或中外合作经营建筑业企业，企业资质按照其实际达到的标准重新核定。

(4) 外国企业收购内资建筑业企业，企业性质变更为外资建筑业企业，企业资质按照其实际达到的标准重新核定。

5. 外商投资建筑业企业中外国服务提供者的条件

外商投资建筑业企业聘用外国服务提供者为本企业的工程技术和经济管理人员，在申报企业资质时应当出示依法签订的劳动合同。

(1) 外商投资建筑业企业聘用外国服务提供者为本企业的企业经理，外国服务提供者应当具有建筑业企业资质标准要求的从事工程管理工作经历，并提供相应证明文件。

(2) 外商投资建筑业企业聘用外国服务提供者为本企业工程技术和经济管理人员，外国服务提供者应当具有相当于建筑业企业资质标准规定的技术职称要求条件。

(3) 外商投资建筑业企业聘用外国服务提供者为本企业工程技术和经济管理人员，具有大学本科以上学历，并具有10年以上从事本专业工作经验的，在企业申报资质时，可以按照具有高级职称的人员申报；具有大学专科以上学历，并具有5年以上从事本专业工作经验的，在企业申报资质时，可以按照具有中级职称的人员申报。

(4) 外商投资建筑业企业聘用外国服务提供者为本企业项目经理，符合以下条件，并能够提供相关证明文件的，可以在企业申报资质时由资质管理部门认可其具有相应级别项目经理资格。其一，外国服务提供者作为一级项目经理资格申报的，应当担任过一个一级建筑业企业资质标准要求的工程项目，或两个二级建筑业企业资质标准要求的工程项目施工管理工作的主要负责人。其二，外国服务提供者作为二级项目经理资格申报的，应当担任过两个工程项目，其中至少一个为二级建筑业企业资质标准要求的工程项目施工管理工作的主要负责人。其三，外国服务提供者作为三级项目经理资格申报的，应当担任过两个工程项目，其中至少一个为三级建筑业企业资质标准要求的工程项目施工管理工作的主要负责人。

(5) 外商投资建筑业企业聘用外国服务提供者为本企业的工程技术和经济管理人员的，每人每年在中国境内累计居住时间应当不少于3个月。

(三) 外商投资建筑业企业的工程承包范围

中外合资经营建筑业企业、中外合作经营建筑业企业应当在其资质等级许可的范围内承包工程。外资建筑业企业只允许在其资质等级许可的范围内承包下列工程：(1) 全部由外国投资、外国赠款、外国投资及赠款建设的工程。(2) 由国际金融机构资助并通过根据贷款条款进行的国际招标授予的建设项目。(3) 外资等于或者超过50%的中外联合建设项目；及外资少于50%，但因技术困难而不能由中国建筑企业独立实施，经省、自治区、直辖市人民政府建设行政主管部门批准的中外联合建设项目。(4) 由中国投资，但因技术困难而不能由中国建筑企业独立实施的建设项目，经省、自治区、直辖市人民政府建设行政主管部门批准，可以由中外建筑企业联合承揽。

(四) 港澳投资建筑业企业的特别规定

根据建设部、商务部发布的《〈外商投资建筑业企业管理规定〉的补充规定》(建设部、商务部令〔2003〕121号)规定，香港服务提供者和澳门服务提供者申请设立建筑业企业时，其在香港、澳门和内地的业绩可共同作为评定其在内地设立的建筑业企业资质的依据。管理和技术人员数量应以其在内地设立的建筑业企业的实际人员数量为资质评定依据。允许香港服务提供者和澳门服务提供者全资收购内地的建筑业企业。香港服务提供者和澳门服务提供者在内地投资设立的建筑业企业承揽中外合营建设项目时不受建设项目的中外方投资比例限制。香港服务提供者和澳门服务提供者在内地投资的建筑业企业申办资质证应按内地有关法规办理。凡取得建筑业企业资质的，可依法在全国范围内参加工程投标。香港服务提供者和澳门服务提供者在内地投资设立建筑业企业以及申请资质，按照《外商投资建筑业企业管理规定》以及有关的建筑业企业资质管理规定执行。

第三节 外商投资企业建设用地

一、外商投资企业建设用地的概念

外商投资企业建设用地是指中外合资经营企业、中外合作经营企业、外商独资企业为本企业开展生产经营活动所使用的土地。

我国在《土地管理法》《关于中外合营企业建设用地的暂行规定》(国发〔1980〕201 号)、《关于鼓励外商投资的规定》(国发〔1986〕95 号)以及有关外商投资的其他法律法规中,都对外商投资企业建设用地的问题作了规定。

二、外商投资企业建设用地的取得

依照《土地管理法》《中外合资经营企业法实施条例》等规定,外商投资企业可以通过以下几种方式取得建设用地使用权:

(一)通过出让方式取得建设用地使用权

外商投资企业通过出让方式取得建设用地使用权是指国家以土地所有者的身份将建设用地使用权在一定年限内让与外商投资企业,由外商投资企业向国家支付建设用地使用权出让金,从而由外商投资企业取得建设用地使用权。建设用地使用权出让需要签订书面的出让合同。建设用地使用权出让合同可以采取拍卖、招标或双方协议的方式订立。外商投资企业在按照建设用地使用权出让合同支付全部出让金后,就可以办理登记手续,领取土地使用证,取得建设用地使用权。

(二)通过划拨方式取得建设用地使用权

如果外商投资企业为下列项目使用土地的,可以通过划拨方式取得建设用地使用权:参与城市基础设施、公益性事业、国家重点扶持的能源、交通、水利等项目建设,以及法律规定的其他项目建设。

(三)通过投资入股方式取得建设用地使用权

依照《中外合作经营企业法》和《中外合资经营企业法》的规定,中方合作者或合资者可以用建设用地使用权作为出资。当合资企业的合资、合作合同得到批准,并在所在地县级以上工商行政管理部门注册登记,领取营业执照后,即取得建设用地使用权。

(四)通过转让方式取得建设用地使用权

外商投资企业可以从其他建设用地使用权人处通过购买、互换或赠与等方式取得建设用地使用权。建设用地使用权转让后,原权利人的权利和义务转移给受让人。建设用地使用权的转让应当到国土资源管理部门办理变更登记。

三、外商投资企业用地的限制

(1)外商投资企业对土地只有使用权,没有所有权,外商投资企业不得买卖或非法出让土地所有权,在经营期限内转让建设用地使用权的,需要依法获得批准;不得以任何理由占用土地使用证书和土地使用合同规定范围以外的土地。

(2)外商投资企业用地的年限与所批准的企业的经营期限相同。建设用地使用权出让合同规定的使用期限届满或因其他原因经批准终止经营的，建设用地使用权必须交回政府国土资源管理部门，注销土地使用证，不得自行转让。经批准，企业延长经营期限需要继续使用土地的，土地使用者应在期满6个月前提出申请，办理续期用地手续。

（3）外商投资企业不得擅自改变土地用途，如需要改变用途，应当办理变更用地手续。闲置2年以上未用的土地，由原批准机关另行统一安排使用。

（4）外商投资企业用地必须严格遵守所在地的建设规划和环境保护规定。

四、外商投资企业用地的土地使用费

外商投资企业用地的土地使用费是指我国政府对外商投资企业建设用地或者使用中方场地所征收的费用。依照《关于中外合营企业建设用地的暂行规定》及其他法律和政策，中外合营企业用地不论新征收土地，还是利用原有企业的场地，都应计收土地使用费，又称"场地使用费"。利用中方原有场地的使用费，可以作为中方投资的股本。土地使用费包括征收土地的补偿费用、原有建筑物的拆迁费用、人员安置费用以及为中外合营企业直接配套的厂外道路、管线等公共设施应分摊的投资等。

（一）土地使用费征收标准

由于我国地域辽阔，各地经济状况、自然条件等差异较大，土地使用费征收标准应当根据该场地的用途、地理环境条件、征地拆迁安置费用和合营企业对基础设施的要求等因素确定。其基本的原则是：沿海地区应高于内地，工业区设厂应高于新开辟的工业区，利用原有企业进行改造应高于新建工厂。其总的费用水平分为以下几种：（1）中外合营企业场地使用费总的水平，每年每平方米最低不少于5元，最高不超过300元。其中，大中城市的市区和近郊区最低不少于10元。随着经济的发展，可以逐步调增。（2）资金利润率过低，而产品又确属急需的中外合营企业，经过批准，可以适当降低土地使用费。（3）对经济不发达地区从事开发性项目的中外合营企业收取的土地使用费，经所在地人民政府同意，可以给予特别优惠。（4）对从事农业、畜牧业的合营企业收取的土地使用费，经所在省、自治区、直辖市人民政府同意，可按合营企业收入的一定比例计收。

为引进国外先进技术和鼓励产品出口，《关于鼓励外商投资的规定》对产品出口企业和先进技术企业的土地使用费作了特别规定。即除大城市市区繁华地段外，按下列标准计收：开发费和使用费综合计收的地区，为每年每平方米5元至20元；开发费一次性计收或者上述企业自行开发场地的地区，使用费最高为每年每平方米3元。地方人民政府还可以对上述费用酌情在一定期限内免收。

（二）土地使用费征收方式

土地使用费的征收方式有两种：一种是中方以建设用地使用权作为股本的土地使用费的征收。如果企业所用场地使用权已经为中方合营者所有，土地使用费作为中方合资、合作者的投资股本预收计算。其作价金额与取得同类建设用地使用权所应缴纳的使用费相同。凡合营合同规定了经营期限的，按合同规定的合营期一次预收；凡未规定合营期限的，按15年一次预收。另一种是中方非以建设用地使用权作为股本的土地使用费的征收。土地使用费一律按用地合同规定的时间从企业开办之日起开始计收，由外商投资企业按年向当地人民政府缴纳。企业开办第一日历年用地时间超过半年的，按半年计收，不足半年的免缴。

《中外合资经营企业法实施条例》的规定，土地使用费5年内不调整，随着经济的发展、供需情况的变化和地理环境条件的变化需要调整时,调整的间隔期应当不少于3年。在合同期内,场地使用费如有调整,应当自调整的年度起按新的费用标准缴纳。但是,场地使用费作为中国合营者投资的,在该合同期限内不得调整。

第四节 涉外商品房的销售

根据我国有关规定,涉外商品房销售主要包括境外购买者购买涉外房地产开发企业开发建设的商品房,以及境外购买者购买国内房地产开发企业开发建设的商品房两种情况。就销售对象而言,涉外商品房销售主要包括涉外商品房的现售和预售。

一、涉外商品房的现售

依据我国有关规定,涉外房地产开发企业开发建设的商品房以向境外购买者销售为主,且购买者的身份应当符合公安管理的有关规定,并以外汇结算。涉外房地产开发企业向境内购买销售商品房的,其销售对象主要是“三资”企业。境内居民个人可以用人民币或境外汇入的外汇购买涉外商品房,但境内的国家机关、团体、事业单位、国有企业、集体企业不得购买涉外商品房。

涉外商品房的现售可以是整幢或者分层、分套出售,出售人应当明确各分层、分套房屋的建筑面积及相应的土地使用权的比例,并在商品房出售前制定“房屋使用、管理、维修规约”,报房屋主管部门核准。商品房买卖双方应当签订商品房买卖合同,明确双方的权利义务,并在商品房买卖合同签订之日30日内,按照规定办理商品房所有权、土地使用权过户登记手续,领取房屋所有权证和土地使用权证。在涉外商品房出售时,如果出售价格明显低于商品房所在地商品房成本的,当地人民政府房地产管理部门有优先购买权。①

《关于规范房地产市场外资准入和管理的意见》对涉外商品房销售作了进一步规定:(1)境外机构在境内设立的分支、代表机构(经批准从事经营房地产的企业除外)和在境内工作、学习时间超过1年的境外个人可以购买符合实际需要的自用、自住的商品房,但不得购买非自用、非自住商品房。在境内没有设立分支、代表机构的境外机构和在境内工作、学习时间1年以下的境外个人,不得购买商品房。港澳台地区居民和华侨因生活需要,可在境内限购一定面积的自住商品房。(2)符合规定的境外机构和个人购买自用、自住商品房必须采取实名制,并持有效证明到土地和房地产部门办理相应的土地使用权及房屋产权登记手续。房地产产权登记部门必须严格按照自用、自住原则办理境外机构和个人的产权登记,对不符合条件的不予登记。(3)外汇管理部门要严格按照有关规定审核外商投资企业、境外机构和个人购房的资金汇入和结汇,符合条件的允许汇入并结汇;相关房地产转让所得人民币资金经合规性审核并确认性规定办理纳税等手续后,方允许购汇汇出。

二、涉外商品房的预售

涉外房地产开发企业预售商品房应当符合下列条件:(1)已取得国有土地使用权证和建设工程规划许可证,并已有审查批准的工程设计图纸;(2)实际投资已达工程建设总投资

---

① 参见李延荣、周珂:《房地产法》(第二版),中国人民大学出版社2005年版,第254页。

的25%以上;(3) 已确定商品房施工进度和竣工交付日期;(4) 预售的对象和计划符合有关规定;(5) 已落实预收款的收取和使用监督方案。

符合上述条件的涉外房地产开发企业应向县级以上人民政府房地产管理部门提出商品房预售申请,并同时提交下列文件:(1) 与工程承包公司或施工单位签订的商品房总承包合同或施工合同;(2) 工程质量监督部门签发的商品房基础工程验收合格单;(3) 商品房预售计划;(4) 房屋使用、维修、管理规约;(5) 预售款的监督机构和使用监督方案;(6) 按规定应提交的其他文件。房地产管理部门对上述文件进行审查、核实后,对符合预售条件的,核发商品房预售许可证。涉外房地产开发企业应在收到预售许可证之日起10日内到房地产交易管理部门申报预售登记。预售登记后,涉外房地产开发企业方可预售商品房。

本章讨论案例

甲公司拥有某海滨某块土地的建设用地使用权。甲公司与某境外公司签订土地租用合同书,约定境外公司向甲公司租用该地块,期限为5年,如期满后甲公司不同意续租的,则甲公司可收回土地,所有建筑物应由境外公司无条件拆迁。

租用合同签订一年后,双方又签订了《中外合作经营企业合同书》,约定甲公司以提供前述"土地使用"作为合作条件,境外公司提供资金,双方成立中外合作经营企业,该合作企业由境外公司承包经营。在经营过程中,境外公司及合作企业均多次致函甲公司,承诺给付租金。但后来双方对是否应给付租金问题产生纠纷,甲公司将境外公司及合作企业诉至法院。

境外公司及合作企业认为,甲公司将出租土地作为合作条件提供给合作企业使用,是双方合意将土地租赁合同关系变更为合作关系,故自合作企业成立时起不应再给付租金。而甲公司则认为,其以提供土地使用作为合作条件,并未作出变更土地租赁关系的意思表示,仍然有权请求给付土地租金。

问:甲公司以"土地使用"作为合作条件后,还能否要求相对人支付租金?

教师反馈及教材、课件申请表

尊敬的老师：

您好！感谢您一直以来对北大出版社图书的关爱。北京大学出版社以“教材优先、学术为本”为宗旨，主要为广大高等院校师生服务。为了更有针对性地为广大教师服务，满足教师的教学需要、提升教学质量，在您确认将本书作为教学用书后，请您填好以下表格并经系主任签字盖章后寄回，我们将免费向您提供相关的教材、思考练习题答案及教学课件。在您教学过程中，若有任何建议也都可以和我们联系。

书号/书名			
所需要的教材及教学课件			
您的姓名			
系			
院校			
您所主授课程的名称			
每学期学生人数		学时	
您目前采用的教材	书名＿＿＿＿＿＿ 作者＿＿＿ 出版社＿＿＿＿＿＿		
您的联系地址			
联系电话			
E-mail			
您对北大出版社及本书的建议：	系主任签字 盖章		

我们的联系方式：

北京大学出版社法律事业部

地　　址：北京市海淀区成府路205号　　联系人：李铎

电　　话：010-62752027　　传　真：010-62556201

电子邮件：bjdxcbs1979@163.com

网　　址：http://www.pup.cn

北大出版社市场营销中心网站：www.pupbook.com